本书系国家社会科学基金项目“公共哲学:罗尔斯与哈贝马斯对话研究”(项目编号:15CZX037)的阶段性成果

本书系潍坊学院博士科研基金项目“罗尔斯政治哲学研究”(项目编号:2013BS28)的阶段性成果

道德与政治：

罗尔斯政治自由主义批判

董　礼◎著

中国社会科学出版社

图书在版编目(CIP)数据

道德与政治:罗尔斯政治自由主义批判/董礼著.—北京:中国社会科学出版社,2016.7
ISBN 978-7-5161-8533-9

Ⅰ.①道… Ⅱ.①董… Ⅲ.①罗尔斯,J.B.(1921~2002)—自由—政治哲学—研究 Ⅳ.①B712.59②D081

中国版本图书馆CIP数据核字(2016)第154193号

出 版 人 赵剑英
责任编辑 孙 萍
责任校对 季 静
责任印制 王 超

出 版 中国社会科学出版社
社 址 北京鼓楼西大街甲158号
邮 编 100720
网 址 http://www.csspw.cn
发 行 部 010-84083685
门 市 部 010-84029450
经 销 新华书店及其他书店

印 刷 北京君升印刷有限公司
装 订 廊坊市广阳区广增装订厂
版 次 2016年7月第1版
印 次 2016年7月第1次印刷

开 本 710×1000 1/16
印 张 17
插 页 2
字 数 253千字
定 价 65.00元

凡购买中国社会科学出版社图书,如有质量问题请与本社营销中心联系调换
电话:010-84083683
版权所有 侵权必究

目　　录

引言　罗尔斯与政治哲学

一　罗尔斯哲学分期

本书的主旨是对罗尔斯后期政治哲学的研究，因此，我们有必要首先对罗尔斯理论的分期进行分析说明。众所周知，罗尔斯一生成体系的著作只有3本，按照出版时间的先后顺序分别是：《正义论》《政治自由主义》和《万民法》，而最具代表性的则是前两本。根据这几本著作的内容，笔者将罗尔斯的思想划分为前、后两个时期，分别对应罗尔斯的两本著作《正义论》和《政治自由主义》。① 之所以如此划分，主要基于以下几点考虑。

首先，《正义论》被看作一本道德哲学著作，罗尔斯在这本书中阐述了他关于道德哲学的主张。《正义论》的第一编是“理论”部分，罗尔斯主要考察了两个正义原则是怎样应用于制度，并适应于我们深思熟虑和推重的正义判断。同时，他还考察了这两个正义原则是怎样根植于人类的思想感情之中，并与我们的目标和志向相联系。也只有如此，罗尔斯的正义论才是完全的。在第二编“制度”中，罗尔斯通过描述一种满足两个正义原则的社会基本结构和考察两个正义原则带来的义务和职责，以此来展示两个正义原则的内容。第三编“目的”论，旨在联系人类的思想感情和目标志向，解决“公平正

---

① 持有这种观点的人还有姚大志和曹瑞涛，请参考姚大志《从〈正义论〉到〈政治自由主义〉——罗尔斯的后期政治哲学》，《中国人民大学学报》2010年第1期；曹瑞涛《多元时代的“正义方舟”：罗尔斯后期政治哲学思想研究》，浙江大学出版社2008年版。需要说明的是，《万民法》是《政治自由主义》在世界范围的一种扩展，这一点从后文的论述中我们也可以看出来。

义”理论的稳定性和正义与善的一致性问题，并解释了社会的各种价值和正义之善。我们看到，在《正义论》中罗尔斯至少突出了两点：一是平等，二是社会契约。在前一个问题上，《正义论》的发表标志着西方政治哲学的主题发生了从“自由”到“正义”的重大转变；在后一个问题上，罗尔斯继承并发展了传统的社会契约理论，使之上升到更高的抽象层次。我们通过以上简要分析可以得出，以《正义论》为代表的罗尔斯的前期理论主要是一种道德哲学。

其次，《正义论》的出版对学术界产生了重大影响，在获得巨大成功的同时也遭到了诸多批评。其中最主要的批评是：在《正义论》中，罗尔斯试图通过对原初状态的设定来获得一种放之四海而皆准的正义原则，而事实上，该正义论只体现了西方国家（尤其是美国）的自由主义理念，并不具有普遍性。此外，罗尔斯也承认，《正义论》第三部分关于稳定性的解释与全书的观点并不一致。所有这些都促使罗尔斯对自己的理论进行重新思考，并做出进一步阐释。于是，这就有了后来的《政治自由主义》。正如罗尔斯所说，《政治自由主义》把政治从道德当中区分出来，从而发展出了一套政治哲学。罗尔斯虽然在《政治自由主义》中选择了政治，但他并没有抛弃道德。也正是基于此种认识，我们认为罗尔斯的后期理论是一种带有浓厚道德意味的政治哲学。

最后，《万民法》的发表被看作罗尔斯政治理论在国际范围的扩展。这种理论的发展主要是一种范围的扩展，即罗尔斯把自己的理论从“国内正义”扩展到“国际正义”，试图把正义从美国国内扩展到全球，以实现万民法。不管这种理论是不是一种乌托邦，但它确实是《政治自由主义》理论的延伸。因此，笔者把罗尔斯这个时期的思想也划归为后期思想。[①] 需要特别说明的是，《政治自由主义》对《正

① 李小科将罗尔斯哲学分为早、中、晚三个时期，分别与罗尔斯的上述三本著作相对应，他还将 *The Law of Peoples* 译作《人民法》。详见李小科《〈政治自由主义〉以后的罗尔斯》，《华侨大学学报》（社会科学版）2002 年第 1 期；李小科《现实的乌托邦：罗尔斯后期政治哲学研究》，博士学位论文，复旦大学，2002 年。此外，丁雪枫在其博士学位论文《道德正义论》中，也是将罗尔斯的理论分为早、中、晚三个时期，不同的是，他将博士学位论文阶段归为早期，《正义论》时期为中期，而《政治自由主义》及其以后的《万民法》时期为晚期。参见丁雪枫《道德正义论——罗尔斯正义论的伦理学研究》，博士学位论文，东南大学，2005 年。

义论》的修正，在《万民法》中也得到了进一步的维护与发展。《正义论》与《政治自由主义》都在试图说明自由社会的可能性，而《万民法》则希望说明自由与合宜民族的世界社会的可能性。那么，究竟自由主义的这种转变是由于外在的批评？还是罗尔斯所说的，是由于稳定性问题？或者说，到底是什么促成了罗尔斯“自由主义政治观的转向”[①]，这些都是本书关注的论题。

以道德与政治的关系为线索考察罗尔斯前后期理论的变化，是对罗尔斯后期政治哲学研究的前提和基础。虽然本书研究对象是罗尔斯的后期政治哲学，但是这种分析研究无论如何也离不开他的前期哲学。我们必须把他的后期思想放在他整个思想的背景下进行研究，这样更能清晰地看到其理论特质。尤其是罗尔斯在《政治自由主义》中，曾明确区分政治哲学和道德哲学：“在我对《正义论》一书目的概述中，社会契约传统被看作是道德哲学的一部分，没有区分道德哲学和政治哲学。在《正义论》中，一种普遍范围的道德正义说没有与一种严格的政治正义观念区别开来。在完备性的哲学学说、道德学说与限于政治领域的诸观念之间未作任何对比。然而在本书这些演讲中，这些区分及相关理念却至关重要。”（*PL*，xv）我们发现，罗尔斯对后期政治哲学的探讨，主要是建立在其前期道德哲学的基础上。后期罗尔斯虽然选择了政治哲学作为研究领域，但他并没有忘记对道德的关注。其实，这也是本书主要讨论的问题，探讨罗尔斯《正义论》之后的政治哲学，在自由主义的名义下政治与道德的关系究竟是怎样的。

二　研究现状分析

鉴于本书的主题，我们对罗尔斯理论及其批判主要集中在以下几个方面：对道德与政治的关系的研究，对罗尔斯的批评，以及稳定性

① ［英］史蒂芬·缪哈尔、亚当·斯威夫特：《自由主义者与社群主义者》，孙晓春译，吉林人民出版社2007年版，第190页。

问题等。分述如下。

第一，关于道德与政治关系的一般性考察。

诺伯托·巴比奥（Norberto Bobbio，1994）在《伦理与政治》中把道德与政治的关系问题的理论分为四种主要的类型，有一元论和二元论之分。在一元论的理论层面，区别严格的一元论与灵活的一元论。在二元论的理论层面，区分为表层的二元论和深层的二元论。严格的一元论认为只有唯一的一种规范体系（道德的或政治的），在道德与政治之间没有矛盾。灵活的一元论既认为只有唯一的规范体系，又承认存在着有理由的例外。表层的二元论认为道德与政治是两种不同规范体系，但认为它们不完全相互独立，而是一种规范高于另外一种规范。深层的二元论认为道德与政治代表两种相反的、服从不同判断标准的规范体系。

查尔斯·拉莫尔（Charles Larmore，1999）的《政治自由主义的道德基础》认为：哈贝马斯曾把他与罗尔斯之间的争论称作"家庭内部"之争。拉莫尔通过对这场争论的细致比较，阐述了作者对政治自由主义的道德基础的理解。对罗尔斯而言，自由主义的正当性原则之所以要强调合理的同意，其根源在于尊重人的原则；对哈贝马斯来说，商谈原则所享有的政治权威同样来自尊重人的原则。罗尔斯的"独立性"和哈贝马斯的"自律性"都是表面的，罗尔斯不应那么"保守"，哈贝马斯不应那么"激进"，政治自由主义必须亮明自己的道德立场。

夏皮罗（Ian Shapiro，2003）在《政治的道德基础》中围绕"在什么情况下我们应该对政府忠诚，又在什么情况下我们应该拒绝效忠于它"这一核心命题展开论述。夏皮罗通过回顾关于政治合法性理论的历史发展，认为功利主义、社会契约论和反启蒙政治等传统都不能对这个核心命题给出完满的回答，只有成熟启蒙运动中的民主才能真正解决这个"在政治领域中最持久的两难命题"之根本要义。这其中也包含有对罗尔斯正义论的批评。

在《政治如何进入哲学》中，万俊人（2008）认为政治与哲学分离的实质是政治与道德的分离。通过分析亚里士多德、施特劳斯和罗尔斯等人的理论，作者认为政治与哲学无法截然分开，因为政治不可能简约为政治治理技术，它始终需要且实际上得到政治伦理的内在支撑。[①] 通过对制度本身、制度之中和制度背后的多向度分析，我们不难找到政治如何进入或者如何重新进入哲学的通道，从而为现代政治哲学的重构找到一种，甚至多种可能的理论途径。

第二，对罗尔斯的批评。

以 1982 年的“坦纳讲演”为界，之前，对罗尔斯的批评主要来自自由主义内部。自由主义者认为，罗尔斯的理论并不具有一种普遍性，罗尔斯的正义理论中的基本范畴仍属西方自由主义的范畴。但是，由于罗尔斯的契约论是高度康德式的，所以，他仍然不能证明为什么理性行为者本身必然带有义务性目的。1974 年，诺齐克发表了《无政府、国家和乌托邦》，将洛克、斯密等人的自由主义思想极端化，认为罗尔斯的平等主义侵害了权利本身。诺齐克通过“持有正义”反对罗尔斯的差别原则。而这一点也被社群主义者桑德尔用来批评罗尔斯的主体观念。

罗尔斯和诺齐克在平等和自由的问题上各执一端，而德沃金却处于二者之间。1977 年德沃金发表了《认真对待权利》一书，他认为，罗尔斯强调的是共同体平等地对待个人，而忽视个人对共同体的责任。德沃金同时还认为原初状态是以权利理论为前提的，根本上避免了形而上学的气质。此外，无知之幕太过厚重，也根本无法使各方代表做出正确的选择。对这些批评意见，罗尔斯先后发表了一系列文章做出回应。[②] 但是，在《道德理论中的康德式建构主义》（Kantian Constructivism in Moral Theory）一文中，罗尔斯的立场开始退缩，并第一次承认他的正义原则不是普世的，而仅仅适合像美国这样的国家。需要说明的是，此时的罗尔斯并没有从根本上放弃康德式的论证方式。

20 世纪 80 年代以后，社群主义者也开始批判罗尔斯。麦金泰尔

---

① 《中国社会科学》2008 年第 2 期。

② 这些文章是：“The Basic Structure as Subject”（1977），“Kantian Constructivism in Moral Theory”（1980），“The Basic Liberties and Their Priority”（1982）等。

在1981年发表了《追寻德性》，1989年又发表了《谁之正义？何种合理性?》；桑德尔在1982年发表了《自由主义与正义的局限》，而沃尔泽在1983年发表了《正义诸领域》。社群主义者认为罗尔斯的个人前提是抽象的，自我主体也是非历史性的。沃尔泽从社会意义出发，主张多元的分配正义，强调历史与文化的特殊性，因而主张正义的特殊性，沃尔泽反对罗尔斯契约论所具有的普遍性和抽象性。桑德尔通过指出罗尔斯的自我主体的片面性，来消解罗尔斯关于正义首要性和权利优先等基本主张。面对这些批评，罗尔斯开始反思自己的思想，并做出有效的辩护。①

关于罗尔斯在自由主义和社群主义之间的论战，有两部综述性著作不能不提，由英国的史蒂芬·缪哈尔和亚当·斯威夫特合著的《自由主义者与社群主义者》，这本书的中译本已经由吉林人民出版社在2007年出版；另一本是威尔·金里卡的《自由主义、社群与文化》，这本书的中译本已经由上海译文出版社在2005年出版。值得一提的是，1995年美国《哲学杂志》3月号同时刊发了哈贝马斯的《通过理性之公共运用的和解：评罗尔斯的政治自由主义》（Reconciliation Through the Public Use of Reason：Remarks on John Rawls's Political Liberalism）和罗尔斯的《答哈贝马斯》（Reply to Habermas）两篇文章，哈贝马斯从“证明的可接受性”和“实际的可接受性”的角度批评了罗尔斯的真理与规范相脱离的主张。

第三，关于稳定性问题。

弗里曼（Samuel Freeman，2003）的主要目的是讨论罗尔斯的稳定性问题的论证的作用和输入。为此，他将主要集中论述《正义论》中罗尔斯关于稳定性问题的讨论，以及关于“正当与善一致性问题”。这里的论证主要是表达了罗尔斯对康德的证明的感激。在讨论完一致性的目的之后，作者在第三和第四部分主要强调公平正义的康德主义解释的作用。在最后一部分，弗里曼讨论了康德主义的一致性

① 罗尔斯先后发表“Justice as Fairness：Political not Metaphysical”（1985），“The Idea of an Overlapping Consensus”（1987），“The Priority of Right and Ideas of the Good”（1988），“The Domain of the Political and Overlapping Consensus”（1989）等文章予以回应。

论证如何使得罗尔斯走向政治自由主义。在这篇文章中，作者对稳定性问题的讨论主要集中在两点：第一，主要考察罗尔斯的稳定性问题在《正义论》中的论证，以及康德对罗尔斯的影响。第二，关于一致性问题的论证，如何使得罗尔斯走向政治自由主义。

巴里（Brian Barry，1995）指出，罗尔斯的早期观点和现在的观点并不一致，结果是《政治自由主义》的改变：在《正义论》中有些观点是错误的，需要改正。罗尔斯的错误在于没有对《正义论》进行仔细审查，如果他是正确的，这个秘密的问题将被揭开。在最近的十几年中，是什么促使罗尔斯发生改变，并让这种变化发生在《政治自由主义》中？唯一值得怀疑的是，这种怀疑已经在他关于否定的理智冒险中得到展示，他是在“社群主义”批评下改变了他的观点。作者接受这种否定或者改变：关于《政治自由主义》的每一个不同都源自对正义稳定性问题的关注。这也暗示了，我们需要澄清罗尔斯的稳定性问题是什么。

迈克（Michael Huemer，1996）认为，在《政治自由主义》中，罗尔斯给他自己设置了一个问题，保证主题受到一定的限制。他想展示他的正义观念“作为公平的正义”（JAF）将可能是稳定的。他把“理性多元论的事实”看作一种限制，并试图表明作为公平的正义是稳定的，因为它可能达到重叠共识的核心。在这篇文章中，笔者主要关注罗尔斯正义的观念是如何达到重叠共识的。此外，迈克还简要回顾了罗尔斯的三个观念，以确保我们理解罗尔斯的方案。

托马斯·希尔（Thomas E. Hill，1999）认为，《政治自由主义》是罗尔斯前期著作《正义论》的补充，而不是要取代它，更不是和它竞争。与《正义论》相比，最大的变化是源自按照正义原则建立的良序社会的稳定性问题。希尔将解释对《正义论》的稳定性的最初解读，以及稳定性在《政治自由主义》中的显著解决，并提出关于这种解决的怀疑。

克劳斯科（George Klosko，1994）考察了罗尔斯对稳定性观念的理解，以及它在罗尔斯的道德原则证明中的作用。政治自由主义是一种家族学说，这种家族学说能在一个社会中达成重叠共识。对政治稳定性的考察，更能让我们对不同的社会产生不同的道德原则。在一个稳定和平的社会，他们可能更倾向于罗尔斯的原则，尽管没有理由说明这是道德的稳定性。无论如何，罗尔斯支持的道德稳定性优先的公平正义需要实质性的修正。这确实是“公平正义一系列严重的问题”，这在很大程度上是政治社会学的原因，而非道德心理学。

第四，关于罗尔斯后期理论中两个重要的观念，即重叠共识与公共理性的讨论有很多。基于道德与政治关系的主题，笔者搜集了一些主要的英文文献。其一，关于重叠共识：Lawrence E. Mitchell, “Trust and the Overlapping Consensus”, *Columbia Law Review*, Vol. 94, No. 6 (Oct., 1994), pp. 1918 – 1935; Brian Barry, “John Rawls and t he Search for Stability”, *Ethics*, Vol. 105, No. 4 (Jul., 1995), pp. 874 – 915; Hans Keman and Paul Pennings, “Managing Political and Societal Conflict in Democracies: Do Consensus and Corporatism Matter?”, *British Journal of Political Science*, Vol. 25, No. 2 (Apr., 1995), pp. 271 – 281; Samuel Scheffler, “The Appeal of Political Liberalism”, in Chandran Kukat has (edited), *John Rawls*, Volume Ⅳ, London and New York: Routledge, 2003, p. 9; George Klosko, “Rawls's ‘Political’ Philosophy and American Democracy”, *The American Political Science Review*, Vol. 87, No. 2 (Jun., 1993), pp. 348 – 359; Michael G. Barnhart, “An Overlapping Consensus: A Critique of Two Approaches”, *The Review of Politics*, Vol. 66, No. 2 (Spring, 2004), pp. 257 – 283; 等等。其二，关于公共理性：Joshua Cohen, “Moral Pluralism and Political Consensus” in David Copp, Jean Hampton, and John Roemere, eds., *The Idea of Democracy*, New York: Cambridge, 1993, pp. 270 – 291; Onora O'Neill, “Political Liberalism and Public Reason: A Critical Notice of John Rawls, Political Liberalism”, *The Philosophical Review*, Vol. 106, No. 3 (Jul., 1997), pp. 411 – 428; Charles Larmore, “Public Reason”, in Samuel Freeman, *Cambridge Companion to Rawls*, Cambridge: Cambridge University Press, 2003. pp. 368 – 393; Elizabeth H. Wolgast, “The Demands of Public Reason”, *Columbia Law*

Review, Vol. 94, No. 6 (Oct., 1994), pp. 1936 – 1949; Bruce W. Brower, "The Limits of Public Reason", *The Journal of Philosophy*, Vol. 91, No. 1 (Jan., 1994), pp. 5 – 26; David A. Reidy, "Rawls's Wide View of Public Reason", *Res Publica*, Vol. 6, No. 1, 2000, pp. 49 – 72 等。

第五，关于中立性问题。

国外学者对罗尔斯中立性问题的研究，主要体现在以下两个方面。

一种观点是对罗尔斯的中立性持肯定态度。托马斯·内格尔（Thomas Nagel，1987）站在自由主义的立场上，认为政治合法性实质上就是一种政治中立性论证。自由主义的合法性要求，正义原则能够根据中立的价值而得到证成。威尔·金里卡（Will Kymlicka，1989）指出，在"中立性"问题上对罗尔斯理论极端个人主义的批评没有真正理解罗尔斯。彼得·德·马讷斐（Peter de Marneffe，1990）依赖罗尔斯的理论提出了"理由的中立性"观念，并解释中立的理由怎样保证基本自由权。基本善对于正义感能力的形成、修正以及追求善观念能力的发展和运用是必需的。布鲁斯·艾克曼（Bruce Ackerman，1991）认为，中立性是一种超越价值的方式；中立性的概念不能承担起一种合理的政治理论的全部要求。任何合理的政治理论既要提出对政治生活的基本问题的诊断，又要提供一种解决这些问题的方法，中立性属于后者。

另一种观点是对罗尔斯的中立性持批评态度。约瑟夫·拉兹（Joseph Laz，1982）站在至善主义的立场上强调，支持中立的政治学说的那些论据并不能承载它们结论的重负。对自律性和多元主义的基本道德断定本身就是一种善理想的一个方面，从而导向了一种基于宽容而非中立性的政治观念。查尔斯·拉莫尔（Charles Larmore，1990、1999）认为政治中立性的基础需要道德承诺，罗尔斯不应那么保守，政治自由主义必须亮明自己的道德立场。杰里米·沃德隆（J. Waldron，1993）提出，罗尔斯《正义论》中论述善观念的合理生活计划时有一种关于道德中立性的论述，但罗尔斯没有给出明确的论证。奥尼尔（Onora O'Neill，1997）指出罗尔斯的政治自由主义是一种规范性主张，在没有形而上学和道德完备性学说的情况下也能成立。

就国外研究现状来看，第一种观点虽然持肯定态度，但是没有给出对罗尔斯理论的辩护，也没有形成关于罗尔斯政治中立性问题的系统论证；第二种观点虽然持批评态度，但是分别处于不同的立场，没有形成统一的认识，有损于政治中立性概念的成立。我们的工作就是，给出关于罗尔斯政治中立性问题的论证，进而系统把握罗尔斯的政治哲学。

国内学者对罗尔斯的政治中立性问题也有关注。万俊人（2005）指出，罗尔斯的政治正义不能涵盖现代政治哲学的全部，政治自由主义是一种底线式政治哲学，弥补这种理论缺陷的途径之一，就是放弃当代自由主义所寻求的“政治中立性”或“无道德的政治”的狭隘主张，恢复政治哲学的政治伦理取向。姚大志（2010）提到，罗尔斯将政治的正义观念称为“独立的观点”，它阐明了政治价值，无须依靠其他的非政治价值，但形而上的宗教、哲学和道德学说与政治的正义观念以某种方式相关联。顾肃（2011）指出，政治中立性体现了正当对善的优先性。政治建构主义的道德基础在于公民自主、平等尊重以及人是目的而不是手段的基本原则，这些原则统摄具体的道德价值观，为民主理论提供了道义理据。石元康（2003）认为，政治自由主义在建构它的原则时，不能以任何整全理论的价值观作为它的基础，它必须采取中立性的原则。徐向东（2005）指出，自由主义政治哲学的中心特点是它对政治中立性原则的承诺，他批评了政治自由主义者不需要借助对人类善的思考，就能从事政治哲学的观点。刘擎（2009）提出，中立性原则是当代政治自由主义的重要特征，中立性本身就是一种道德立场，基于“平等的尊重”这一重要的价值承诺。中立性原则应被理解为一种积极的道德观念。谭安奎（2005、2007、2010）认为，罗尔斯的政治自由主义理论是对政治中立性论点最完备的理论表达与论证，政治中立性构成了它的精神内核。中立性与规范性之间存在着难以克服的紧张关系。

就国内研究现状来看，一是对罗尔斯的中立性问题批评性看法多，建设性意见少；二是虽然对罗尔斯的中立性问题有所提及，但鲜有学者明确提出“罗尔斯政治中立性”研究；三是即便有人提到罗尔斯的政治中立性问题研究，也是言之甚少，没有形成深入的研究；四是由于罗尔斯的政治自由主义受到忽视，关于罗尔斯政治中立性的研究还比较零散，很难形成对罗尔斯政治哲学的系统把握。

附：国内博士学位论文的情况。以“罗尔斯”为题的博士学位论文，从 1988 年到 2015 年底共搜集到 36 篇，按时间先后顺序整理如下：

1988—2015 年以“罗尔斯”为题的国内博士学位论文

年份	作　者	毕业院校	专　业	导师	题　目
1988	何怀宏	中国人民大学	伦理学	罗国杰	契约伦理与道德正义
1999	刘世洪	复旦大学	政治学理论	孙关宏	正义的追寻：罗尔斯与当代西方政治哲学研究
2002	李小科	复旦大学	外国哲学	刘放桐	现实的乌托邦：罗尔斯后期政治哲学研究
2002	郭夏娟▲	浙江大学	外国哲学	夏基松	为正义而辩：女性主义与罗尔斯
2002	袁久红▲	南京大学	马哲	张异宾	正义与历史的实践
2003	胡真圣▲	中国人民大学	伦理学	宋希仁	两种正义观——马克思、罗尔斯正义思想比论
2004	尹松波▲	复旦大学	外国哲学	刘放桐	理性与正义：罗尔斯《正义论》研究
2004	李志江▲	复旦大学	外国哲学	刘放桐	良序社会的政治哲学：罗尔斯正义理论研究
2004	贾中海	吉林大学	马哲	孙利天	社会价值的分配正义：罗尔斯自由主义政治哲学批判
2005	刘永红	中国人民大学	外国哲学	冯　俊	政治自由主义的发展逻辑：从洛克和密尔到伯林和罗尔斯

续表

年份	作　者	毕业院校	专　业	导师	题　目
2005	谭安奎	北京大学	伦理学	何怀宏	政治中立性研究——以罗尔斯的《政治自由主义》为中心
2005	刘　娟	中国人民大学	外国哲学	张志伟	契约与正义：罗尔斯政治哲学研究
2005	何霜梅▲	中国人民大学	马克思主义与思政	段忠桥	正义与社群：社群主义对以罗尔斯为首的新自由主义的批判
2005	曹瑞涛▲	浙江大学	外国哲学	包利民	多元时代的“正义方舟”：罗尔斯后期政治哲学思想研究
2005	丁雪枫	东南大学	伦理学	樊和平	道德正义论——罗尔斯正义论的伦理学研究
2005	舒年春	中国社会科学院	马哲	李德顺	正义的主体性建构：罗尔斯正义理论解读
2006	宋建丽	南开大学	马哲	李毅	公民资格与正义——以罗尔斯为中心的当代西方公民资格理论论争及反思
2006	曹海军	清华大学	政治学理论	韩冬雪	文本与语境：罗尔斯正义理论研究
2006	宿　晓	吉林大学	法学理论	崔卓兰	国际正义与全球正义辨：以罗尔斯和博格为参照
2007	杨伟清	清华大学	伦理学	万俊人	罗尔斯正义理论中的正当与善
2007	钟英法	复旦大学	外国哲学	莫伟民	罗尔斯公共理性思想研究

续表

年份	作　者	毕业院校	专　业	导师	题　目
2007	张卫明	南开大学	马哲	陈宴清	罗尔斯正义论方法论研究
2007	盛美军▲	黑龙江大学	马哲	张奎良	罗尔斯正义理论的法文化意蕴
2007	王　峰	吉林大学	法学理论	姚建宗	契约式谋划：关于罗尔斯万民法的分析
2007	邓　毅	中国政法大学	宪法学	王人博	宪政民主的道德基础：罗尔斯政治哲学研究
2007	赵祥禄	中山大学	伦理学	王晓升	正义理论的方法论基础：罗尔斯、麦金太尔与哈贝马斯
2007	任重道	上海财经大学	经济哲学	徐大建	正义与发展：罗尔斯与森的比较研究
2008	李　玲	中国人民大学	外国哲学	张志伟	罗尔斯分配正义理论研究
2008	徐清飞▲	吉林大学	法学理论	邓正来	求索正义：罗尔斯正义理论发展探究
2008	刘贺青	南京大学	国际关系史	朱瀛泉	人权、战争、国际援助：罗尔斯国际政治思想研究
2008	虞新胜	南开大学	马哲	李淑梅	论罗尔斯的“正当优先于善”
2009	赵亚琼	南开大学	马哲	陈宴清	罗尔斯政治哲学中的理性观念研究
2010	陈景云	吉林大学	政治学理论	周光辉	政治与多元善观念——罗尔斯政治自由主义之中立性研究
2010	徐作辉	辽宁大学	马哲	邵晓光	罗尔斯正义观念转向研究

续表

年份	作　者	毕业院校	专　业	导师	题　目
2012	王　华	吉林大学	马哲	张盾	在道德与政治之间——康德与罗尔斯理论传承关系研究
2014	张　卫	吉林大学	外国哲学	姚大志	罗尔斯政治自由主义研究

注：作者姓名后带“▲”的博士学位论文，截至目前已出版。①

三　本书论证结构

历史地看，西方政治哲学的发展绵延曲折，但政治哲学家们对于道德与政治的关系问题早有关注，只是这种关系的不确定性导致了在某种程度上的模糊性。事实上，如果以道德与政治的关系为视角分析罗尔斯前后期的正义理论，我们会发现罗尔斯在这个问题上的论证是不同的。鉴于此，虽然本书主要是对罗尔斯后期政治哲学的研究，但同时也要考察罗尔斯的前期理论。于是，本书的论证结构如下。

第一章首先考察西方政治哲学史上主要历史时期的哲学家们，关于道德与政治关系问题的分析和论述，厘清道德与政治关系问题发展的历史脉络，为进一步深入探讨罗尔斯的理论做好铺垫。古典政治哲学包括古希腊罗马时期与中世纪，代表人物是柏拉图、亚里士多德、奥古斯丁和阿奎那，古典时期的政治对道德具有较高的依赖和诉求。现代政治在反基督教的序幕中展开，现代政治哲学的奠基者马基雅维

① 具体出版情况如下：郭夏娟：《为正义而辩：女性主义与罗尔斯》，人民出版社2004年版；袁久红：《正义与历史的实践》，东南大学出版社2002年版；胡真圣：《两种正义观：马克思、罗尔斯正义思想比论》，中国社会科学出版社2004年版；尹松波：《理性与正义：罗尔斯〈正义论〉研究》，华龄出版社2006年版；李志江：《良序社会的政治哲学：罗尔斯正义理论研究》，人民出版社2009年版；何霜梅：《正义与社群：社群主义对以罗尔斯为首的新自由主义的批判》，人民出版社2009年版；曹瑞涛：《多元时代的“正义方舟”：罗尔斯后期政治哲学思想研究》，浙江大学出版社2008年版；盛美军：《罗尔斯正义理论的法文化意蕴》，黑龙江大学出版社2009年版；徐清飞：《求索正义：罗尔斯正义理论发展探究》，法律出版社2010年版。

利试图确立政治的地位。马基雅维利之后，从霍布斯到卢梭等哲学家都沿着马基雅维利开创的路线，把道德从政治当中剥离出去，将政治与道德的关系推向极致。康德不满现代政治哲学家们关于道德与政治关系的讨论，试图为现代政治重新奠基，早期罗尔斯正是沿着康德开创的路线创立了正义论。在这种意义上说，早期罗尔斯是一个坚定的康德主义者。

第二章主要讨论道德与政治关系重构的必要性。首先考察了意大利学者诺贝特·巴比奥对道德与政治关系的分析和总结，包括五种模式，进而阐明道德与政治关系问题的确立是本书立论的依据，在这种意义上说，道德与政治的关系需要进行研究。面对现代政治的道德困境，揭示这一问题的实质，说明我们是在何种意义上对道德与政治的关系进行研究。在一定程度上说，功利主义虽然获得了巨大成功，但它忽略了对道德的关怀。罗尔斯的正义论正是在对功利主义的批判中创立的，也正是这一过程凸显了罗尔斯对道德哲学的关注。

第三章，罗尔斯在《正义论》中对原初状态展开论证，并在此基础上给出了两个正义原则。正义原则如何在良序社会中发挥作用，罗尔斯就此引出了稳定性问题。然而，对这一时期的稳定性问题究竟是否稳定的回答，必然涉及罗尔斯关于道德与政治关系问题的思考。在前期理论中道德与政治的关系隐含两种逻辑理路：第一，政治契约导出道德；第二，道德与政治合一。面对社群主义者以及自由主义者的批评（当然，我们的考察都是基于道德与政治的关系问题），罗尔斯逐渐认识到自己的理论存在某些不足，做出回应并开始修正自己的理论。罗尔斯把“作为公平的正义”改造成为“政治正义”，完成政治自由主义的理论转换。从论证结构看，《政治自由主义》是对《正义论》的扩展和补充。

第四章，面对理性多元论的事实，罗尔斯关于良序自由社会的实际操作的可能性并不现实，需要以政治自由主义的基本问题为起点重新做出解释。于是，罗尔斯把政治从道德当中分离出来，并区分了道德哲学与政治哲学，即完备性道德学说与政治正义观念。在罗尔斯的后期理论中，这两个观念分别对应两个领域：道德领域和政治领域。

就其实质来看，由于政治正义的独立性，后期罗尔斯从道德建构主义转变成一种政治建构主义。罗尔斯的后期理论是一种政治哲学。

第五章主要讨论罗尔斯政治自由主义的道德意涵，主要考察了重叠共识和公共理性的观念，分析罗尔斯是怎样在政治领域与道德领域之间，通过这些理念的设定发生一种理论上的关联。重叠共识的观念，试图解决稳定性问题；而公共理性的观念，则是为了解决正当性问题。罗尔斯的后期政治哲学需要一种道德的基础性作用，只是这种道德基础不是形而上学（或者说道德哲学）的。罗尔斯在政治领域和道德领域之间的这种关联，实际上是对正当与善关系问题的关照。由于后期罗尔斯理论带有某些模糊性，两个领域的划分带有“二元论”的特点，但并不是哲学（本体论）意义上的二元论。

第六章主要分析在后期政治哲学中，罗尔斯在道德与政治之间是如何做出选择，即实现其政治优先性的。作为一种政治哲学，罗尔斯以理性公民的合理道德为基础展开论证，通过实现公民的自由和平等而达到政治自律。这种思路体现在《万民法》中就是由公民到人民、国内正义到国际正义、国内政治到国际政治的逻辑路线。在此基础上，阐释罗尔斯的政治哲学如何体现了政治的优先性，我们把罗尔斯的这种政治优先性概括为“灵活的”政治中立性。

本书的题目之所以被称为“批判”，主要基于两个方面的考虑。第一，笔者想借用康德哲学的批判方法，对罗尔斯展开讨论。本研究实际上主要是对罗尔斯后期政治哲学的一种分析性考察，这种考察以道德与政治的关系问题为核心展开，试图厘清罗尔斯哲学的一些基本概念及其发展概况，进一步澄清罗尔斯在面临道德与政治关系问题时的模糊状态，力求给出一种明确的说法。第二，面对当前的形式，我们应该辩证地看待罗尔斯的政治自由主义。笔者想提醒大家的是，一定不要忘记罗尔斯所处的社会背景是西方资本主义的宪政民主社会。我们进行哲学研究是为了丰富我们的哲学文化，并为世界哲学交流做出贡献。但是，我们不应盲目崇拜西方自由主义，因为我们的社会现实与这种思潮之间还存在一定的差距。这是笔者称之为“批判”的第二个理由。

本书的写作主要在以下几个方面做些尝试：第一，通过对道德与政治关系发展历史的分析，指出道德与政治的分界势在必然；第二，面对道德与政治的界分，罗尔斯顺应了这一趋势，走向了自由主义的政治哲学；第三，在政治自由主义中，道德为政治提供一种支持，但这种支持并非是一种形而上学；第四，政治自由主义在面对现代政治的道德困境问题时采取政治优先性策略，这种优先性是一种灵活的政治中立性。应当说，所有上述问题都可以概括为围绕道德正义与政治正义的关系问题展开，这也是本书的主旨所在。

第一章　道德与政治关系溯源

综观西方哲学史的发展，不同派别的哲学家对道德与政治关系问题的解释各有不同。尤其是古典政治哲学与现代政治哲学的分野，由于不同的时代背景和理论品格，对这种差异的理解应该说颇为巨大。本章通过对古典政治哲学与现代政治哲学在道德与政治关系上发展脉络的澄清，阐明古典政治与现代政治的本质差别。进而把罗尔斯的理论放在这种历史发展的背景当中进行讨论，试图说明罗尔斯的前期理论究竟是一种什么性质的伦理学。

第一节　古典政治哲学

一　古希腊之柏拉图与亚里士多德

古典政治哲学由古希腊罗马政治哲学和中世纪神学政治哲学组成。前者的主要代表是苏格拉底、柏拉图和亚里士多德，后者则主要包括奥古斯丁和托马斯·阿奎那。笔者将古希腊罗马和中世纪统称为古典时期。① 总体来看，古典时期的任何政治都受到某些更高的道德规范的引导，传统的政治哲学对政治的理解并非立足现实，而是出于一种主观愿望，政治本身是具有较高的道德诉求的。

---

① 综合起来，我们所说的古典政治哲学既包括古希腊罗马时期的政治哲学，也包括中世纪的基督教政治哲学。尽管有学者认为只有古希腊罗马时期才属于古典时期，但笔者认为：其一，古希腊罗马政治哲学与中世纪基督教政治哲学从时间上来说是相对于现代哲学而言的；其二，古希腊罗马政治哲学与中世纪基督教政治哲学在理论实质上是一贯的，这在下文的论述中也能看出来。施特劳斯也持此种观点，参见［美］乔治·霍兰·萨拜因《政治学说史》（下），邓正来译，商务印书馆 1986 年版，第 1—2 页。

道德与政治的关系问题由来已久，时间可以追溯到古希腊时期。西方政治哲学的鼻祖柏拉图，在《理想国》中阐发了德性在政治生活中应该受到重视的思想。苏格拉底曾经指出“德性（arete）即知识”，柏拉图对此坚信无疑。柏拉图认为这种道德的政治哲学信念对于一切个人或者国家来说，可能是某种客观的美好生活。这种美好生活能够通过理性的方法来证明，并且可以运用人们的聪明才智来加以探讨。因此来说，美好生活并非一般资质的人能够获得的，只有学识渊博的人才能够成就。

柏拉图《理想国》的主题是对完善的人与完善的生活的探讨。这一理论取向使得柏拉图非常重视对人与生活如何完善的根据，以及判断人与生活是否完善的标准等此类问题的分析。由于德性即知识，而知识又必须是科学的，因此，这种论述国家的政治理论，必须是一个理想的国家，而并非一个现实的国家。这个“理想的”归结点是“公道”，公道既是公共道德，也是私人道德，是维系社会的纽带，其中包含国家及其国家成员的至善。而对于个人而言，善则莫过于从事自己的工作。由于劳动分工成为社会的重要原则，其中最重要的个人因素就被放大，人们必须通过接受教育而实现一个和谐的社团。从一定意义上说，“国家即大写的人”，也就是说把国家设定为放大的个人，个人与国家之间并没有本质的差别。因此，如何建立好的国家这个问题就成了如何造就好人的问题。同时，这也决定了道德教育在国家教育中的重要位置。

那么，谁有能力可以担当善并治理这个完善的国家呢？柏拉图认为：“一个按照自然建立起来的国家，其所以整个说成是有智慧的，乃是由于它的人数最少的那个部分和这个部分中的最小的一部分，这些领导着和统治着它的人们所具有的知识。并且，如我们所知道的，唯有这种知识才配称为智慧，而能够具有这种知识的人，按照自然规律总是最少数。”① 事实上，这种统治智慧依赖于两种资源：一是善

① ［古希腊］柏拉图：《理想国》，郭斌和、张竹明译，商务印书馆2002年版，第147页。

的理念，二是政治权力。柏拉图如此强调：

> 除非哲学家变成了我们这些国家的国王，或者我们目前称之为国王或者统治者的那些人物，能严肃认真地追求智慧，使政治权力与聪明才智合二为一；那些得此失彼，不能兼有的庸庸碌碌之徒，必须排除出去。否则的话，我亲爱的格劳孔，对国家甚至我想对全人类都将祸害无穷，永无宁日。我们面前描述的那种法律体制，都只能是海客谈瀛，永远只能是空中楼阁而已。这就是我一再踌躇不肯说出来的缘故，因为我知道，一说出来人们就会说我是在发怪论。因为一般人不容易认识到：除了这个办法之外，其他的办法是不可能给个人给公众以幸福的。①

在此，柏拉图表达了三层意思：其一，统治者的双重依据：一方面要依赖哲学，即“德性即知识”的道德哲学；另一方面又要依赖政治，因为知识必须通过实际的政治才能实践。这样，道德与政治便被统一起来。其二，能够使哲学与政治合二为一的人，即国家统治者的理想人选。其三，对人类道德幸福的条件做出描述。因此，综观“理想国”的整个思路，其特征正如泰勒所指出：“在道德与政治之间，除方便的区分外，没有区别。……政治建立在伦理学上，而不是伦理学建立在政治上。《理想国》中提出的并最后在其结尾中回答的基本问题，是严格的伦理问题。”② 柏拉图德性而王的政治致思理路把问题简化了，尤其是“把政治简化的不成其为政治了”③。同时，这种思考方式又表现了智者的空想性，因而只是一种乌托邦。

《理想国》是学者的愿望、智者的声明，而道德与政治问题却非如此能够得以化解的。由此，道德与政治关系问题的解决，涉及人类

---

① 参见［古希腊］柏拉图《理想国》，郭斌和、张竹明译，商务印书馆 2002 年版，第 214—215 页。

② ［英］A. E. 泰勒：《柏拉图——生平及其著作》，谢随知等译，山东人民出版社 1991 年版，第 378 页。

③ ［美］乔治·霍兰·萨拜因：《政治学说史》（上），邓正来译，商务印书馆 1986 年版，第 92 页。

生活的隐秘，需要一种大智慧。柏拉图在思考道德和政治的关系时，首先要面对人的私心和私欲问题，把这种障碍去掉，达到一种理想的政治状态。也就是说，在考虑人类道德与政治关系的复杂问题时，柏拉图抹杀了问题的差异性和复杂性，他把道德和政治看成同质的东西，这些在政治过程中得到了揭示。

亚里士多德的道德与政治学说是关于城邦的伦理学与政治学。之所以如此，是因为他认为，城邦是人们培养德性成为好人并且过幸福生活的唯一领域。“政治学的目的是最高善，它致力于使公民成为有德性的人、能做出高尚行为的人。”① 在亚里士多德那里，城邦是人类共同体发展的最终目的。亚里士多德解释说：“我们见到每一个城邦（城市）各是某一种类的社会团体，一切社会团体的建立，其目的总是为了完成某些善业——所有人类的每一种作为，在他们自己看来，其本意总是在求取某一善果。”②

在亚里士多德看来，人的一切行为都是为了善，同时，共同体的目的也是善。只有通过对德性的培养及实行，才能达到个人甚至城邦的善。德性的形成是靠习惯成自然的教育，虽然德性的能力是天赋的，德性不是人们天生就有的，而德性是经过不断的修养才能实现的。亚里士多德强调：“如果一个人不是在健全的法律下成长的，就很难使他接受正确的德性。”③ 也就是说，习惯和教育必须在法律允许的范围之内。这种法律不是现代意义上的法律，而是立法者以自身善的德性、具有的经验与普遍知识结合而形成的。对此，亚里士多德如此解释：

> 作为表达着某种明智与努斯的逻各斯，法律具有强制的力量。而且，如果一个人反对人们的口味，即使他是对的，他也会

---

① ［古希腊］亚里士多德：《尼各马可伦理学》，廖申白译，商务印书馆2006年版，第26页。

② ［古希腊］亚里士多德：《政治学》，吴寿彭译，商务印书馆2009年版，第3页。

③ ［古希腊］亚里士多德：《尼各马可伦理学》，廖申白译，商务印书馆2006年版，第313页。

> 引起反感。但法律要求公道的行为却不会引起反感。斯巴达似乎是立法者关心公民的哺育与训练的唯一城邦或少数城邦之一。在大多数其他城邦，它们受到忽略。每个人想怎么生活就怎么生活，像库克罗普斯那样，每个人“给自己的孩子与妻子立法”。所以，最好是有一个共同的制度来正确地关心公民的成长。如果这种共同的制度受到忽略，每个人就似乎应当关心提高他自己的孩子与朋友的德性。他应当能做到这一点，或者至少应当选择这样去做。从上面谈到的可以看出，如果他懂得立法学，他就更能做到这一点。共同的关心总是要通过法律来建立制度，有好的法律才能产生好的制度。①

可以说，在亚里士多德看来，共同体所追求的善就是整个城邦的善，这与组成共同体的人们所追求的善是一致的。城邦的善是通过政体，也就是城邦的灵魂来实现。同时，城邦的善还要通过使公民成为有德性的人来实现。也就是说，一个人的善离不开城邦的善，城邦的善高于个人的善。

由于亚里士多德毕生都在追求能够保障社会稳定和谐的理论，从他的理论诉求来看，伦理学和政治学的目的是一致的。“每种技艺与研究，同样地，人的每种实践与选择，都以某种善为目的。所以有人说，所有事物都以善为目的。”② 从个人的角度来说，无论选择过什么样的生活（实践的或者是沉思的），都要以善为目的，这种善在亚里士多德那里被称作幸福，幸福生活要靠德性的培养来实现。一个人如何才能修养德性而过幸福的生活，伦理学上的目的是善。城邦的共

---

① 参见［古希腊］亚里士多德《尼各马可伦理学》，廖申白译，商务印书馆 2006 年版，第 314—315 页。按照亚里士多德的看法，对生活方式的调整有公共的和私人的两种方式，家庭就是小城邦，或者城邦在治理的意义上就是大家庭，所以立法学可以兼及两者。

② ［古希腊］亚里士多德：《尼各马可伦理学》，廖申白译，商务印书馆 2006 年版，第 3 页。在这里，亚里士多德谈论的善具有两种意义：具体的善和最终的善。具体的善是指一个具体的目的；最终的善具有总体性质，因为更高的目的包含了所有低于它的目的。亚里士多德有时也译作“最高善”，最高善是最权威的科学或最大技艺的对象，而政治学就是这门最权威的科学。

同体的每个成员按照自己的社会地位和作用行为，政治学的目的也是善，政治学是接着伦理学的。于是，从最高的目标来看，道德与政治的目的是一致的，善是政治的基础。在亚里士多德那里，不仅道德与政治的目的是统一的，他还进一步研究了德性本身的政治学。

以上主要考察了柏拉图和亚里士多德的理论。古希腊罗马政治哲学注重德性，苏格拉底提出“德性即知识”，柏拉图更是坚定地继承了这种看法。柏拉图所言的国家是一个理想的国家，而非现实的国家。《理想国》反映了智者的心声、学者的愿望，柏拉图把道德与政治看成同质的东西，达到了一种理想的政治状态。柏拉图德性而王的政治思路把政治简化的不成其为政治了，这表现了智者的空想性，是一种乌托邦。亚里士多德的政治哲学是关于城邦的伦理学与政治学。亚里士多德认为，城邦是人们培养德性成为好人过幸福生活的唯一领域，是人类共同体发展的最终目的，人的行为是目的，是善。只有通过对德性的培养及实行，才能达到个人甚至城邦的善。城邦的善通过政体来实现，使公民成为有德性的人。从理论诉求看，亚里士多德的伦理学和政治学目的一致，政治学的目的是善，政治学接着伦理学，道德是政治的基础。他们二者的共同点都是在道德德性的基础上关注并发展政治，从中也可反映出古希腊政治哲学的某些特点。

二　中世纪之奥古斯丁与阿奎那

在古希腊罗马时期，以柏拉图、亚里士多德等为代表的政治哲学家都认为国家高于个人的真实存在，从而肯定了政治是个人的终极目的。柏拉图的理想国是“大写的人”，亚里士多德认为“人天生是政治的动物”。然而，这一时期对政治的肯定在中世纪基督教那里受到了挑战。基督教的“反政治性”在奥古斯丁那里体现得淋漓尽致，这就是“上帝之城”与“世俗之城”的区分。总的来说，中世纪基督教排斥或者否定世俗政治，但又必须负担拯救世俗政治的历史使命，因而不得不关注世俗的政治。

中世纪基督教政治哲学继承了古希腊罗马时期的政治哲学思想，同时又对他们进行了改造。奥古斯丁在肯定柏拉图的同时，给予了柏拉图很高的评价，并对基督教提出了自己的看法。奥古斯丁对基督教的“反政治性”揭示得一览无余，他对政治的这种批判主要表现在：其一，对现实政治的世俗追求进行批判，认为这是对政治价值的堕落，明确区分“上帝之城”以对抗“地上之城”。其二，奥古斯丁又批判了追求德性的政治。奥古斯丁虽然承认“德性”在塑造自我过程中的重要性，但是，如果沉湎于对自我的留恋，那它就是邪恶的。奥古斯丁之所以贬低“政治”，是因为他看重更高层次的政治价值。现实政治中人的本性与上帝之爱并不一致，在奥古斯丁看来，现实政治是人的罪恶本性的体现。而真正的社会“共同体”则只存在于“上帝之城”。① 可以说，奥古斯丁具有强烈的反政治倾向。奥古斯丁之所以贬低政治的价值，还因为他采用更高的眼光来看待现实的政治操作：人是社会性的而非为了方便才需要社会合作，政治是外在的、工具性的。于是，奥古斯丁把目光投向基督教，他对政治的贬低与超政治等级的褒扬是相辅相成的。奥古斯丁之所以转向基督教，不是外在的政治的自我满足，而是内在心灵的回归。

如果说奥古斯丁是义务论的，阿奎那就是目的论的，只是在对待古典政治的问题上的侧重点不同罢了。中世纪基督教神学是亚里士多德政治哲学的复兴，阿奎那则仍然属于基督教政治哲学的框架之内。阿奎那与亚里士多德类似，认为有助于培养人们德性的政体是最好的政体。但是，阿奎那克服了亚里士多德不符合基督教的地方。他放眼世界政治的共同体，认为这个政治共同体是上帝之国。

我们综合以上分析可以看出，古典政治哲学对政治的理解并非立足现实，而是一种主观愿望，认为任何政治都受到某些更高的道德规范的引导。政治作为人的属性并不完美，没有摆脱更高阶道德规范的引导。古典哲学很注重“政治”的价值，它不仅体现在政治实践中，同时也体现在政治理论中。古希腊政治的公民和自由观念，被中世纪的君主专制和不自由所代替。政治理论，号召发挥人们的美好德性，

① 参见［古罗马］奥古斯丁《上帝之城》，王晓朝译，人民出版社 2006 年版，第一卷。

进而建立友爱城邦。实际上，柏拉图和亚里士多德等都在自己的哲学体系中列出超政治的道德追求，而并未放弃对现实政治的无限留恋和追求。柏拉图和亚里士多德为了找到合理且现实的政治目标，探寻了最佳政体。奥古斯丁“上帝之城”与“地上之城”的区分，对人们的政治思想产生了很大的影响。其实，无论是“最佳政体”还是“上帝之城”并非一种实际的存在，而是一种脱离实际的乌托邦式空想。古典政治哲学（包括古希腊罗马和基督教）对现代政治留下了深刻的影响，并导致了现代政治与道德之间的张力。在这一点上，不管是强政治的希腊，还是反政治的基督教，起到的作用是一样的。

需要指出的是，政治与宗教的关系也很重要。本书的主旨是讨论道德与政治的关系，那么，为什么要涉及政治与宗教的关系呢？其实，表面上看哲学家们都在讨论政治与宗教的关系，但实质上反映了政治与道德的关系。尤其是整个中世纪，所有的问题几乎都与宗教有关，比如政治与宗教、道德与宗教的关系，要想把问题说清楚必须考虑宗教因素，这也正是整个现代政治哲学所要面临的问题。正如罗尔斯在后来的著作中敏锐地指出：“古希腊的道德哲学原本肇始于城邦之间平民宗教的历史情景和文化情景内部。”（*LHMP*，4）在罗尔斯那里，道德哲学是一种引人向善的、合理追求人们真实幸福的至善理念，并回答平民宗教所悬而未决的问题的。现代以来，影响道德哲学和政治哲学最深刻的要算宗教改革。事实上，在罗尔斯那里，道德的内涵是比较广泛的，宗教虽然不能直接与道德画等号，但宗教是道德正义的重要组成部分，这一点，我们在其《政治自由主义》中也可见一斑。

第二节　现代政治哲学

一　马基雅维利

现代政治哲学在反对基督教中拉开序幕，现代政治哲学不再像古典政治哲学那样强调从道德的高度来评判政治，而是从现实政治的维度来评判政治与各种道德追求，以此反对古典政治的德性。马基雅维利在《君主论》中提出了著名的“革命宣言”①，标志着现代政治哲学的开端。他将一切超出政治之外的道德悬置起来，与政治划清界限以保持政治的自律性。在他看来，政治完全是一个现实的世界，一个围绕权力斗争的世界，因此，他反对古典政治哲学对超政治的道德理想的诉求。

马内认为，现代政治与古典政治的根本不同在于，它力图与超出政治的各种看法划清界限，从而切断政治与超政治的关联，确保政治的独立性。作为现代政治的基本特征，现代国家也力求恪守道德、价值与善的中立性，在面对各种善或价值的冲突时，保持一种超然或者客观的姿态，没有任何倾向性。② 事实上，政治中立性在古典时期是闻所未闻的，任何现实的政治都要受到更高的正义或者道德秩序的规导。对柏拉图、亚里士多德以及奥古斯丁等来说，政治是一个属人世界，注定存在缺陷，要靠更高的道德秩序来引导。

到了现代，这种看法受到质疑：古典政治哲学就是一个错误，它对政治的理解脱离了实际，主要基于一种主观的道德想象。实际上，古典政治哲学对政治的看法也对实际的政治造成严重后果。政治实际上是一个必然王国，只有权力斗争才能获得政治权力，所以任何超政治的道德规范都应该看成一种手段或者途径，如果将它看作终极目的，带来的将是一种毁灭。其实，绝大多数现代自由主义者在捍卫政治中立性时，都有意无意地剥离了当时的历史语境，将它看成一种超时空的存在甚至普世价值，放之四海而皆准。当然，这种看法是有其历史局限性的。

马基雅维利的《君主论》认为，历史一直是“马基雅维利主义”的，这种二元论建立在两种行为的区分之上：有内在价值的终极行为，以及除了能为追求一个被认为极具自身内在价值的目的服务而没有其他价值的工具性行为。终极行为自身就显示善，而工具性的行为

① Cf. Machiavelli, *The Prince*, trans, Peter Bondanella, Oxford: Oxford University Press, 2005, Chapter 15.

② Pierre Manent, *A World beyond Politics? A Defense of the Nation - State*, translated by Marc Lepain, Princeton and Oxford: Princeton University Press, 2006, pp. 27 - 28.

之所以被看作好，是因为外在的原因而并非因为行为本身。马基雅维利主义的核心不是要区分自身即善的行为和因其他原因而善的行为，而是基于这种区别来划分道德与政治。换句话说，政治领域是工具性行为的领域，这些行为本身不可以根据其自身来判断，而是根据他们对实现一种目的的贡献大小来判断。这就是为什么按照马基雅维利主义的解答，我们会谈论政治的非道德性。对此，克罗齐就曾敏锐地指出："马基雅维利发现了政治的必要性及自主性，也就是超越了（或低于）道德性善恶的政治观念"①，这里的意思是说，马基雅维利看重政治，但道德对政治并无兴趣。

政治的非道德性可以在下述意义上理解：政治作为在它自身复杂背景中的一组由规范调节和由一种特定标准来调节的行为，与处于自身分离并相互独立的道德，这种观念本身就是二元论的。根据马基雅维利主义的解答，要么由于政治始终处于整个规范体系中特殊的地位上，认为这两者并不相互分离；要么由于这两者尽管相互区别却又相互依赖，认为它们并不相互独立。如此看来，马基雅维利主义的或者政治的解答是基于"目的证明手段"这个根本原则。与政治相对照，我们可以把非政治的领域规定为，目的和手段成为不适当的申诉理由的领域，因为所有这些行为都必须从它本身，从它是否具有内在价值来考虑，而不论及其目的。比如，在康德主义这样严格的道德以及所有义务论道德中，不仅考虑行为之外的目的是否适当，而且由于道德除了履行义务之外不可能还有其他目的，履行义务就是内在于行为本身的目的。在马基雅维利看来，道德与政治代表着两种不同判断标准的规范体系，道德与政治之间甚至互不干涉。

如前所述，马基雅维利是现代政治革命的奠基者。对他来说，现代政治哲学不再像古典政治哲学那样强调从道德的高度来评判政治，而是从现实政治的维度去评判政治以及各种道德追求。对此，施特劳斯就曾指出："马基雅维利将政治返回到一个低俗但坚实的地基，通

---

① Benedetto Croce, *Politics and Morals*, London: George Allen & Unwin, 1946, p. 45.

过降低政治目标的方式来实现目标。”[①] 马基雅维利几乎要将一切超出政治之外的道德悬置起来，与政治划清界限来保持政治的自律性。在他看来，政治既不像古希腊罗马时期要有一个自然的秩序，也不像基督教政治那样来自上帝的神启。政治完全是一个现实的世界，一个围绕权力赤裸裸斗争的世界。正是通过对政治与道德的这种区分，马基雅维利奠定了现代政治的“新方式和新秩序”[②]。马基雅维利将超政治的道德与政治划清界限，确保了政治的自律性。现代政治哲学不同于古典政治哲学从所崇尚的“应该做什么”的道德维度理解政治，而是从“实际做什么”的现实维度去理解政治及其超政治的道德诉求。

对于马基雅维利来说，病理学诊断的方式所开出的药方适用于一切属人的世界，那就是彻底地批判、否定和抛弃古典哲学所宣扬的政治思想，返回到现实的政治。马基雅维利批判的就是古典政治哲学与罗马教会，要想清除基督教对世俗的破坏，必须克服基督教与政治之间的对立，恢复政治的自律性。因而，他不主张对古典世界的追求，而是对古典的反叛。他所提倡的复古是恢复古典的政治，而非古典政治哲学。正如《君主论》中所说，用“应然”的道德典范批判“实然”的政治，恰恰是古典政治哲学的根本错误所在。于是，马基雅维利最终通过重新解释并且贬低古典政治的方式来否定古典政治哲学。[③]

按照马基雅维利的学说，古典政治哲学与基督教在政治上设定了一个超政治的目标，进而否定了政治的自律性。那么，要想回到政治世界就必须彻底否定古典政治哲学与基督教，切断政治与超政治道德的一切关联。问题在于，将政治世界从目的返回到必然性的开端对于政治自律性来说隐含着某些悖论：一方面，为了政治的自律性，将超

---

① ［德］施特劳斯：《政治哲学史》（上），李天然等译，河北人民出版社 1998 年版，第 329 页。

② ［意］马基雅维利：《论李维》，冯克利译，上海人民出版社 2005 年版，第 43 页。

③ 吴增定：《利维坦的道德困境——早期现代政治哲学的问题与脉络》，生活·读书·新知三联书店 2012 年版，第 42 页。

政治的道德和宗教驱赶出政治世界；另一方面，又不得不将道德与宗教重新纳入政治世界。也就是说，在政治世界中不得不再次求助于宗教道德，培养人们对国家的热爱。在肯定宗教的同时，马基雅维利将其彻底政治化了，将其看作一种政治手段。但这又陷入了对宗教的悖论：一方面，为了捍卫政治的自律性，必须将宗教道德世俗化；另一方面，为了维护公共利益，必须利用宗教道德来克制个人私利。我们发现，在面对道德与政治的关系问题时，马基雅维利看似解决了古典政治哲学与现实政治的有关问题，却产生了多种困境或者悖论。其实，在一个去宗教道德的现代政治世界中，我们如何重建新的道德规范，这将是困扰所有现代政治哲学家的问题。

二　从霍布斯到卢梭

在马基雅维利之后，霍布斯和斯宾诺莎等现代政治哲学家继续沿着马基雅维利的路线，发展出了一种自然权利学说。他们认为，政治权力完全来自人的自然权利的让渡，是一种契约论，与超政治的自然秩序或者上帝神启毫无关系。可以说，在道德与政治的关系上，现代哲学家们把这种关系推到了极致，将道德完全从政治当中剥离出去。

对于西方现代人来说，宗教似乎是一种私人领域，与国家政治的公共领域无关。但霍布斯的《利维坦》，本是一部讨论国家的政治哲学著作，却大谈宗教，甚至花去一半的篇幅。就现代自由主义强调的“政教分离”而言，当国家在政治上承受巨大道德舆论压力，甚或危及政治的正当性时，如果拒绝政教分离就显得不那么明智了。那么，究竟是基督教教会还是世俗国家是上帝在人间的代表？对这个问题的回答，从根本上反映了基督教与世俗国家之争。如果不化解宗教与政治之间的冲突，社会动荡将仍然存在。为此，霍布斯把矛头指向了基督教。他在《利维坦》中指出基督教是国家出现内乱的根源，认为基督教凌驾于世俗国家之上，并将世俗国家的权力贬低。① 但霍布斯

① ［英］霍布斯：《利维坦》，黎思复、黎廷弼译，杨昌裕校，商务印书馆2008年版，第473页。

并不认为宗教一定引发政治冲突，正像《利维坦》所言，在古罗马政治与宗教非但没有发生根本冲突，反而相处融洽。① 只是在基督教世界，宗教与政治之间才存在不可调和的矛盾冲突。基督教一方面把世俗政治看成一个原罪的世界，另一方面又不愿意放弃世俗政治并试图拯救它。对此，霍布斯开出的药方就是将世俗政治彻底地"去宗教化"，使得政治摆脱一切宗教的束缚。将宗教和政治还原到人，正是因为人们都在无休止地追求权力，才最终陷入"一切人对一切人的战争"状态。

在霍布斯看来，"善"完全是一种主观愿望，不同的人出于不同的宗教信仰、价值观或者情感，对至善的看法可能不尽相同，因此，根本不存在人人都能接受的至善。如果强行以某种至善标准来要求他人，必将导致人与人之间的战争，这也是霍布斯认为基督教世界发生宗教战争的根源所在。因此，应将宗教作为私人信仰同国家划清界限，国家在政治方面维持和平与安宁，而不是对宗教信仰保持中立成了必然选择。

霍布斯将国家命名为"利维坦"具有很深的宗教根源。利维坦是《圣经·旧约》之《约伯记》中记载的怪兽，被称作"骄傲之王"。霍布斯之所以用它来命名国家，意在用它的力量限制人的贪欲。问题是霍布斯式的国家很难避免这样的危险：在自然状态，每个人只能根据自己的想法或者理性来进行是非善恶判断。国家建立后，如果法律没有对具体事情做出规定，倘若一个人再坚持自己的善恶判断标准，那就很危险了。因为如果一个人认为国家不符合自己的利益而不服从国家，或者表面服从，久而久之国家将会受到威胁，甚至灭亡。如果以古典政治哲学的看法为参照，柏拉图的理想国以个人为终极目的，城邦对个人的统治不仅局限在外在的言行，还包括内在思想。但霍布斯的国家是一个具有人格的人，其权力都来自个人并成为个人的代表，他所让渡的只能是自己的言行，而不可能包括思想。这

---

① ［英］霍布斯：《利维坦》，黎思复、黎廷弼译，杨昌裕校，商务印书馆 2008 年版，第 83 页。

就容易造成国家或者个人的分裂：对国家而言，它虽然具有强大的权力，但只能统治外在的言行；对个人而言，他只需言行上服从国家，思想与此无关。

对于霍布斯来说，臣民没有权利判断什么是公正的，什么是不公正的，这是唯一属于君主的责任，支持臣民的判断公正或不公正权利的理论是煽动性的理论。但有一个基本点是，霍布斯是少数几个对君主和僭主不做区别的作者之一。霍布斯不做这样区分的原因是，他不可能把好的治理同坏的治理区别开来。事实上，在指出教会与国家的区别是16、17世纪理解国家的理由问题的主要因素时，霍布斯把教会还原为国家；教会的法只能被国家所接受并实行，否则就不是法。通过否认教会同国家间的区别，并把教会还原为国家，霍布斯消除了矛盾的根源。因此，在霍布斯看来，道德归结于政治。①

如果说马基雅维利的政治哲学针对的现实困境是意大利的政治动荡和分裂，那么霍布斯政治哲学的发源地则是英国内战。霍布斯的“自然状态”，将政治去宗教化，依据自然哲学和公民哲学对宗教的起源和本质做出了创造性的阐释。马基雅维利和霍布斯都看到了基督教对政治的危害，都不遗余力地对其进行批判。他们的解决方案是将宗教世俗化和政治化。这种方案一方面消除了宗教与政治的外在冲突，另一方面却导致了政治内部新的冲突，即国家与个人、公共利益与私人利益之间的冲突。他们的药方虽然治愈了旧的顽症，却产生了新的麻烦。

霍布斯将国家命名为“利维坦”，其意图是想用其力量来震慑个人的贪欲。但是，霍布斯式的国家很难避免危险。如果像柏拉图等古典哲学家一样，国家或城邦是个人的终极目的，而霍布斯的国家则是带有人格意义的。对个人而言，他只需要外在的言行服从国家及其法律，至于内心则毫不相干。与马基雅维利类似，霍布斯清醒地认识到人一旦为宗教所控制，那么宗教就可能凌驾于世俗政治之上。当马基

① 参见［英］霍布斯《利维坦》，黎思复、黎廷弼译，杨昌裕校，商务印书馆2008年版，第三部分。

雅维利与霍布斯等现代政治哲学家将政治从宗教道德的束缚中分离出来，他们都会面临这个问题：一个只关心自己利益的人如何能够关心公共利益，并服从国家和法律？马基雅维利和霍布斯虽然看到了基督教对于政治世界的危害，对它进行狠狠的批判，但解决方案就是将宗教道德世俗化政治化。然而，这一方案一方面消除了宗教道德与政治的外在冲突，另一方面却导致了政治世界的内在冲突，即个人与国家、个人利益与公共利益之间的冲突。

在他们之后，洛克和卢梭等哲学家一方面继续对基督教进行批判，另一方面将重心放在了正面的积极构建。他们努力将基督教解释为一种自然宗教、公民宗教或者道德宗教，使其成为一种维系公民社会的基本道德规范。但是，只要他们接受了马基雅维利式的前提，那么他们的努力注定要失败。因为，一旦宗教被世俗化和政治化，那么它就会丧失其神圣性，从而也就丧失了对人强大的吸引力和约束力。

在《政府论》中，洛克明确表示国家的目的不是教育人的德性，而是维护政治的统治。自古希腊以来，西方无数思想家都在思考这样一个问题：如何通过教育来实现人的德性？作为一位思考政治起源与目的的政治哲学家，洛克否定了政治的教育功能，强调正当对于德性的优先性。作为一个关心人性健康发展的教育家，他不遗余力地强调了德性的重要性。正是洛克的这种双重身份，使得他的政治哲学变得不那么透明。但洛克为什么将德性的教育排除在政治之外？既然否定了政治的教育功能，为什么又要强调德性与教育的重要性？正是这些问题，体现了洛克在对道德与政治关系的双重线索：一是洛克区分了政治与教育，二是凸显德性在政治哲学中的地位。

洛克关于家庭德性的思考被看作其政治哲学的基础，洛克之所以强调和重视家庭对德性教育的重要性，在于这样能弥补自由民主社会所面临的危机。现代社会，随着权利取代了德性成为基本的政治原则，家庭在社会中的地位逐渐被削弱，这直接导致了德性教育功能的弱化，德性必须以某种自然权威为前提，而这种自然权威正在逐渐消失。当然，这种看法也遭到后人的诸多批评，卢梭、康德、黑格尔、尼采和海德格尔都曾对此有过论述，他们认为所谓的“人性”不过是一种历史虚构。即便作为自由主义代表的罗尔斯也曾持有异议，他比洛克更彻底地坚持了正当对于善的优先性，同时也不再关心家庭德性教育。事实上，在现代民主社会，我们只能借助宪政民主制度来保证我们的“德性”。如此，我们可以站在洛克的立场上反问罗尔斯：假如我们根本就不知道人性是什么甚至有没有人性，假如我们不依据某种关于人性的哲学前提确立最低限度的善或德性标准，那么我们如何能够判定一种“正义”的观念对人来说是不是“善”的？或许洛克并没有给出答案，但我们可以透过这些问题揭示其中的根本所在：如何正确处理道德与政治的关系。

卢梭的《爱弥儿》通常被看作一本教育学的奠基之作，而实际上它是一部探究人的自然本性的哲学著作。《爱弥儿》并不是抽象地讨论人的自然本性，而是在教育中根据具体的情境而采用相应的教育方法。在道德层面，现代理性主义一方面猛烈地批判传统宗教及其道德，另一方面试图建立一种以自然权利为基础的自然法学说。而卢梭认为，这种基于个人权利的现代道德哲学不仅不能为人们提供一种真正的道德规范，甚至加剧了人与人之间、人与社会之间的矛盾冲突。所以，《爱弥儿》的最终目的就是要在现代文明废墟上重建人的道德准则，从而把人塑造成理性的道德主体。其实，在《爱弥儿》一书中，卢梭的道德教育本身也包含着一个悖论：道德的来源和基础正是不道德或者恶，即“自私之爱”。这个奥古斯丁式的问题隐含着，道德和道德教育必然导致某种终极存在或者上帝的启示。可以说，卢梭宣称的宗教并非基督教的意义上的宗教，而是一种“自然宗教”。自然宗教不属于任何特定的政治社会，而是单纯个体的内在情感。

在卢梭看来，任何道德必然最终导向某种宗教信仰，即道德必须建立在某种宗教承诺的基础之上。然而，道德的宗教化并不是卢梭道德哲学的全部。卢梭认为传统宗教的一切因素都没有存在的必要，因为真正的宗教信仰完全出自人的理性和良知。不难看出，卢梭一方面高度肯定宗教的重要性，另一方面却将宗教彻底道德化了。在卢梭那里，宗教说到底就是为了道德的存在而存在：“真正的宗教义务是不受人类制度的影响的，真正的心就是神灵的真正的殿堂，不管你在哪一个国家和哪一个教派，都要以爱上帝胜于爱一切和爱邻人如同爱自己作为法律的总纲；任何宗教都不能免除道德的天职，只有道德的天职才是真正的要旨；在这些天职中，为首的一个是内心的崇拜；没有信念，就没有真正的美德。”① 不难看出，卢梭的自然宗教论实质上就是一种道德形而上学，其本质在于他将道德宗教化的同时也是在将宗教道德化。我们认为，卢梭之所以要“返回自然”，其本意就是要在现代理性哲学的废墟上重建现代道德的根基。现代启蒙哲学批判一切启示宗教，但无法否定宗教本身，就是因为人的道德实践不可能离开宗教。

卢梭塑造的精神是这样的：“政教合一的社会结构，清教倾向的政治模式，整齐划一的道德风尚，舆论一律的良心监察。”② 我们从中可以看出，卢梭以道德的眼光来看待社会政治生活。同时，卢梭又受到柏拉图的影响：一是政治在性质上属于伦理范畴，法律和权力居于次要位置；二是城邦是以社会的主要道德感化机构为代表的最高道德准则这一内在机制。③ 柏拉图的思想决定了卢梭的政治理论诉求，卢梭试图打通道德与政治的界限，认为政治体系是有意志的道德实体。政治体对每一个社会成员的生存与幸福具有保障作用，这成了政治运作的动机。处在政治体国家中的个人，具有爱国主义情感的最高道德，是一切道德的源泉。这种政治体能够得以形成，主要在于公民是按照契约形成的“联合体”，这种联合体具有道德和集体的人格特质。人们按照自己的社会地位组成了社会，于是，公正代替了本能，社会人产生了道德。所以，人们的幸福生活必须要有社会保障，对这种幸福生活的评价尺度也要靠社会。

社会契约论的立场决定了卢梭的人民主权观念，因为国家建立在人民意志自由的社会契约之上。社会契约的形成，个人的权利发生转

---

① ［法］卢梭：《爱弥儿》，李平沤译，商务印书馆1978年版，第446—447页。

② 朱学勤：《道德理想国的覆灭——从卢梭到罗伯斯庇尔》，生活·读书·新知三联书店1994年版，第11页。

③ ［美］乔治·霍兰·萨拜因：《政治学说史》（下），邓正来译，商务印书馆1986年版，第651页。

让，把它转让给了国家。人民主权要得以体现，就必须运用“公意”。公意建立的基础是国家，是“道德与集体的共同体”，是“公共的大我”，它使国家保持内在的统一。维护公意而拒斥众意，使卢梭对人民主权的性质加以规定。[①] 主权属于结合为团体的人民，政府仅仅是代理人。因此，人民主权不能由别人代表的原则，注定了唯一的自由政府是实行直接民主，公民可以亲自出席城镇会议。公民的这一政治行为模式由其所属的自由公共意志所决定。倘若个体公民不服从公意，整体将强迫他服从，强行使他自由。[②] 在对人民主权观的阐释中，卢梭注重从道德与政治边界立论。卢梭严厉地批判了现代社会的不公正。卢梭指出，理性主义的理智观念是一种危险的观念，它戕害了虔诚的信念。科学夺走了信仰，理性反对道德直觉。因此，以人的本性善良信念作为社会政治理论的基本原则，是必然的选择。[③] 卢梭坚信，善良道德是最为纯美的。按照这个规定，卢梭教导我们服从集体、遵守道德准则。卢梭虽然推崇忠诚和爱国之类的道德观念，但是，他对个人的道德观念并不十分看重。卢梭对道德与政治的划界，还限制了政府的作用。卢梭把普遍幸福作为政府的业绩评判标准，限制政府的道德责任。他废弃了行政权的独立性，强行使立法权与行政权结合起来。

善良意志是卢梭人民主权论的出发点和归宿。个人内在的道德良知整合升华为公共的道德意志，人民成了一个摒弃个体存在的集合体，跃居到道德化政治的核心。显然，这种理论带有明显的道德理想主义色彩。首先，善良意志在政治运转过程中的中心地位被看重。卢梭假定每个人是善良的，于是每个人在转让权利时形成的集体意志也是善良的，这种理论演化保障每个人的自由和幸福。其次，统治者或者政府的统治权，也被伦理道德化了。最后，在卢梭那里，人民与统治者之间的关系是一种伦理道德关系，这种关系意味着政治必须伦理

① 于凤梧：《卢梭思想概论》，北京师范大学出版社 1986 年版，第 142—145 页。

② ［法］卢梭：《社会契约论》，何兆武译，商务印书馆 1980 年版，第 29 页。

③ 参见［美］乔治·霍兰·萨拜因《政治学说史》（下），邓正来译，商务印书馆 1986 年版，第 648、646 页。

道德化。

总的来说，卢梭批判继承了现代早期的政治哲学，他一方面要为现代人奠定道德根基，另一方面却在告诉大家这个根基并不牢固。他认为国家不是隐含在人的自然本性之中，也非来自上帝的启示，而是一种人为的契约。但这种契约所建立的国家基础实在薄弱，只能弱弱地保护个人的生命、安全和自由，却不能满足人们更高的道德追求。实际上，这也正是现代政治哲学在批判宗教过程中“去宗教化”所体现出来的道德与政治关系问题的实质所在。究竟如何才能更好地处理道德与政治的关系，不仅考验了之前的政治哲学家，也拷问着后来的政治哲学家。我们看到，后期罗尔斯虽然给出道德与政治的界限，但当道德与政治发生冲突的时候，他会毫不犹豫地转向政治。

第三节 康德式论证

一 康德论道德与政治

康德对现代政治哲学去道德化的政治不满，试图为现代政治哲学重新做出奠基。首先，康德认为道德与政治二者一致。康德对道德的规定是这样的：“道德作为我们应该据之以行动的无条件的命令法则的总体，其本身在客观意义上就已经是一种实践。在我们已经向这种义务概念承认了其权威之后还要说我们不能做到，那就显然是荒谬的。因为那样的话，这个概念就从道德里面自行勾销了（posseultra nemo obligatur [超出能力之外，就没有人负有义务]）。因此作为应用的权利学说的政治，与作为只是在理论上的这样一种权利学说的道德就不可能有任何争论（因而实践和理论就不可能有任何争论）。”① 在这段话中，康德规定了道德的特征，同时点明立论的主旨：道德与政治不应该有分歧。

对此，康德引用《圣经》的教义来说明，道德和政治不可能共处一项诫命之中，如此，则政治和道德确实有争论。但是，如果这两

① [德] 康德：《永久和平论》，何兆武译，上海世纪出版集团 2005 年版，第 42 页。

者完全结合，那么这一对立的概念就是荒唐的，如何解决这一争端的问题就根本不可能作为一个问题被提出来了。“理性还没有得到充分启蒙，能观察到整个一系列前定的原因，可以预先就宣告，根据大自然的机制从人类的所作所为会得出什么样幸运的或不幸的后果来（尽管是希望它如愿以偿），但是我们为了（按照智慧的规律）保持在义务的轨道上所必须做的事，理性却已经为此处处都充分清楚地给我们照亮了通向终极目的的道路。”① 不难看出，康德始终把道德放在比较高的地位，还是在一种理性的范围内，或者说在一种纯哲学的范围内。因此，谈论道德，就要想到康德的道德哲学。

其次，在《永久和平论》这部极具价值的著作中，康德区别了政治的道德家与道德政治家。在康德看来，道德和政治的结合有两种情况：一种是政治的道德家，政治为道德服务，以道德为目的，其实是一种义务论的观点；另一种是道德政治家，道德为政治服务，以政治家个人的目的为目的。很显然，后者是康德所谓的实践家的一种应用层面，属于比较低的级别。而道德政治家发现国家的体制或国与国的关系出现缺陷时，有义务来考虑如何尽可能迅速地加以改善，并使之符合理性的观念，甚至有时要牺牲自己的利益。当然，只有理性的概念才会懂得根据自由原则来奠定一种合法的强制，其首要点是建立在权利之上的持久的国家体制。康德指出：

如果并没有自由以及以自由为基础的道德法则的存在，而是一切发生的或可能发生的事情都仅仅只是大自然的机械作用；那么政治（作为利用这种作用来治理人的艺术）就完全是实践的智慧，而权利概念就是一种空洞的想法了。但是假如还发现绝对有必要把权利概念和政治结合起来，甚至于还得把它提高为政治的限定条件；那么就必须承认这二者的结合性。我虽然很能想象一位道德的政治家，也就是说一个这样地采用国家智虑的原则使之能够与道德共同存在的人；但却不能想象一位政治的道德家，

① ［德］康德：《永久和平论》，何兆武译，上海世纪出版集团2005年版，第43页。

即一个这样地为自己铸造一种道德从而使之有利于政治家的好处的人。①

之所以如此解释在于说明，康德的道德政治家是为道德服务或者以道德为目的的。

按照康德的观点，我们应该坚持做道德政治家。一切妨碍永久和平的坏事都是由于政治的道德家从道德政治家正当地结束的地方开始，并且当他这样以原则从属于目的的时候（这里相当于把马驾在车后面），也就破坏了他自己要使政治与道德相协调的这一目标。而“在实践理性的任务中我们究竟应该以它的物质原则，即（作为自由选择的对象的）目的作为起点呢？还是应该以形式的原则，即（仅仅基于对外关系的自由）的原则作为起点的呢”②？康德的回答是形式的原则，即“政治道德家的原则（国家的、国际的和世界公民的权利问题），是一个纯技术问题；与此相反，第二条原则对于道德政治家则是一个道德问题，它作为道德政治家的原则在处理导致永久和平的问题上便于前一条有天壤之别，这时候我们愿望着永久和平就不仅仅是作为一种物理上的善，而且还是作为由于承担义务而产生的一种状态”③。这里，康德不仅强调了我们应该看重哪条原则，即道德政治家的道德问题，而且还指出，到达一种善的目的是一种义务论的观点。由于追求纯粹实践理性王国及其正义，我们的目的就会来临。因为道德本身具有这样一种特性，尤其在有关它那公共权利的原则（关系到一种可以先天认识的政治）方面，它越是使行为不依赖于预定的目的，即我们意图中的无论是物理的或道德的利益，它就越会与后者普遍地一致。这个结论式的论证指出，康德的道德与政治是一致的，我们能够追求纯粹实践理性的王国。

最后，康德总结道：“在客观上（在理论上），道德与政治之间根本就没有任何争论。反之，在主观上，（在人类自私的倾向上，但

① ［德］康德：《永久和平论》，何兆武译，上海世纪出版集团2005年版，第45页。
② 同上书，第51页。
③ 同上。

它决不能称为实践，因为它并不是建立在理性准则的基础上），则它却可能并且还会始终存在着，因为它充当了砥砺道德的磨石。”[①] 虽然在实践理性上，也就是客观的理论上，道德与政治之间不可能有争论或者分歧，但是在人类自私倾向的政治实践中，政治对道德是有反作用的。因此，康德承认道德和政治合一，但是其含义也更为特殊，这也使得服膺康德的罗尔斯，在论证道德与政治时具有某种含糊性。所以，理解罗尔斯前后期理论的差异性，估计这是一个重要的原因。

道德政治家不是使道德听命于政治的需要，而是要使政治的智慧同道德共存：“尽管‘诚实是最好的办法’表达了一种在实践中常常会遭遇矛盾的理论，然而类似的理论准则‘诚实比其他办法更好’依旧比所有反对的意见都更高，并且是所有政治的必要条件。”[②] 引起道德专家们兴趣的问题是，尽管伊拉斯谟和康德都是从基础不同的道德理论出发，但他们都用了一个论据，即今天的伦理学成为“后果论”的论据，来支持他们各自的观点。而对于马基雅维利主义来说，无视通行的道德准则是成功的条件。与马基雅维利相反，前两位都坚持认为，尊重普遍道德原则的君主才能最终获得成功。也就是说，这是个未经历史或共同经验证实的论点。

实际上，卢梭“返回自然”的真实意图在于，要在现代理性主义启蒙哲学的废墟上重建现代社会的道德根基。虽然现代启蒙哲学可以批判甚至否定以基督教为代表的一切宗教，但是无法否定宗教本身。按照卢梭的意思，人的道德实践和道德教育很难离开宗教。卢梭和康德对早期现代哲学家（马基雅维利）去道德化的政治表示不满，并试图为现代政治做出重新奠基，但是他们并没有超出古典政治哲学所谓的超越政治的道德，他们所谓的道德仍然是人的世界，是人的现实。

二　早期罗尔斯论道德与政治

在道德与政治关系这个问题上，康德曾给出一种独特的融合路

---

① ［德］康德：《永久和平论》，何兆武译，上海世纪出版集团2005年版，第55页。

② 同上书，附录一。

径。但是，我们发现，这并不是一条很好地解决问题的出路。其实，早期罗尔斯在这个问题上依然是沿着康德的路径往前走。只是到了后期，他发现面对“罗尔斯问题”，康德式的路子就不那么好用了，于是，他在政治自由主义中另辟蹊径，给出了一种调和的路线，我们可以把这种路线称为中间路线。

早期罗尔斯主张，道德哲学的主要工作是要建立一套实质性的理论，这也是“规范伦理学”（normative ethics）① 要做的工作。“他在构造其正义论体系时努力避免独断的倾向，谨慎小心地进行逻辑、语言的推敲，仔细证明的方式，确立自己的有限目标，对一些重大的根本问题存而不论，以明智审慎来代替道德结论。”② 无论罗尔斯是否意识到，他的这种思考正好契合了政治哲学发展的某种趋势，也注定了罗尔斯对这个问题的关注能够对政治哲学产生巨大的推动力。

如果我们仔细阅读《正义论》就会发现，罗尔斯的思想是一元论的。这种一元论主要体现在以下两个方面：一方面，罗尔斯始终强调其正义理论与康德的道德哲学具有某种关联，明确表示自己与康德是一脉相承的。在这种意义上说，罗尔斯的正义理论奠基于康德的道德形而上学之上。另一方面，罗尔斯认为从原状态中产生出来的正义原则是普遍的，是适用于所有社会和文化的，从这种意义上看，正义原则体现了道德的真理。前者的问题在于，罗尔斯只接受了康德的道德形而上学，而没有考虑其他的各种形而上学（如哲学、宗教和道德理论等）。然而，在现实生活中，人们的形而上学信念是多元的，他们信奉不同的哲学、宗教和道德学说。后者的问题在于，罗尔斯忽略了正义原则与社会历史的联系，尤其是与社会宗教传统的联系。在当代社会中，人们具有不同的价值观，从事不同的价值追求，存在着价值多元论。虽然罗尔斯在《正义论》的第三部分明确提出了稳定性问题并加以论证，但是，他并没有很好地解决这个问题。

---

① 规范伦理学（normative ethics）是指从亚里士多德一直到西季维克（Sidgwick）的传统，它所讨论的是实质的（substantive）道德问题，主张建立规范性的道德系统。

② 关于这个问题的表述，笔者同意何怀宏的观点。请参见［美］约翰·罗尔斯《正义论》，何怀宏等译，中国社会科学出版社 2009 年版，第 4 页译序。

我们从以上分析可以得出两点结论：第一，罗尔斯把自己的正义理论建立在康德道德形而上学的基础上是成问题的，也就是说，政治哲学无需挂钩在任何形而上学之上；第二，形而上学信念的多元论是一个事实，必须在多元论的背景下来论证正义原则。这就使得罗尔斯面临如下理论困境，一方面，正义原则要独立于形而上学，不仅不能依赖康德的道德形上学，而且也不再依赖任何其他形而上学；另一方面，在正义原则的论证中，重视现实社会中存在的形而上学信念的多元论和价值多元论，要让信奉不同形而上学和追求不同价值的人们在正义原则上达成共识。

按照罗尔斯的理论，作为公平的正义像其他契约理论一样包括两个部分：一是一种对原初状态及其选择问题的解释；二是对一组将被一致同意的原则的论证。这种状态的最恰当观念必定导致与功利主义和至善主义相反的正义原则。作为公平的正义是契约论的一个标本。用于道德理论的“契约”一词，必须把它理解为某种抽象的水平。需要特别指出的是，罗尔斯正义论中的契约并不是要由此进入一个特定的社会，或是采取某种特定的政治形式，而只是为了接受某些道德原则。“作为公平的正义并不是一种完全的契约论。很明显，契约观念能扩大到多少是完整的一个伦理学体系的选择，即扩大到包括所有德性原则而不仅包括正义原则的体系的选择。”（*TJ*, 17）契约论方法的目标就是要把可接受的正义原则有意义地约束并连为一体。

罗尔斯在《正义论》第三部分中进一步说明，一旦正义原则实施在社会制度之中，并成为人们的行动准则之后，人们对于自身利益的关切可以发展成为善良观念和道德原则。在西方哲学史上，人们的认识功能和实践功能分属于两个领域。亚里士多德把两者的特征概括为智慧和谨慎，康德把它们称为理论理性和实践理性。罗尔斯则把这两者看作是一致的，力求证明“合理性的善”这一命题。这个命题沟通了他的政治哲学和道德哲学，是把关于善的“弱理论”发展成为善的“强理论”的结果。罗尔斯论证“合理性的善”这一命题的过程是这样的：人们的理性体现在实现合理的生活计划和目标的过程之中。根据“亚里士多德原则”，人们必然会以具有社会价值的自尊为主要生活目标。并且，理性所追求的自尊是与尊重、同情他人的道德观念和促进社会合作的伦理原则互依共存的。如果把这些道德观念和伦理原则归属为“善”的观念，我们就能得出“合理性的善”的结论。事实上，罗尔斯证明“合理性的善”这一命题的真实意图是为了沟通正义原则和道德准则，指出正义的观念和“善”的观念相一致。

不难发现，在《正义论》时期，罗尔斯的目的是要建立一种道德理论。罗尔斯所说的契约实质上就是在原初状态中的一种协议选择，同时还带有某些政治的特点。可以说，罗尔斯的正义论是一种道德哲学，这种道德理论是由政治的契约原则推导出的。因而，前期罗尔斯关于道德与政治的关系隐含两种逻辑理路：第一，政治（契约）导出道德；第二，道德与政治合一。

第二章　道德与政治关系重构之必要性

对道德问题越来越频繁的讨论唤起了道德与政治的关系这个古老的话题。尽管这个话题古老，它却富有新意。也正因为其古老而常新，才会有如此情形：不论哪个领域的道德问题，都没能给出明确答案。似乎道德与政治的关系是所有道德问题中最被人们所关注的。由于道德之于政治的重要性，而道德与政治的关系历来十分模糊，所以道德与政治关系的重构显得尤为必要。在讨论五种道德与政治关系模式的基础上，我们认为现代政治面临一种道德困境。由于功利主义忽视了现实政治的道德因素，使得功利主义带有某种先天缺陷。罗尔斯正是抓住了这个问题的要害，才实现了道德哲学的正义转向。

第一节　道德与政治关系分析

一　五种模式论

道德与政治的关系历来是一个比较严肃的问题。在古希腊历史上，安提戈涅反对柯瑞翁的冲突①表明，政治家们以不同于共同道德的方式来行动好像已被常识所默许，这种在道德上不正当的行为可能

① 传说 Antigone（安提戈涅）是俄狄浦斯与其母亲伊尔卡斯特在不知情的情况下乱伦而生下的女儿，而 Greon（柯瑞翁）则是安提戈涅的舅父。在俄狄浦斯犯了杀父娶母的罪行之后，安提戈涅陪同他的父亲俄狄浦斯出走，安提戈涅的舅父柯瑞翁则成为忒拜王。在俄狄浦斯去世之后，安提戈涅返回到忒拜。安提戈涅不顾柯瑞翁的反对命令，埋葬了进攻忒拜而遭兄弟残杀的波吕尼克斯，被柯瑞翁关进了地牢，自缢而死。

被认为在政治上是正当的。由是观之，政治或许遵循一种不同于或者部分不相容于道德的行为规范。政治家以不同于道德的方式行动似乎已经司空见惯，一种道德上不正当的行为可能被视为政治上正当。缘何如此？事实上，政治可能遵循一种不同于或部分地不相容于道德行为的准则或规范。尽管道德问题在所有行为领域都普遍存在，一旦进到政治领域，它就具有某些特殊的性质。如果一个人不愿承认道德存在，也不愿接受某些道德准则，那么，道德与政治的关系问题对他就没有任何意义。其实，在政治领域，传统问题并不是关于道德正当的或不正当的行为，而是关于政治行为在道德上的正当性或不正当性是否具有意义。

比方说，在《君主论》中马基雅维利就认为，一个好的政治家必须理解狮子和狐狸的伎俩，而狮子和狐狸分别代表了强暴和欺诈。[①] 当代马基雅维利主义的政治理论家维·帕累托认为有两种政治家：在狮子马基雅维利式的政治家那里，不断侵犯的本能是主导的；在狐狸马基雅维利式的政治家那里，联合的本能是主导的。克罗齐曾是马基雅维利和马克思现实主义政治的崇拜者，他在讨论“政治的诚实”时，曾用一段自供状式的话阐述了他的观点，对于政治问题普遍不理解的一个标志，是人们对政治生活中诚实的愚蠢要求。在谈到这种不理解在于所有低能儿心中都有的那种理想之后，他解释到，“政治的诚实”只不过是“政治的技巧”。于是，我们可以从这些讨论中得出结论：道德与政治的关系问题尤为重要，对政治的行为应该做出道德判断。翻阅历代文献，我们发现关于道德与政治关系的考察，深入而且细致的要数意大利学者诺贝特·巴比奥[②]，五种模式的讨论主要是基于他的这篇文章。

在讨论关于道德与政治关系问题的证明时，巴比奥指出，论证不会对政治道德产生说服力。所以，考虑历史和共同经验中的普通道德

---

① ［意］尼科洛·马基雅维利：《君主论》，潘汉典译，商务印书馆 1985 年版，第十八章。

② Norberto Bobbio, “Ethics and Politics”, *Diogenes*, No. 182, 1998. 本小节讨论主要基于此文，译文参考廖申白《伦理与政治》，《第欧根尼》2000 年第 1 期。

同政治行为的冲突所引出的教训意义并不大，尝试努力地去理解并最终证明这种冲突的正当性才是根本的。巴比奥通过对现代政治思想进行重新思考，认为现代政治力图把政治中的道德问题解决，旨在证明普通道德同政治道德间存在明显的区别。他通过对这一正当性问题的考察，来寻求问题的答案。总的来说，巴比奥把研究道德与政治关系问题的理论分为四种主要的类型，区别为一元的和二元的理论。在一元论中，又分为严格的一元论与灵活的一元论。在二元论中，又分为表层的二元论和深层的二元论。严格的一元论认为只有唯一的规范体系，道德的或政治的，在道德与政治之间没有矛盾。灵活的一元论既认为只有唯一的规范体系，又承认存在着有理由的例外。表层的二元论认为道德与政治是两种不同规范体系，但它们不完全相互独立，而是一种规范高于另外一种规范。深层的二元论认为道德与政治代表两种相反的服从不同判断标准的规范体系。我们逐一简要分析这些类型。

（一）严格的一元论

严格地说，严格的一元论又分为两种类型：其一是把政治还原为道德的一元论，其二是把道德还原为政治的一元论。第一种一元论的一个例证是16世纪的基督教理念，第二个例证来自康德。在《论永久的和平》的附录中，康德区别了政治的道德家（这是他所谴责的人）与道德的政治家（这是他称赞的人）。第二种一元论如霍布斯。对霍布斯来说，臣民没有权利判断什么是公正的，什么是不公正的，这是唯一地属于君主的责任，支持臣民的判断公正或不公正的权利的理论是煽动性的理论。但霍布斯是少数几个对君主和僭主不做区分的作者之一，也许是唯一的作者。霍布斯不做这样区分的原因，在于他不可能把好的治理同坏的治理区别开来。其实，在指出教会与国家的区别16、17世纪间理解国家的理由问题的主要因素时，霍布斯把教会还原为国家，教会的法除非被国家接受、欲求并实行，否则就不是法。通过否认教会同国家间的区别，并把教会还原为国家，霍布斯消除了矛盾的原因本身。

（二）灵活的一元论

灵活的一元论存在唯一规范体系，即道德体系。这种体系的基础在于启示或者自然，从这种启示或者自然中，人的理性能力能够引出行为的普遍法则。因为它们的普遍性，这些法则不能被运用到所有的场合。但是，没有一条道德法则不存在例外情况，这种由掌握政治权力的人对道德的违反只不过是道德法则在个别情况下的例外。换言之，证明这种违法的正当性是君主违反道德的那个场合的例外性质。既然我们要确定对一个政治家违反道德的行为证明的各种方式，最重要的问题不在于另一个规范体系的存在，而在于那个在其中某个规则存在许多例外但仍然被视为有效公认的规范体系。如果有某种东西是君主行为的特点，这就是他会发现与普通人相比，他经常处于例外情况之中。这种经常性是由于他正在同其他君主共处在一种背景的联系之中，在这里的例外已经成为一种规则，尽管它可能被认为是与道德相矛盾的（其实，它与之并不矛盾，因为这是常规意义上的规则问题，行为的常规性并不必然表明某个规则不再有效）。尽管例外总是对君主有利（道德学家们以敌意态度对待的正是这种利益），也有些例外对君主不利，虽然这种情况比较少。事实上，例外可以允许君主越过道德禁令的扩展方式。但它也以“贵人行为理应高尚”这种约束性方式，阻止对普通人来说是允许行为的充分实现。这是一种弱化的一元论，道德是其中之一，但是在例外情况下或特殊行为领域中失去了效力。

（三）表层二元论

表层二元论认为，当两个矛盾的规范以一个高过另一个的顺序排列时，较高的那一个效力更大。在表层二元论中，说到道德与政治的关系问题，一种可能的解答是把道德与政治看作两种不完全相互独立的独特的规范体系。这样，它们就是一个高过另一个的。自然而然地，这种解答会有两个版本：即要么道德高过政治，要么政治高过道德。前种版本的典型例子是克罗齐的实践哲学，后种版本的例子是黑格尔。克罗齐的辩证法不是对立面的辩证法，而是一个高过另一个的两个独特实体间的辩证法。道德与政治被他解释为两个独特的事物，而且，像引用过的那段话末尾所表明的，政治被置于低的位置上，道德被置于高的位置上。与此相反，黑格尔承认这两个体系的存在。他认为政治的制度在排序上更高，并在这种优先性中找到了证明政治家的不道德行为正当性的最好论据。这就是说，当政治家服从一个更高的规范时，这种规范迫使他废除任何不相容的低等规范体系，因而使之失去效力。而黑格尔认为个人道德相对于国家的道德是低等的，因而当国家的历史责任要求时，必须服从于国家的道德。在这种理论中，政治高于道德占据了主导地位。

（四）深层二元论

深层二元论认为历史一直是“马基雅维利主义”的，这种二元论建立在对两种行为的区分上：有内在价值的终极行为，以及除了能为追求一个被认为仅仅具有内在价值的目的服务而没有其他价值的工具性行为。其一，终极行为自身就能够显得善，这种行为以其自身为尺度来判断，它并不追求任何其他利益，只为完成一种善举的“无私”行为。其二，工具性行为被看作由于其他原因而不是因为其行为本身，这种行为以它对实现一项目的贡献的大小来判断，没有哪个道德理论不理会这种区别。韦伯对合价值的合理行为与合目的的合理行为的区分对应于这种区分。道德理论都考虑如下事实，同一行为可以从两个不同的方式来判断：按照发生的环境判断与按照它做出时的意图判断。如果行善的人不是为得到好处，那么，行为就某种价值不是某种目的，而是合理性的。

马基雅维利主义的核心不是要区分自身即善的行为与因其他原因而善的行为，而是要基于这种区别来区分道德与政治。换句话说，政治领域是工具性行为的领域，这些行为本身不能根据自身来判断，而是根据他们实现一种目的的贡献大小来判断。政治的非道德性应该这样理解：政治作为在它自身的复杂背景中一组由规范调节和由一种特定标准来评价的行为，与道德，即处于道德自身的复杂背景中的一组由不同规范调节和由另一种标准来评价的行为，没有关系。这种解答依据政治与道德的分离和相互独立，这种观念本身就被称为二元论。上面讨论的马基雅维利主义的解答，要么由于认为政治始终处于整个规范体系内和一种特殊的地位上，两者并不相互分离。要么由于认为两者尽管相互区别却又相互依赖，它们并不相互独立。与政治相对照，可以把非政治的领域规定为目的和手段的区别，将成为不适当申诉理由的领域，因为所有这些行为都必须从它本身，从它具有内在价值还是没有价值来考虑，而不论及其目的。

（五）两种伦理学——以韦伯为例

除了上述四种理论之外，巴比奥实际上还讨论了一种模式。这种关于道德与政治关系的理论把这种分离推到极端的地步，因此也被认为是最二元论的。这种理论认为，存在两种基于不同判断行为标准的道德，它们不总是赋予同一个行为相同的价值，因而不完全相容，并且可能一个高于另一个。这种理论的代表是韦伯关于信念伦理和责任伦理区分的理论，真正区分两者的是它们判断一个行为好坏的不同标准。信念的伦理诉诸某种内在于行为的标准：某种原则、规范，或任何普遍的规约性的前提。这种前提或多或少影响一个行为的完成，又含有根据对一个实际行为是否符合所说的某个规范的抽象行为而对它做出肯定的或否定的判断。责任伦理肯定的或否定的判断诉诸行为之后的东西，即行为的后果作肯定的判断或否定的判断依据所预想的结果的实现与否。换句话说，这两种伦理可以被称为原则的伦理与结果的伦理。在道德哲学史上，它们一个相当于义务论伦理学，如康德伦理学，另一个相当于目的论伦理学。事实上，这两种道德理论并不一致：按照原则是好的，但按照后果可能并不好，反之亦然。

一旦我们采取把作为信念伦理的道德与作为责任伦理的政治相互界分的观点，我们可以把这五种模式看作对道德与政治关系主题的五种谈论方式，互为参照。当然，这样说并不否认，可以从一种分析的和历史的观点来领会这些理论；也不否认，这样领会这些理论是有用的。同时，责任伦理连接着前面的一环，即马基雅维利学说。按照马基雅维利的理论，在政治判断中唯一重要的是实现目的的手段的一致性，而不考虑原则。这种理论由于把“拯救祖国”当作政治行为的最终目的，又直接要求前面的那种解答，即黑格尔的解答。

应当说，所有这些证明都使得政治行为的规则从属于假言规范的范畴。这种假言规范或者表现为条件性规范的形式——“如果有 A，那么必定有 B”，或者表现为技术性或实用性规范的形式——“如果你想要 A，那么你就必须做 B”，在这里，A 可能是某种唯一可能的目的或必要的目的，就像所有其他证明的情形那样。要澄清政治的道德理论的基本特性，最有裨益的莫过于康德——绝对命令同假言命令的区分首次也是最完整的表达就归功于他——关于《圣经》的思考：政治“像蛇一样机敏”，道德（作为一个约束性条件）“像鸽子一样不怀恶意”。[①]这些证明不是要取消政治的道德问题，而是要基于对这个问题的重要性的考虑来澄清条件和确定界限。

此外，我们简要考察以下这些不同的问题：（1）对于必要性状态理论来说，例外证明规则；因为，如果例外标准继续适用，就不再有例外，也不再有规则。如果偏离仅当它能够得到辩护时才是允许的，它就假定了一个前提：存在不可辩护的、不能宽容的偏离。（2）政治的伦理学是从事政治活动的人的伦理学，但是政治活动不是权力本身，而是实现一个公共善，一个集体或普遍利益目的的权力。政治活动不是治理，而是好的治理。不断地被用来区分好的治理与坏的治理的传统标准，其实就是对特殊目的是否得到实现的评价：好的治理寻求公共善的实现，坏的治理寻求个人善的实现。（3）政治是否优先于道德？不是所有政治，而只在确定的历史时代实现客观精神的最高目的的政治，即英雄的政治，或体现世界历史精神的个人的政治。（4）目的证明手段。但是谁证明目的？也许目的不需要得到证明？也许一个政治家所提出的每个目的都是好的目的？是否应当有进一步的标准来区别一个好的目的和坏的目的？是否也该问一下，坏的手段是否也会毁灭好的目的？（5）政治伦理是结果的伦理而不是原则的伦理。但是是所有的结果吗？如果我们希望区分不同的结果，我们是否又会回到原则？我们是否能把好的结果还原为当下的成功？失败者是否总是只因为他是失败者就是错误的？今天的失败者不是可能成为明日的成功者吗？

巴比奥认为，所有这些问题都没有提供答案，但它们有助于我们

① 出自《新约·马太福音》第 10 章第 16 节。

应当朝着什么方向去寻求答案，而这个方向不是手段的适合性，而是目的的合理性。这两个不同的问题，手段的适合性问题希望就有效的治理出现，它是一个技术性的而不是道德性的判断。一种有效的治理本身并不是一种好的治理。更深层的判断不是关于目的的实现，而是进一步追问：什么目的？一旦拯救祖国、维护普遍利益或公共善被承认是政治行为的目的，这个判断就是一个可以证实的、真正的道德判断，尽管由于不同的证明理论的原因，它是一个不同于或部分地不同于用以判断个人行为的普通道德。然而这不是出于手段适合性的原因，而是出于目的善的原因。即便人们在政治活动中看清了一种工具性行为，这种行为也不是对于政治家所愿意去实现任何目的都是工具性的手段。一旦区分出好的目的和坏的目的——任何关于道德与政治的关系的理论都会做出这种区分——区分好的和坏的政治行为，使政治行为从属于道德判断，似乎不可避免。尽管政治辩论常常不区分不同的裁决，并且按照“道德的”礼节来安排所有以下三种裁决：有效性裁决；正当性裁决；与道德的裁决。由于分析的明确性和对责任的分配具有独特的价值，事实上，对政治行为的道德裁决显得更有意义。这正是本书的价值所在。

二　道德与政治何以需要研究

我们知道，道德问题几乎存在于所有的行为领域，如果一旦进到政治领域，它就具有了一种特殊的性质。在其他的领域，道德问题似乎只关注这些：行为如何在道德上是正当的，或者如何行为在道德上是不正当的。事实上，我们对道德问题本身的关注胜过对它的挑战，而道德存在的事实并未受到任何挑战。因此，道德本身也证明这些不同的道德行为的正确性。如果我们不愿承认道德存在，也不愿认可某些道德规范，那么，道德与政治的关系问题似乎对我们没有意义。但是，如要证明道德及其原则的存在，那就没有必要对它们的基础有一致性的看法了。对这个典型的哲学问题的关注划分出了复杂的哲学派别，而这并不妨碍我们就某些基本规则达成一致。

随着历史的积淀，道德与政治的关系问题似乎变得越来越模糊。

但是，当我们谈论政治问题时并不能绕开这个问题。道德与政治的关系问题不可与人的其他行为领域的问题同日而语。其实，当我们谈论道德与政治的关系问题时，主要涉及的是社会道德，即一个人处在社会活动领域中的关系及其与之相关的行为道德。在政治领域，传统的关注并不针对道德行为的正当或不正当，而在于考量政治行为在道德上的正当或不正当是否有意义。本书以反思的态度，重新检讨道德与政治的关系问题。我们主要针对罗尔斯政治哲学中对此问题研究的必要性、研究方法，以及凸显的特征展开讨论，进而提出个人看法。

在西方政治哲学史上，尤其是在古典哲学时期，在道德哲学得到普遍认同的情况下，对道德与政治的关系问题进行明显的理论分疏，似乎并不是一件很容易的事情。在笔者看来，这至少需要两个基本前提：一是，历史地看，各个时期不同的历史背景，造就了道德与政治关系的模糊性；二是，道德与政治的这种模糊性正随着现代社会的发展，逐渐凸显出来，使得我们必须认真面对。对前者的分析，可以帮助我们厘清道德与政治关系问题的来龙去脉，走出盲目分析道德与政治甚至将其置于一种二元对立的思维误区，其中也不乏评估这种关系的各种理论前提。对后者的论证，则可以促进我们“登堂入室”，去探索道德与政治关系问题的理论与实践，合理地认取政治逻辑的良性成分，进而提供一个合理评估道德与政治的历史意识。总的来说，这两个前提是以逻辑的力量为支撑的，现实的条件则要以现代政治境况的实际判断为基础。

通过对第一章中几位哲学家关于此问题看法的分析，我们可以得出一个大致的发展脉络，那就是在道德与政治的关系问题上，有的哲学家将二者统一起来，有的则将其分开来讨论。无论如何，人们对这个问题的讨论却从未停止。当代政治哲学的研究热潮，更表明西方学者对道德与政治问题的讨论兴趣不曾减弱。在一定程度上，传统的道德哲学和政治哲学的基础是传统的形而上学，当传统的形而上学受到现代自然科学的冲击，甚至我们拒斥形而上学的时候，就有必要对新的道德哲学和政治哲学进行重新定位。

从历史的视角转换到理论探讨的维度，道德与政治似乎尚未

“一潭死水”。这可以从三个方面来得到证实。第一，从人类政治活动的目的性上讲，政治互动具有双重目的，一是以秩序建构保证社会正常运转，二是以公正平等精神来保障社会成员的利益。这种现象不仅是人类历史发展的进步，而且在学术界也蔚然成风，至少标志着人们对自己利益的关注具有道德与政治的双向维度。就此而言，道德与政治的关系问题仍然存在一定的理论蕴藏。第二，从人类政治活动的构成上看，政治活动是处理人与社会、人与人等多重关系的内容。道德在处理这些关系中发挥的作用日渐扩大，因而，在一切政治制度的安排上，都要基于一种权力制度的制衡原则。道德与政治的互动，对社会秩序发生了强有力的保障作用。同时，人与人的关系，表现为经济人的自利、政治人的求权和社会人的自私等，这种看似矛盾的安排，其实限定了人们避恶扬善的诉求。第三，从人类政治活动的效用上看，政治活动日益表现出一种组织化特质。这样，一方面要求政治活动产出公共生活中保护个人的规范，另一方面也要求个人心中树立认同社会公共生活规则的自觉性。道德与政治的互动正好能促进这两方的弥合，使得现代政治更加完善。

上述看法只是我们在逻辑上的分析，更需要我们的实践检验。在众多哲学家中，罗尔斯的理论是一种显学。在这里，我们需要明确两个问题，一个是为什么要选择罗尔斯作为研究对象，另一个是为什么要选择罗尔斯正义理论中道德与政治的关系问题作为研究主题。下面分别说明：

第一个问题：为什么选择罗尔斯作为研究对象。选取罗尔斯作为研究对象，很大程度上是由于其思想的时代性和深刻性。罗尔斯永久地改变了道德哲学和政治哲学的前景。首先，罗尔斯作为一个哲学家，从道德的角度研究社会的基本结构，研究社会正义问题。这种实践关怀，正好顺应了政治哲学发展的某种倾向性。其次，罗尔斯处在美国一个动荡不安的年代，他亲见了各种不公正和不平等，倾其一生所建构的理论具有强烈的现实关怀。再次，20 世纪以来，英美学界分析和实证的传统逐渐占据主导地位，罗尔斯的哲学正是在这样的学术氛围中发展起来的，具有很深的分析哲学功底。最后，罗尔斯的学者风范深深地吸引了笔者。基于这些特点，我们研究罗尔斯的著作，可以学有本源、严肃认真、高屋建瓴，从而使得我们能够得到系统深入扎实的学术训练。

第二个问题是：罗尔斯正义理论中道德与政治的关系问题。本书主要有两个目的：一是不满社群主义对罗尔斯政治哲学中涉及道德与政治关系问题的批判；二是对作为自由主义者的罗尔斯在面对道德与政治问题时扑朔迷离的论述感到不安。关于这两个实质性问题的讨论，我们可以从以下几个方面来理解。

首先，这种研究拓宽了罗尔斯政治哲学研究的理论视野。到目前为止，国内对罗尔斯的研究主要集中在以下领域：哲学、政治学和法学。而在哲学领域，主要有以下几种情况：一是对《正义论》的文本进行解读，诸如两个正义原则、原初状态等理念分析，这类研究比较多；二是对罗尔斯正义理论的研究，或者从罗尔斯正义理论发展的角度进行研究，或者把正义放在更为宽广的背景中进行梳理；三是基于对罗尔斯理论的道德哲学研究；四是侧重罗尔斯后期政治自由主义的研究，或者抓住某个核心概念，或者把罗尔斯的政治哲学放在更宏大的现实背景下展开讨论；五是专门研究罗尔斯的《万民法》；六是将罗尔斯与宗教和女性主义结合起来进行研究也是一大亮点。以道德与政治的关系问题为视角，对罗尔斯的理论进行深入解读，可以透视罗尔斯政治哲学的理论变迁。

其次，深化对罗尔斯政治哲学的总体认识。综合以往的研究，我们对罗尔斯哲学的某些关键概念已经有了深入的了解。但是，如果从总体上对罗尔斯的理论发展有一个清晰的把握，需要做进一步的努力，笔者试图在这个方面有所突破。

再次，进一步澄清罗尔斯政治哲学的一些基本问题。以道德与政治的关系为线索进行分析，我们发现，原来对罗尔斯理论的解读存在某种欠缺，甚至有所偏差。例如，我们对稳定性问题的关注，似乎并没有得到足够重视，以至于在以往的研究中，忽略了对此问题的深入分析。

最后，是对各种理论的回应。这种回应既是罗尔斯对各种批评的回应，也是笔者对各种针对罗尔斯的批评的回应。

《正义论》的发表，标志着西方政治哲学的主题发生了从“自由”到“正义”的重大转变，继承并发展了传统的社会契约理论，使之上升到更高的抽象层次。“正义”主题始终贯穿罗尔斯的理论，罗尔斯追寻契约论的传统，既是在自由主义框架内的，同时还是反功利主义的。然而，罗尔斯并未因《正义论》的巨大成功而终止其对正义理论的研究。《政治自由主义》从两个基本问题开始：第一，在一个自由平等的公民社会里，公民们合作的公平条件是什么？第二，面对作为自由制度必然结果的合理多元化事实，人们互相宽容的基础是什么？这两个问题也可以合并为一个，即在一个其自由平等的公民被合理的宗教、哲学与道德理论深深分裂的社会中，正义与稳定如何可能？这就是政治自由主义的基本问题。《政治自由主义》对《正义论》的修正，在《万民法》中也得到了进一步的维护与发展。笔者感兴趣的是罗尔斯的政治哲学，而罗尔斯的政治哲学却离不开他的道德哲学。我们将关注在罗尔斯后期哲学中，道德与政治的关系究竟是怎样的。

现代社会对政治与道德分野的过分强调，削弱了政治的道德基础，产生了各种无政府主义和反社会倾向。重新认识政治与道德的相互联系，认识现代政治发展的变化，确立现代政治的道德基础，不仅对现代政治的健康发展很重要，而且对复兴现代社会道德也很重要。因此，我们对罗尔斯政治哲学重估的必要性，至少就有了一个最低限度的确证。

第二节　现代政治的道德困境

一　问题的提出

在西方政治哲学史上，自从马基雅维利开创现代政治哲学以来，道德与政治的关系问题逐渐凸显出来。以道德与政治的关系为线索探讨古典政治与现代政治的分野，有助于我们把握现代政治面临的道德困境问题。要想弄清并解决现代政治的道德困境问题，首先要明白罗尔斯所谓的“政治自由主义的问题”的实质，也就是要考察罗尔斯如何评价古代宗教对道德哲学的影响，如何引出政治自由主义的问题。或者说，现代政治的道德困境问题与政治自由主义的基本问题存在何种关联。[①] 其实，在面临解决现代政治的道德困境时，罗尔斯在《正义论》时期就曾有过论述，只是与在《政治自由主义》时期不同罢了。通过第一章对道德与政治关系溯源的分析，我们发现现代政治哲学之所以被称之为“现代的”政治哲学，首先就是因为它与古典政治哲学具有许多不同之处：第一，这种不同体现为各自展开自己理论逻辑的社会背景，已经产生了巨大差异；第二，则是因为它们各自论述问题的方法预设已经产生了重大分歧；第三，便是因为它们对于当下社会政治运转的影响方式也发生了根本差异，使得政治哲学与政治生活的联系更加复杂。简单地讲，这种分化就是一种“双线对举”的思维方式被确立起来。[②] 现代政治哲学基本都是在“神性与人性”“个人与群体”“公共与私人”“国家与社会”“权利与权力”“法制与法治”“自由与奴役”“压迫与解放”“国家与市场”“自由与平等”“民主与专制”“主观与客观”“积极与消极”“一元与多元”“激进与保守”“科学与人文”等相对的话题中，来谈论政治哲学的基本问题。事实上，这是一种典型的二元思维方式的产物，这种思维方式是近代现代性的结果。从哲学上讲，它与现代哲学的新传统紧密联系在一起：一方面，英美经验主义传统使得这一思路具有了实际的经验观察与政治运作的支撑；另一方面，德法建构理性主义传统则使得它具有了理论思辨的观念基础。不论这种二元对峙或对应的思维方式有什么样的缺陷，它对于现代政治思维的紧要性则不容忽视。

如前所述，古典政治哲学肇始于古希腊罗马时期。古希腊罗马政治哲学注重德性，主要代表是柏拉图和亚里士多德。苏格拉底提出“德性即知识”，柏拉图对此深信不疑。柏拉图关于国家的理论是一个理想的国家，而非现实的国家。《理想国》是智者的心声、学者的愿望，柏拉图把道德与政治看成是同质的东西，达到了一种理想的政治状态。柏拉图德性而王的政治路向把政治简化的不成其为政治了，表现了智者的空想性，这其实是一种乌托邦。亚里士多德的政治哲学

---

① 关于“政治自由主义”的基本问题，我们将在后面的章节中专门讨论，这里只是为了论述的需要提出来而已。

② 参见任剑涛《政治哲学的问题框架与思想资源》，《江海学刊》2003 年第 2 期。

是关于城邦的伦理学与政治学。亚里士多德认为，城邦是人们培养德性成为好人过幸福生活的唯一领域，是人类共同体发展的最终目的，人的行为是目的是善。只有通过对德性的培养及实行，才能到达个人甚至城邦的善。城邦的善通过政体来实现，使公民成为有德性的人。从理论诉求看，亚里士多德的伦理学和政治学目的一致，政治学的目的是善，政治学接着伦理学，道德是政治的基础。

中世纪基督教政治哲学继承了古希腊罗马的政治哲学，并进行了改造。奥古斯丁给予柏拉图很高的评价，对基督教的“反政治性”揭示的淋漓尽致：其一，对现实政治的世俗追求进行批判，认为这是政治价值的堕落，提出“上帝之城”对抗“地上之城”；其二，奥古斯丁批判了追求德性的政治。奥古斯丁承认“德性”在塑造自我过程中的重要性，如若沉湎于自我留恋，那就是邪恶。真正的社会共同体只存在于“上帝之城”，奥古斯丁把目光转向基督是内在心灵的回归。阿奎那与亚里士多德类似，认为有助于培养人们德性的政体才是最好的政体。阿奎那在基督教框架之内，克服了亚里士多德不符合基督教的地方。他放眼世界，认为真正的政治共同体是上帝之国。

可以看出，古典政治哲学对政治的理解并非立足现实，而是倾向于一种主观愿望，认为任何政治都受到某些更高的道德规范的引导。政治作为人的属性并不完美，没有摆脱更高阶道德规范的引导。柏拉图和亚里士多德为了找到合理且现实的政治目标，探寻了最佳政体。奥古斯丁“上帝之城”与“地上之城”的区分，对人们的政治思想产生很大影响。其实，不管“最佳政体”还是“上帝之城”并非一种实际的存在，而是一种脱离实际的乌托邦式空想。

现代政治在反基督教中拉开序幕，现代政治哲学不再像古典政治哲学那样强调从道德的高度来评判政治，而是从现实政治的维度来评判政治与各种道德追求，反对古典政治的德性。马基雅维利的《君主论》标志着现代政治哲学的开端，他将一切超出政治之外的道德悬置起来，与政治划清界限来保持政治的自律性。政治完全是一个现实的世界，一个围绕权力斗争的世界，反对古典政治哲学对超政治的道德理想的诉求。霍布斯的“自然状态”将政治去宗教化，依据自然哲学和公民哲学对宗教的起源与本质做出了创造性阐释。马基雅维利和霍布斯都看到了基督教对政治的危害，他们的解决方案是将宗教世俗化和政治化。这一方案虽然消除了宗教与政治的外在冲突，却导致了政治内部的新冲突，即国家与个人、公共利益与私人利益之间的冲突。洛克和卢梭等哲学家继续沿着马基雅维利的路线对基督教进行批判，但他们的努力注定要失败。因为，宗教一旦被世俗化和政治化，就会丧失其神圣性，从而也就丧失了对人的强大吸引力和约束力。

我们发现，现代政治与古典政治的分野使得现代政治哲学面临一系列道德困境。综合前面的论述，现代政治哲学对古典政治哲学的质疑在于：古典政治哲学对政治的理解脱离实际，是一种主观的道德想象。现代政治哲学认为现实政治是一个必然王国，只有权力斗争才能获得政治权力，任何超政治的道德规范都应看作一种手段，不能看作终极目的。无论是强政治的古希腊，还是反政治的基督教，古典政治哲学对道德的依赖给现代政治留下了深刻的影响，导致了现代政治与道德之间的不和谐，使得古典政治与现代政治在道德与政治关系上所持的立场不同。

现代自由主义对政治的道德批判，来自公共领域与私人领域的区分。由于包括宗教在内的道德善都是主观的，为了避免人与人之间因为道德善的分歧而产生政治分歧，自由主义者主张将政治“去道德化”，政治作为一种公共权力在道德选择中保持中立。在古代世界，这种公共领域与私人领域的划分，甚至将政治视为道德的恶的看法，从未有过。古典政治哲学家虽然对政治的看法存在分歧，但在关于道德与政治的关系问题上立场却是一致的。现代政治与古典政治的根本不同在于，它力图与超政治的各种看法划清界限，从而切断政治与超政治的关联，确保政治的独立性。①

现代政治哲学认为古典政治哲学对政治的理解并非立足现实，而

① Pierre Manent, *A World Beyond Politics? A Defense of the Nation - State*, translated by Marc Lepain, Princeton and Oxford: Princeton University Press, 2006, pp. 27 - 28.

是一种幻想。无论是柏拉图、亚里士多德等所倡导的“最佳政体”，还是奥古斯丁关于“地上之城”与“上帝之城”的区分，古典政治哲学对政治自律的看法是，政治不应摆脱道德秩序的规范和引导。现代政治哲学为了消除基督教与世俗政治之间的对立与冲突，化解神学政治危机，将政治同一切超政治的宗教和道德彻底分开，试图保持政治的自律性。当政治脱离了宗教、伦理等干预以后，成了一个纯粹独立的领域。这种思路一方面，使政治成了无关道德与宗教的公共权力；另一方面，将宗教与道德世俗化成了一种纯粹的私人选择。因此，将政治同宗教与道德彻底分离开来，就会面临一个新问题：一旦政治被去道德化，它就变成了一种纯粹的权力，甚至是霍布斯的利维坦；一旦政治被去道德化，政治的正当性基础就无从谈起了。道德与政治之间的这种紧张关系，就是自马基雅维利以来现代政治学所面临的道德困境问题。如果将这个问题与本书的主题联系起来，我们就会发现，罗尔斯正义理论的发展似乎契合了道德和政治关系问题的发展。可以说，罗尔斯的政治自由主义可以看作解决现代政治道德困境问题的一把钥匙。

二 道德与政治何以能够研究

道德与政治关系问题的确立，只是为了解决立题问题。透过道德与政治的关系问题，我们才可能期望令人信服地论证政治哲学的现代性成分。由于道德哲学与政治哲学具有一种若即若离的关系，专门分析道德与政治关系的文献比较少。这就使得我们在面临这个问题时，思考如何展开才能更好的反映这个问题的实质、理论构成以及实践状况等情形。不仅如此，如果不经过方法论的审查，我们的研究结论可能还是矛盾的，甚至误人思考。

总的来说，对道德与政治关系问题的研究主要有两点需要注意：一是对以往的研究造成的误解予以清除；二是确立合理的研究方法。对于第一个方面，主要是由于没有明确对这个问题的研究，造成了研究的混乱，进而一系列推理可能也是有误的，当然这主要是缺乏问题轴心。正如前面的论述我们可以看到，无论是在政治哲学史上，还是在当下的政治哲学研究中，我们极少看到有哪一位学者明确提出他所研究的内容是以道德与政治的关系问题为主题。造成这种状况的原因可能有两种：第一，在哲学史上，道德哲学与政治哲学的关系十分亲密，当我们论证政治哲学时往往需要一种道德哲学来支持。即便是反对某种政治理论，在整个论证过程中也会自觉不自觉地用到道德哲学。这就使得政治哲学与道德哲学有一种天然的同盟关系，使得先哲们不愿意做这种费力不讨好的事情。第二，单就政治的发展来看，如果任其发展就会出现类似马基雅维利主义的情形，要求有一种限制性的观念来约束或起到某种调节作用，这时，道德的作用就会凸显出来，在这个意义上说，政治需要道德。所以，在道德与政治之间似乎存在某种悖论，即如果不强调道德的基础性作用，就会产生对政治的强烈依赖甚至权力至上，如果不强调政治的力量而一味地强调道德，就容易陷入道德主义的窠臼。

如果我们以这个主题对政治哲学进行梳理，我们也会得到一部大部头的著作。而具体到罗尔斯的思想，我们强调的是一种方法论基础。众所周知，罗尔斯成体系的著作只有3本，而笔者的研究重点主要是在《政治自由主义》。鉴于罗尔斯著作体系的特点，我们在讨论《政治自由主义》的时候，就不能撇开《正义论》不管。这一点正是我们要强调的，也是研究罗尔斯后期哲学的关键。因为，不管罗尔斯的理论怎样发生变化（当然，对这个问题大家的看法并不一致），但是有一点是肯定的，那就是，罗尔斯的理论发展总是以《正义论》为基础的。也就是说，认真研读罗尔斯的《正义论》对我们的深入研究大有裨益。除此之外，对于梳理众学者对罗尔斯《正义论》的批判也是至关重要的。这其中就包括自由主义者和社群主义者对罗尔斯的批评，笔者的分析也正是建立在这些相关批评的基础之上。这些批评既是促使罗尔斯思想变化的因素，也是本书展开分析的背景。在如此错综复杂的理论纷争面前，如何以道德与政治的关系问题展开讨论是笔者所面临的重大难题。

我们要关注罗尔斯所处的时代。当时的美国处于一个动荡不安的时期，各种国外战争困扰，国内各种运动频发，处在一片危机之中。

正是在这种背景下，罗尔斯设计了他的社会正义方案。我们认为，罗尔斯倾其一生所建构的理论，是20世纪政治哲学和道德哲学的一个里程碑。尽管在后期《政治自由主义》中所应用的正义原则，与前期《正义论》中的正义原则并没有实质性差别，但是他的重心放在了正义两原则中主张自由平等的第一原则上。因为，第一原则对于社会基础性的社会结构更为重要。面对大量的批评，罗尔斯开始认真反思并修正自己的理论。面对卷帙浩繁的文献资料，以道德与政治的关系为线索厘清思路，对罗尔斯的理论进行剖析。笔者在分析罗尔斯理论的时候，重点讨论了罗尔斯理论变化的原因和结果。认真阅读罗尔斯的著作是这项工作的前提，在此基础上对罗尔斯的理论进行重新思考。需要说明的是，重新思考罗尔斯后期著作中的论证思路是笔者探究其著作的一个重要特点。笔者认为，如果按照罗尔斯自己的思路进入，则容易陷入罗尔斯的理论不能自拔。只有在全面把握罗尔斯理论的基础上，跳出他的论证思路对其著作进行重新思考才是正确的。这一点在本书写作思路上有所体现，紧扣道德与政治的关系问题进行剥离分析，最后指出罗尔斯的选择。

注重分析哲学的方法。20世纪以来，英美伦理学界，甚至整个哲学界分析和实证的传统占据主导地位。然而，“伦理学家们大都专注于从形式方面探讨道德陈述及命令的语义和逻辑关系，而不大关心紧迫的现实道德问题，自然也不齿于构筑那种形而上的、比较全面的伦理学体系。在某种程度上，伦理学实际上变成了道德方面的逻辑学和认识论。”① 这实际上就是所谓的“元伦理学”（meta－ethics），这种研究是将语言或概念分析运用到伦理学研究。因此，罗尔斯实质性地解释道德概念，并相当多的吸收了分析哲学的成果。“在这种研究方式的影响下，道德哲学的工作不再是建立一套原则来判别什么行为是对的或错的，以及什么东西是好的或坏的这种规范性的工作。”② 罗尔斯认为，道德哲学的主要工作是建立一套实质性的理论，这也是

① 参见［美］约翰·罗尔斯《正义论》，何怀宏等译，中国社会科学出版社2009年版，第3页译序。

② 石元康：《罗尔斯》，广西师范大学出版社2004年版，第2页。

“规范伦理学”要做的工作。“他在构造其正义论体系时努力避免独断的倾向，谨慎小心地进行逻辑、语言的推敲，仔细证明的方式，确立自己的有限目标，对一些重大的根本问题存而不论，以明智审慎来代替道德结论。”① 可以说，在这一点上，罗尔斯的哲学又是分析哲学的。事实上，“罗尔斯的理论是英美分析哲学一项没有预先规划的成就，是三、四十年来的讨论和辩难所锤炼出来的经典”②。也正是他这种严谨的学术态度，引起了学界的广泛兴趣，这也是笔者对其理论感兴趣的原因之一。

第三节　政治哲学的主题转换

一　功利主义

功利主义作为一种伦理学体系，既具有古代的思想渊源，又符合对当时的时代思考。功利主义认为，最好的行为在于实现最大多数人的尽可能最大的幸福。功利主义作为一种规范伦理，其本质在于将行为的后果或遵循行为规则的后果是否有助于行为人功利（诸如利益、效用、偏好、快乐、幸福与安康等）总量的最大化，并将其视为最根本的道德标准。它发源于18世纪的苏格兰常识学派，形成于19世纪的边沁（Jeremy Bentham）和密尔（John Stuart Mill），经西季威克（Henry Sidgwick）等发展到现代伦理思潮的顶峰。

边沁在其论著《道德与立法原理导论》（1789年）中通过对功利主义道德哲学的全面阐述，将“功利主义”这一概念发展成为一种专门的哲学立场，奠定了古典功利主义的地位。边沁坚信描述性的人类学命题与规范性的伦理学命题之间具有一致性，从所有人都致力于趋乐避苦的描述性命题中，可推导出趋乐避苦这一伦理学命题。从人的趋乐避苦本性中，能推导出应在政治、经济、教育领域采取措施，来促进最大多数人的最大幸福。边沁认为，实现“最大多数人

① 关于这个问题的表述，笔者同意何怀宏的观点。请参见［美］约翰·罗尔斯《正义论》，何怀宏等译，中国社会科学出版社2009年版，第4页译序。

② 龚群：《罗尔斯政治哲学》，商务印书馆2006年版，第3页。

的最大幸福”是根本的伦理原则。密尔则在其《功利主义》（1863年）一书中发展了边沁的思想。其一，他认定快乐在量与质上的区别，指出精神上的快乐要高于肉体上的快感。其二，他赞赏自由的原则，认定自由，特别是言论自由是一种基本价值。在他看来，言论自由（包括出版自由、科学自由）构成了确定最大幸福的前提。西季威克指出功利主义是合乎常识的道德，其原则只有通过直觉方式才能把握。此外，他还承袭了密尔对功利主义的初级原则与次级原则的区分，并对此做出了更为详尽的研究。初级原则（功利的最大化原则）适用于国家以及其他机制性行为，其目标在于实现社会的最优化。但在日常生活领域，最大多数人的最大幸福这一初级原则显然难以打动人心，故不适宜作为个体行为的原则。所以在具体的道德实践中，应该用更为有效的、无更多利他主义色彩的次级原则来指导具体实践的次级原则。而初级原则只是元标准，负责对具体的次级原则进行验证。总的来说，功利主义在道德和政治哲学中具有广泛的适应性，比较具有感召力。事实上，在面临道德选择和评价公共政策时，功利主义是人们不能舍弃的标准，这与其理论本身具有的特点不无关系。

第一，从学派体系上看，首先，由于功利主义在判断某一行为或规则的道德本性时，不是依据其自身的性质，而是基于其所希望的预期和事实上出现的后果，即对普遍福利的贡献，因此功利主义又被称为后果论。这也决定了按照功利主义观点，一行为主体在行动之前，必须进行理性权衡与比较，力求使行为的后果达到快乐的最大化和痛苦的最小化。其次，功利主义的后果论也是目的论。由于功利主义将利益最大化作为行为后果的最高目标，它又被归属到目的论当中。按照目的论伦理学的要求，某一行为或规则是否服务于某个项目，是判断其是否合乎道德的根本标准。而功利主义的总体目标在于，让尽可能最大多数人的尽可能最大幸福在一个尽可能长的时间内得到实现。总的来说，功利主义强调的功利不仅是指行为者个人的功利，而且包括所有行为人的整体利益和幸福，所有人的福利与痛苦都要顾及。需要说明的是，这种考虑不受时空关系、族群归属、社会关系和个体能力差异的影响。功利主义的道德观点具有平等性、普遍性和不偏不倚性的特征，从而有别于自我主义。功利主义之所以主张平等，同其兴起时对抗贵族特权的政治背景相关。功利主义之所以倡导道德普遍性，之所以将个体趋乐避苦的享乐主义冲动泛化为一种集体利益最大化的价值原则，是因为它看到了人与人间的相互依赖性，个体福祉只有在当事人将普遍福利视为其行为标准时才能真正得到实现。

第二，从理论倾向上看，功利主义是一种务实的理论，它对结果的注重使它不受教条的束缚，表现出乐于改革与进步的倾向。后果论是功利主义最卓著的特点，以后果为导向的理论注重结果的得与失，而不是对某个规则、信条和道德箴言的不遵守。为了促使产生好的结果，后果论可以利用和改变各种手段与方式，包括突破现有意识形态的束缚或者摆脱某些传统信仰的支配。功利主义作为一种后果论，关心如何最大限度地增进总体福祉，并非以某种陈旧的方式来实现。“最大多数人的最大幸福”这一经典公式表明，功利主义始终与最大多数人的利益站在一起。一项计划或者政令，只要能有益于最大多数人，功利主义就会对它予以肯定，而不像其他的政治与道德理论，奉某些传统和教条为圭臬。从这一角度看，功利主义在一定程度上说是一种务实而且进步的理论。

第三，从评价机制上看，由于功利主义只注重结果且并不一味地依赖形而上学，这就可以有效地回避规范性理论所面临的难题。作为规范性伦理学的功利主义不仅是一个评价个人或集体行为的伦理学说，而且在社会正义领域进行道德评价，是一种政治哲学理论。然而，20 世纪实证主义的兴起，政治哲学几乎被认为要消亡了，一个重要的原因就是功利主义无法有效解决事实与价值之间的困境问题。而政治哲学的学科特性要求，一方面，它以现实的政治社会为研究领域；另一方面，它必须讨论价值问题，如何才是一个好的社会。这种困境使得功利主义很难为政治的规范性推理提供经验标准，然而，和其他规范性理论不同，功利主义关注的毕竟是结果。只要能在无数可能的结果中选出最能增大功利的那一个，就是功利主义的第一原则。当然，在功利主义理论中，形而上的设定并非其方法论前提，而只是它在选择后果时的参照，而且这种参照立足于现实的社会，更符合人类的直觉判断。只要依据经验对各种可能的结果进行比较选择，人们总能选出利益最大化的那个安排。事实上，由于功利主义谋求最大多数人的最大福利，虽然当时低迷的政治哲学只能作概念分析，但功利主义仍能成为先进国家政治领域中的主导哲学。

第四，从效用标准上看，在复杂情况下，简单的道德规则体系往往无法满足现实的要求，但功利主义却可以发挥其作用。事实上，再多的规则也无法应付道德生活的复杂性，新的生活实践和习俗往往让已有的道德规则无所适从。在多种相冲突的道德困境中，简单的伦理规则也可以暂时失去效用。面对失效的规则，义务论者致力于寻找更具普遍性而又不相互冲突的规则，或者为各类规则确立优先秩序，以应对特殊情境下道德义务的冲突。然而，发现此类规则并对各种规则进行优先排序并不那么容易，况且行为人要在具体的情境中掌握更多的道德知识进行道德判断实在困难，这未必就能产生良好的效果。我们发现，这在实际操作中给道德主体带来了很大困难。但是，功利主义用最大限度的检验原则作为判定标准，简单明了、通俗易懂，具有较强的适应性。人们提出各种伦理学说，无非是想为实际的生活实践提供指导。基于这种实际的考虑，既然这种道德理论可以明确地告诉我们何种行为才是正当的，于是，人们没有理由再去选择功利主义以外的任何理论。

应当说，功利主义的这些特点在其漫长的发展历程中得到了充分体现。边沁针对英国当时的法律状况，尤其是落后残忍的刑罚制度进而倡导功利主义，他希望利用功利主义的精神来改革现有的制度。边沁的弟子密尔利用功利原则论证了自由，密尔主张只要行为者不违背伤害原则，凡能增进人类福祉的东西都应该得到包容和提倡。就当时所处的时代特点来说，由于功利主义能够敞开心扉面对新事物并不断地予以吸收和应用，使得功利主义的进步思想适应了时代的要求，进而影响了当时西方的社会制度和政治制度。

历史地看，功利主义与其他伦理学流派相比，最大的失误在于仅注重利益的提升，最终陷于一种集体自私主义。功利主义自诞生以来就经历着从古典形态到现代形态的发展，而且每种新理论的出现都试图规避功利主义旧的缺陷，但往往伴随着新的弱点的显现。具体来说，功利主义主要引起两个方面的后果：一方面，功利主义导致对个体权益的漠视。由于功利主义将福利、快乐和幸福等因素看作唯一的善，因此功利主义被视为享乐主义的某种发展。实际上，功利主义作为启蒙运动以后诞生的伦理学流派并不是不讲人、不讲个体，而从某种意义上说功利主义恰恰是一种个体主义的伦理学。因为在功利主义看来，只有个体才可能拥有感受性，而国家、文化和共同体则不具备这种感受力。由于是否具有感受性是判定是否值得道德考量的价值标准，所以国家、文化和共同体也会像个体的人那样得到顾及。当然，功利主义在认可个体人的同时，也承认集体人的存在。只是当个体利益与集体利益发生冲突时，它的道德价值导向十分明确，那就是个人应为集体福利的总量做出牺牲，这种要求即便是在违背当事人意志的情况下也是正当的。只有在极特殊情况下，比如谋杀一位无辜的人，给整个社会带来极大的益处或避免某些灾难，功利主义就提不出反对这种杀害无辜行为的理由。总之，功利主义专注于宏观的整体利益，而不顾及微观的个体权利的基本人权，这与契约主义传统以及康德义务论等现代主流价值理念正相冲突。人权原则的核心思想是，人因其本身而得到尊重，人的身心完整且不可侵犯是一项道德原则，该原则之所以有效不仅是由于其有益于社会总体福利的最大化。所以，威廉姆斯（Bernard Williams）在抨击功利主义时指出，当非个体性的利益最大化的观点威胁到个体的道德完整性，影响到其对不可剥夺的生命规划的追逐时，这种观点应该抛弃。① 另一方面，功利主义的发展导致了作为伦理学核心概念的正义原则在社会中的缺位。我们注意到，传统功利主义仅关注效用、利益总量的最大化，从而漠视了功利在社会的公正分配问题，而正义却是伦理学中的核心概念。一个在分配上严重不公的社会，即使其福利总量不断增长，但福利的享受仅仅由极少数人所垄断，这也绝对不会获得人们道德上的认同，就造成了

---

① 转引自甘绍平《功利主义的当代价值》，《中国社会科学院研究生院学报》2010 年第 3 期。笔者同意甘绍平的看法，这里借用他的观点，在此表示感谢。

社会的不公平。从这个意义上讲，正义是一种比功利总量的最大化更高的价值。当代功利主义者均主张把总体功利的提升看作是一项道德标准，但并非唯一尺度，对于最大多数人的最大幸福原则，应以公正和正义的原则作为补充，这样才能让功利主义更能满足人性化的普遍要求。实际上，罗尔斯正是抓住了这个问题的症结，才使得他的正义理论获得了巨大成功。

二 功利主义的正义批判

如前所述，功利主义在现代西方哲学、伦理学中占据相当重要的地位。从边沁开始的大批功利主义思想家因为其思想与经济自由主义、知识自由以及对宗教的容忍等思想结合紧密，逐步成为现代以来西方政治社会影响深远的主要思潮。功利主义对社会制度、政治原则和道德信念都作了十分全面的论述，使得当代政治哲学无法回避这一主流思想。现代自由主义和社群主义等政治思想家们都是从对功利主义的批判开始的。当然，罗尔斯的正义论也不例外，正是这一理论聚焦，使得当代政治哲学的主题由功利主义变成了社会正义，而这种批判的实质和要害在于功利主义对道德关怀的忽视。

罗尔斯在《正义论》的序言中写道："在现代道德哲学的许多理论中，占据优势的一直都是某种形式的功利主义。出现这种现象的一个原因是：功利主义一直得到一系列创立过某些确实富有影响和魅力的思想流派的杰出作家们地支持。我们不要忘记：那些伟大的功利主义者如休谟、亚当·斯密、边沁和密尔同时也是一流的社会理论家和经济学家。他们所创立的道德理论只在满足他们更为广泛的理论兴趣和适应其内容丰富的体系。"（*TJ*，1）虽然罗尔斯肯定了功利主义的理论功绩，肯定了批评者们的观点，但他敏锐地指出，以往批评者的立场比较狭隘，有的甚至没有脱离功利主义的立场，实际上是某种功利主义的变种，并没有建立起一种能与功利主义相抗衡的系统的道德理论。于是，罗尔斯试图"进一步概括洛克、卢梭和康德所代表的社会契约论的传统，使之上升到一种更高的抽象水平"。而"这一理论提供了一种对正义系统的解释，这种解释不仅可以替换甚至优于占支配地位的功利主义的理论解释。”（*TJ*，2）应当说，这可以看作罗尔斯正义论的出发点与理论归宿。

罗尔斯认为西季维克是对功利主义思想发展的一个总结，他追随西季维克的《伦理学史纲》进一步考察了功利主义的最新进展，认为这些变化把探讨的主题放在了合作及其相关问题上。事实上，罗尔斯讨论的功利主义是一种古典功利主义。正如罗尔斯所指出，“我在此要描述的功利主义将是一种严格的、古典的理论，这种理论也许在西季维克那里得到了最清楚、最容易理解的概述。其主旨是说：如果一个社会的主要制度被安排得能够达到总计所有属于它的个人而形成满足的最大净余额，那么这个社会就是被合理组织的，因而也是正义的。”（*TJ*，22）具体而言，罗尔斯对功利主义内涵的概括包括三个方面。

第一，罗尔斯认为功利主义是一种直觉主义。“我们可能首先注意到：确实存在着这样一种思考社会的方式，它使人们容易假定最合理的正义观是功利主义的。因为可以想到：每个在实现他自己利益的人都肯定会自动地根据他自己的所得来衡量自己的所失。”（*TJ*，23）比如边沁所阐述的那样，功利是对快乐、幸福和物质享受的概括，都可以从直接的感觉中找到证明。古典的功利原则把善定义为欲望的满足，“或者更好一些，是把善定义为理性欲望的满足”（*TJ*，25）。事实上，所谓功利和善，都是一种欲望或者欲望的满足，一种在直觉中的快乐、幸福和利益。

第二，功利主义通过个人与社会的简单类比达到正当或者正义，作为社会伦理的功利原则只是个人原则的扩大和延伸。既然一个人能恰当地调整自己的利益，为了长远的较大利益而牺牲自己眼前的较小利益，以图达到自己的最大利益，同样，一个社会也可以如此行为。只是这种行为不仅需要对时间的调整，更主要的是在不同的个人之间的空间调整。于是，社会可以牺牲少数人的利益而满足多数人的愿望，以求达到总体上利益的最大化。

第三，罗尔斯认为功利主义的突出特征是，它并不涉及满足总量的同时注重个人之间的分配。也就是说，功利主义追求总体的利益最大化，但不关心个人利益的具体分配。如果认为功利主义就此宣称是正当的，那么，关于社会权利和利益分配的实际恰恰与“正当性”相违背。我们知道，对分配正义的关注正是罗尔斯政治哲学的重要特征之一，他曾在1967年发表论文《分配正义》来批评功利主义并表明自己契约论倾向的正义观点，他认为公平正义集中体现了分配的公平。当然，罗尔斯对分配正义做了重新规定。

事实上，功利主义在20世纪受到了系统的批评，这进一步改变了功利主义的言说方式，一些功利主义者曾试图用“规则功利主义”等来修正旧的“行为功利主义”。他们认为行为功利主义的道德原则要求个人在各种场合都以促进人们幸福的最大化为目的，这就意味着像正义这类道德规则只是权宜之计，严格遵守这些规则就会减损人们的总体幸福。相反，规则功利主义把道德定义为严格地遵守规则，该理论甚至认为某些道德规则即使导致巨大的痛苦也要坚决遵守。这就像西方法哲学一直探讨的“恶法亦法”的问题一样，如果一种法律是根据民主科学的规则制定出来，即便是“恶法”也要遵守。应当说，规则功利主义是对传统功利主义的改进，是功利主义遇到新问题、新挑战而做出的理论更新。但是，在罗尔斯面前，功利主义仍然不能改变其理论颓势的命运。

罗尔斯对功利主义三个方面的论述切中了功利主义的核心思想和根本问题。功利主义不仅是一种个人的理性选择，而且更是一种社会组织的集体原则，功利主义试图扩大自己的理论境遇而进入更为广泛的社会政治领域，试图跨越个人理性而成为公共理性。我们会问，这种扩大了领地的功利主义是否合理？实际上，这正是整个西方政治哲学所需面对并要回答的关键问题，围绕此问题，维护者有之，反对者亦有之。罗尔斯就是其中最卓越的反对者，他从目的论方面批判了功利主义的目的选择，同时用他所设计的“原初状态”来分析功利主义背后的演绎基础，并指出了功利主义自身的矛盾和软肋所在。应当说，罗尔斯的这种批判预示了功利主义的理论界限与现代政治哲学突破传统功利主义的理论进路。

正当与善是伦理学的两个主要概念，正当作为共同体价值的标准，善作为个人行为的标准，伦理学的理论结构由如何定义并使这两个概念发生关联来决定。功利主义理论体系把善定义为独立于正当的东西，然后把共同体的正当定义为增加善的东西，更确切地说，就是能够产生最大善的制约和行为是正当的。这里的“善”，在边沁那里指的是“最大的幸福”，在密尔那里指的是“最大多数人的最大幸福”，无论是哪种善都是一种幸福与功利。从功利主义伦理学“趋利避害”的人性论前提出发，善就是个人的欲望和利益的满足。对此，罗尔斯这样评价：“一种目的论理论是把善定义为独立于正当的，这意味着两点：第一，目的论把我们考虑的有关何物为善的判断（价值判断）作为一种分离的可以为常识直觉地加以辨别的判断来解释，然后又提出正当是最大限度地增加已经指定的善的东西；第二，目的论使一个人无需参照何谓正当来判断事物的善，例如，如果快乐被说成是唯一的善，那么对这种快乐的价值的承认大概就不根据任何正当或类似正当的标准。”（*TJ*，22）

这段话道出了功利主义本质上的两点缺陷。第一个缺陷，在理论层面上，功利主义用个人的善阉割了共同体的正当，用单纯的功利来代替作为制度评价和伦理评价标准的正当。何谓“功利”？何谓“幸福”？这是一个由个人感觉来评判的问题，正如罗尔斯指出，古典功利主义把善定义为欲望的满足，功利主义以善为最终的评价标准是以人自身的欲望和感觉为标准的。显然，如果用个人的欲望和感觉来评判是否善或是否正当，功利主义的原则是有一定意义的。但是，现实世界并非如此，这就导致了功利主义的第二个缺陷，在制度实现层面上，功利主义武断地把个人原则应用于整个社会的评价。功利主义一方面阉割正当，在个人领域里赢得了认同，另一方面又利用在社会领域作为评判标准的“正当”，把本来应该是由公共理性来保证的“正当”变成一个由个人欲望和感觉来说明的低级而且含混的标准。如果善是个人利益和幸福的实现，那么，正当呢？正当仅仅是对善的维护？仅仅是善的另一种表达？显然，对这个问题的回答应该是否定的。尽管正当和善紧密相联，但两者有着本质的差别。正当对于公共事物而言，是由众多个体组成的社会的行为标准；而善就个人需要和理性选择而言，体现了个人的行为标准。如果个人的价值标准成为一种普遍的价值标准，垄断和专制将会应运而生。实际上，功利主义"最大多数人的最大幸福"，已经明确要牺牲少数人的利益和权利。结果，在现实生活中，人们由于各自的天赋和处境不同，很多人在实现自己的功利和幸福的过程中，得不到真正的平等权利，进而失去自由。这与功利主义的初衷背道而驰。因此说，功利主义在现实的社会实践过程中存在巨大的局限性，罗尔斯目的论的这一评判可谓切中要害。

对功利主义的批判意味着，一味强调功利主义对社会道德的诉求会逐渐降低，这对于社会的发展来说是非常不利的，并容易产生社会问题。于是，罗尔斯举起了正义的大旗，本身就是对道德关怀的一种表现。尽管规则功利主义和罗尔斯一样都触及了传统功利主义的严重缺陷，但规则功利主义并未否定功利的最终目的，只是用变种的功利主义形式为功利主义辩护。而罗尔斯则是要通过对功利主义的扬弃，达到其正义并展开两个正义原则，把自由、正义、平等和功利相结合，并以正义为最终标准，从根本上区别于功利主义。因此，在罗尔斯的后期著作《政治自由主义》一书中，他提出公共理性来为公平正义提供证明，用公共理性代替功利主义的个人理性，表现出与功利主义绝然不同的特征。①

① 多数研究者通常只关注罗尔斯对功利主义的批判，关注其正义理论与功利主义的对立。事实上，很少有人注意这两种伦理学的相通之处，特别是两者共有的一些缺陷。虽然本节讨论的主旨在于政治哲学从功利到正义的主题转换，但我们不应该忽视两者之间的共同之处。参见姚大志《罗尔斯与功利主义》，《社会科学战线》2008 年第 7 期。

第三章　公平正义与政治正义

《正义论》为我们提供了一种正义原则的道德哲学论证。公民们自身的善观念与正义原则相一致，各种基本善也占有恰当的地位。在此基础上，罗尔斯讨论了道德心理学问题和正义感的形成问题。这些问题的解决，是为稳定性问题与一致性问题开辟道路。在一定意义上说，罗尔斯对稳定性问题的讨论，转化成了正当与善一致性问题的讨论。事实上，这种论证在罗尔斯的前期哲学中是不够稳定的。面对自由主义以及社群主义的批评，罗尔斯调整了自己的理论方向。在这个过程中，罗尔斯实现了从公平正义到政治正义的转向，也正是这种转向说明了《政治自由主义》是《正义论》的扩展和延伸。

第一节　作为道德哲学的公平正义

一　道德哲学的一般论证

自从 1971 年罗尔斯发表《正义论》以来，正义就已经成为当代政治哲学的主题[①]。然而，在众多正义理论中，罗尔斯的正义论是最为典型的一个。那么，罗尔斯的正义论究竟主要讲了些什么内容呢？翻开《正义论》，第一章的标题就是“作为公平的正义”，罗尔斯提出一种关于选择的正义理论，力图使传统的社会契约论更为概括和抽

① 在罗尔斯看来，正义是社会制度的首要价值，就好比真理是思想体系的首要价值一样。（Cf. *TJ*，3.）

象。当然，谈论罗尔斯的正义理论，我们先要弄清什么是“作为公平的正义”①。

在《正义论》中罗尔斯关于正义理论的论证主要分为两个部分：第一是选择两个正义原则，他提出了一种新的契约论；第二是试图解决稳定性问题。前者为了给出最好的正义原则选择，罗尔斯设计论证了“原初状态”和“无知之幕”的观念。然而，在做出正义原则的选择之后，“无知之幕”被打开，现实生活中的人们是否会接受这些正义原则？如果回答是否定的，就说明这个社会是不稳定的。从总体上来说，罗尔斯把稳定性问题看作是其道德哲学的基本论证，支撑整个正义理论。1958 年，罗尔斯发表了一篇名为《作为公平的正义》(*Justice as Fairness*) 的文章②，这就是后来《正义论》第一章的主要内容。在这篇文章里，罗尔斯阐述了他的正义论的主要内容，展示了他的契约思想的最初形态。罗尔斯的目的是要提出一种正义观，“这种正义观进一步概括人们所熟悉的社会契约论（比方说：在洛克、卢梭、康德那里发现的契约论），使之上升到一个更高的抽象水平”。(*TJ*, 11)

为了达到这个目的，罗尔斯并没有把原初契约设想为一种要进入一种特殊社会或特殊政体的契约，而是沿着一条这样的指导线索：“适用于社会基本机构的正义原则正是原初契约的目标。”（*TJ*, 11）而这些原则适用于那些促进他们自己利益的自由和有理性的人们将在这种平等状态下被接受，以此来确定他们联合的基本条件。通过这些选择的原则，调节所有进一步的契约，然后确定各种可行的社会合作和政府形式。于是，我们可以通过这样的方式来理解罗尔斯的思想：人们在某个社会中的首批成员都是平等的，如果大家要在一起合作、

① 需要说明的是，这里的“作为公平的正义”主要是指罗尔斯在《正义论》时期的所指。因为，罗尔斯在 2001 年出版的一本书《作为公平的正义——正义新论》(John Rawls, *Justice as Fairness: A Restatement*, edited by Erin Kelley, Cambridge, M. A.: Harvard University Press, 2001）中给出了与《正义论》不同的明确表述，他的正义理论属于政治哲学，而非伦理学或道德哲学。笔者这里的表述主要是针对其前期的理论而言。

② 这篇文章最初发表在《哲学评论》杂志上。Cf. John Rawls, “Justice as Fairness”, *The Philosophical Review*, Vol. 67, No. 2 (Apr., 1958), pp. 164 – 194。

生活，就必须一劳永逸地共同决定什么是指导社会合作的正义原则。这种预设包含一种初始状态，罗尔斯称之为“原初状态”（original position），这种状态与古典契约论的“自然状态”相类似。其实，这种原初状态并不是一种实际的历史状态，也不是真实的原始状况，而是一种为了确定正义观而做出的纯粹的假设状态。在原初状态中，没有一个人知道他在社会中的地位——无论是阶级地位还是社会出身，也没有一个人知道他在先天的资质、能力、智力、体力等方面的运气，甚至假定各方并不知道他们特定的善观念或他们的特殊的心理倾向。这种假定认为每个人都处于平等的地位，大家一起来选择正义原则，而这种正义原则决定了我们的共同生活中什么是正义的，什么是不正义的。一方面，没有外在权威强加给我们某种东西作为正义原则；另一方面，也不存在什么客观的正义原则供我们发现。正义原则是人们在“无知之幕”（veil of ignorance）后面进行选择的结果。在这种思想实验中，原初状态和良序社会的观念是重要的假设。“原初状态是恰当的最初状况，因而在它那里达到的基本契约是公平的。这说明了‘作为公平的正义’这一名称的性质：它示意正义原则是在一种公平的原初状态中被一致同意的。”（*TJ*，12）这表明，作为公平的正义是从选择开始的，选择一种正义观的首要原则。

罗尔斯原初状态证明的核心任务就是选择正义原则，这些正义原则在我们的社会中发挥核心作用。[①] 罗尔斯完成了这些理论铺垫后，得出了作为公平正义的两个原则：

> 第一个原则：每个人对于其他人所拥有的最广泛的基本自由体系相容的类似体系都应该有一种平等的权利。
>
> 第二个原则：社会的和经济的不平等应该这样安排，使它们（1）被合理地期望适合于每个人的利益；并且（2）依系于地位

① Cf. T. M. Scanlon, "Rawls' Theory of Justice", in Henry Richardson & Paul Weithman, *The Philosophy of Rawls: A Collection of Essays*, Vol. 1, New York: Garland Publishing, 1999, pp. 53 – 54.

和职务向所有人开放。(*TJ*, 60)①

正义原则有了，那么，罗尔斯用它来做什么呢？罗尔斯承认，“一种公开的正义观，正是它构成了一个良序社会的人类联合体的基本条件。”（*TJ*, 5）罗尔斯试图描述一个满足正义原则的社会基本结构，并考察正义原则所产生的义务和责任。需要说明的是，这个基本的社会制度主要是指立宪民主制度。

罗尔斯假定，在一个良序社会里，公民们关于他们自己的善观念与公认的正当原则是一致的，各种基本善在其中占有恰当的地位。既然善观念与正当原则是一致的，那么，在良序社会中，对善观念的考察是衡量正义原则对良序社会条件的关键因素。于是，我们对罗尔斯良序社会的概念的分析将变得至关重要。罗尔斯曾在多处阐明良序社会观念的内涵：

一个社会，当它被设计得旨在推进它的成员的利益，而且也

① 在《正义论》发表之后，仅在西方，关于这两个原则的讨论就十分繁多。关于第一原则的讨论有 H. L.. A. Hart, “Rawls on Liberty and Its Priority”, *The University of Chicago Law Review*, Vol. 40, No. 3 (Spring, 1973), pp. 534 – 555; Norman Daniels, “Equal Liberty and Unequal Worth of Liberty”, in Norman Daniels, *Reading Rawls: Critical Studies on John Rawls' A Theory of Justice*, New York: Basic Books, 1989. pp. 253 – 282; Thomas Pogge, “The Interpretation of Rawls' First Principle of Justice”, in Henry Richardson & Paul Weithman, *The Philosophy of Rawls: A Collection of Essays*, Vol. 2, New York: Garland Publishing, 1999. pp. 55 – 84。关于第二原则的讨论有 Amartya Sen, “Welfare Inequalities and Rawlsian Axiomatics”, *Theory and Decision* 7 (1976), pp. 243 – 262; Wolfgang Leininger, “Rawls' Maximin Criterion and Time – Consistency”, *The Review of Economic Studies*, Vol. 52, No. 3 (Jul., 1985), pp. 505 – 513; Paul Voice, “Rawls's Different Principle and a Problem of Sacrifice”, in Henry Richardson & Paul Weithman, *The Philosophy of Rawls: A Collection of Essays*, Vol. 2, New York: Garland Publishing, 1999, pp. 114 – 117; Philippe Van Parijs, “Difference Principles”, in *The Cambridge Companion to John Rawls*, Samuel Freeman ed., Cambridge University Press, 2003, pp. 200 – 240; G. A. Cohen, “Where the Action is: On the Site of Distributive Justice”, *Philosophy and Public Affairs*, Vol. 26, No. 1. (Winter, 1997), pp. 3 – 30。实际上，姚大志教授分析了罗尔斯正义原则的 5 种不同表述，笔者认为是比较详尽的。参见姚大志《罗尔斯与自由的优先性》，http://www.cssn.cn/zhx/zx_wgzx/201406/t20140623_1223258.shtml。我们这里的讨论对于这两个原则的具体内容并没有给予太多关注，因此只列出这些文献，仅供大家参考。

> 有效地受着一种公开的正义观管理时，它就是良序社会。也就是说，它是这样一种社会，在那里：（1）每个人都接受、也知道别人接受同样的正义原则；（2）基本的社会制度普遍地满足、也普遍为人所知地满足这些原则。（*TJ*，4－5）
>
> 一个良序社会是一个被设计来发展它的成员们的善并由一个公开的正义观念有效调节着的社会。因而，它是一个这样的社会，其中每一个人都接受并了解其他人也接受同样的正义原则，同时，基本的社会制度满足着并且也被看作是满足着这些正义原则。在这个社会里，作为公平的正义被塑造得和这个社会的观念一致。处于原初状态的人们将假定被选择的原则是公开的，所以他们必然根据正义观念的可能效果把这些原则看作是普遍接受的标准（第23节）。只要上述事实还不为人所知，一旦一部分人甚至全体人理解和遵循便可能很好地发挥作用的正义观念，便不能具备公开性条件。（*TJ*，453－454）

从上面的论述可以看出，罗尔斯首先把良序社会看作是一个公平的合作体系，良序社会作为一个公平的合作体系有三个基本特征：第一，社会合作是由公众所承认的规则和程序来指导的，而从事合作的人们用这些规则和程序来适当地规范他们的行为；第二，这种合作的理念包含了公平的合作条款的观念，这种公平的合作条款体现了互惠性和相互性的原则，即所有人都按照公众承认的规则所要求的那样尽其职责，并依照公众同意的标准所规定的那样获取利益；第三，这种合作的理念还包含了每一参与者之合理利益或善的理念，这种合理利益的理念规定了，从那些从事合作的人们的观点看，他们所一直积极寻求的到底是什么。（cf. *JF*，6）其实，罗尔斯用“良序社会”的理念表达了三层意思：第一，在良序社会中，每一个人都接受的并且知道所有人也都接受的相同的正义观念以及相同的正义原则；第二，公众认为，或者有充分的理由相信，社会的基本结构——它的主要政治制度和社会制度以及它们结合成为一种合作体系的方式——能满足这些正义原则；第三，公民具有一种通常情况下起作用的正义感，也就是说，这种正义感能够使他们理解和应用为公众所承认的正义原则，而且对大多数人来说，这种正义感还能够使他们根据其社会位置而采取相应的行动。

当然，良序社会中最活跃的因素是人，人的理念与社会理念紧密相连。罗尔斯将社会视为一个公平的合作体系，人就是自由平等的合作成员。如果社会是一个合作体系，那么它就不能是奴隶制和封建制的，而只能是宪政民主的。于是，合作要有规则，规则应该体现互惠性。在罗尔斯那里，互惠性处于“公正无私”和“相互作用”之间，前者是利他主义的，后者则意味着依据其优势处境来获得其利益，而两者都与正义无关。罗尔斯一再重申，差别原则体现了互惠性，而这种互惠性产生于社会合作体系之内。社会合作与每个人追求的利益是相容的，而人们追求的利益就是善，其中最重要的是基本善。社会是一个合作体系，其典型特征既有利益的一致，也有利益的冲突。正是这个既存在利益一致也存在利益冲突的合作体系的观念规定了宪政民主政体的基本政治哲学问题，而这个问题也正是罗尔斯正义论试图回答的问题：就规定公民之间进行合作的公平条款而言，这些公民被视为自由的和平等的、理性的和合理的、世代相继的和持续终生的以及正式的和完全的合作成员，其最可接受的正义观念是什么？

我们知道，正义理论首先要找出人们一致赞同的正义原则，然后再用这种正义原则来指导社会制度的设计。当一个社会不仅被设计成推进其社会成员的善，而且也受到一种公共正义观的有效规范时，这个社会就是一个良序社会。在这样的社会中，“每一个人都接受并且知道其他人也接受同样的正义原则，而且，基本的社会制度满足了并且也被认为是满足了这些原则。”（*TJ*, 454）一个合作的体系，社会成员之间的合作应该是有规则的，而且这些规则也应该是正义的。如果一个社会是由正义原则所指导的，那么这个社会也就是秩序良好的。因此，所谓良序社会就是由正义原则所规范的社会。当然，完全的良序社会只是一种理想，任何一个现实的社会离这种理想还非常遥远。但是，罗尔斯认为，良序社会的理念为我们评价正义观念提供了一条重要的标准，即如果一种正义观念不能得到公民的相互承认并用于作为公平合作体系的社会，那么这种正义观念就肯定存在严重的缺陷。

那么，良序社会的成员如何获得正义感，这就是罗尔斯要讨论的道德心理学原则，即正义感的形成。如前所述，正义论的第二步是要解决稳定性问题。因为，基本善与处在原初状态中的人们的利益的善理论应该是一致的。在罗尔斯看来，正义和善是一致的，依此来解决作为公平正义的稳定性问题。下面一节我们主要讨论罗尔斯在《正义论》时期稳定性问题的证明。

二 核心问题：稳定性问题

关于社会稳定的问题是社会契约论的观点。对于霍布斯来说，稳定性是至上的，是政治正义观念的基本主题。霍布斯主张用绝对主权来保证一个稳定的和平状态。[①] 自由和民主的社会契约论学说在洛克、卢梭和康德那里，关于稳定性的学说是不同的。稳定性没有规定政治正义的第一主题。对于本身就是稳定的社会秩序，它可能是合理的，没有什么道德的后果。如果不纠正，只能延续这种不公正。正义的观念应该依靠独立于道德考虑制定出来。稳定性问题就被提升到如何沿着这一观念构思一个正义的社会。重要的不是合作的稳定性本身，而是合作及其稳定性的“正当的理由”，这一论证结构是由康德阐述的。按照康德的观点，阐明一个正当的宪法何以可能是人类最大的问题。为此，他认为需要解决三个问题：第一，正当宪法的正确概念；第二，在世界过程中丰富经验（great experience during much of the world's course）；第三，高于一切的善将接受该宪法。[②] 这三个方面就是罗尔斯在《正义论》中阐述的康德问题的结构。

《正义论》第三部分表明，当我们从对善的性质全面考察入手对之加以检验，并且把它当作一个道德观念的稳定性进行澄清时，这一

① 参见［英］霍布斯《利维坦》，黎思复、黎廷弼译，商务印书馆 2008 年版，第 17、18 章。

② Immanuel kant, “Idea for a Universal History”, in *Perpectual Peace and other Essays*. Indianapolis: Hackett, 1983, pp. 33 – 34.

理论就能获得支持。罗尔斯试图表明，他的正义社会也是一个善的社会：在那里，正义和善是一致的。对于一致性问题的关注，它是道德和政治哲学的核心问题，这一问题在康德那里通过转向宗教最高善的解释被悬置，或者至少是未能解决。罗尔斯认为，在一定社会条件下，正义是人类之善的一部分，势必会有一个正当的社会方案是可行的。[①] 罗尔斯的理论是一种义务论，他主张尊重两个正义原则的正当性独立于善，且正当性优先于善。虽然罗尔斯想要证明正当与善是和谐一致的，但他并没有简单虚构出一些与我们看作善的东西相互冲突的抽象原则。他通过给他的正义观念的可行性提供一个论证，来为他的正义观念的可行性提供支持。

在《正义论》的第三部分，罗尔斯主要做了两项工作。第一，他论证了各方当事人之所以选择这两个正义原则，是为了提出关于何者对他们而言为善的一个虽然不充分但也不会引起争议的观念，即“善的弱理论”（thin theory of the good）。这些当事人以“慎思理性”为基础假定，他们的善就是在假若他们具备有关他们的选择将会导致什么结果的全面知识的情况下，他们将会加以选择的东西，并因此得出结论认为任何善的生活都要求对“基本善”的供给。一项“亚里士多德主义原则”有助于向我们澄清这些基本的善究竟是什么，这项原则提出：“在其他条件等同的情况下，人类总是以对其已经实现了的各种能力的运用为乐事，……而且，这种能力实现的程度越高，他从中获得的快乐就越大。”（*TJ*，426）我们可以这样认为，原初状态的人们选择这两个正义原则，就是为了增进他们对这类基本善的分享。因此，按照罗尔斯，他的正义观念是一个与对善的关注相一致的正义观念。从这个意义上说，一个在他看来是正义的社会，同时也就是一个善的社会。

罗尔斯在《正义论》的第三部分所要完成的第二项工作试图表明正义的社会，就他对正义社会的理解而言，必将是稳定的，而且与

---

① Cf. Samuel Freeman, “Congruence and the Good of Justice”, *Cambridge Companion to Rawls*, Cambridge: Cambridge University Press, 2003, p. 278.

其成员的善也是相一致的。那么，正义的社会为什么是稳定的呢？一个稳定的社会，是一个接受某一稳定的正义观念支配的社会。“如果一个正义观念倾向于产生出更加强烈的正义情感，更有可能制服各种破坏性倾向，而且，它所允许的各种制度所产生出的是较弱的不公正行动的各种冲动，那么，这个正义观念就比另一个正义观念具有更大的稳定性。”（*TJ*, 454）作为公平的正义正是一个将会产生强烈正义情感的正义观念。之所以如此，主要是因为人类心理学的诸法则。这些法则表明，如果一个社会的各种正义制度是正义的，而且被世人公认为是正义的，那么，“当一个人认识到他一记起他所关心的那些人都是这些安排的受益者时，”他就会获得“相应的正义感”。（*TJ*, 490 – 491）同时，罗尔斯相信作为公平正义的两个正义原则是正义的，而且也有利于公民以及他们所关心的人们。不仅如此，在这些公民被引导进入社会中，它们均被公认为是如此。于是，这两个正义原则必将会强化人们的正义情感并带来稳定性。

但是，罗尔斯所理解的这一正义的社会果真与其成员的善相一致吗？至少罗尔斯是这么认为的，而且他还试图在对“正义之善”的说明中加以解释。在《正义论》第 88 节，罗尔斯探讨了采纳并接受正义感的指导和心愿，是否会与个人的善相一致。由于正义感被理解为运用正义原则并依据这些正义原则而行动的强烈愿望，因此，需要加以证实的是，对于生活在一个良序社会的人们来说，如果把正义感作为其生活计划的调节手段，那就是合乎理性的。这并不是要对利己主义者的正义加以辩护，也不表明正义的行动必将最大程度地促进个人目的的实现。

其实，在《正义论》中，罗尔斯曾在多个地方提到“稳定性问题”。罗尔斯的论述如下：

> 既然一个良序社会能长久存在下去，那么它的正义观也应该是稳定的，也就是说，当制度（按照这种正义观所规定的）是正义的时候，参与这种安排的人们就获得了相应的正义感和尽力维护这种制度的欲望。（*TJ*, 454）

一种正义观比另一种是更稳定的。(*TJ*, 454)

稳定性是道德观念的一种可取特征。(*TJ*, 455)

正义观的稳定性并不意味着良序社会的制度和实践不会变化。(*TJ*, 457)

社会合作的体制必须是稳定的。(*TJ*, 6)

我们必须评价这些制度的稳定性。(*TJ*, 457)

为了保证基本结构是稳定的，道德感是必需的。(*TJ*, 458)

那么，这里的稳定性问题到底是指什么的稳定性呢？通读全书我们发现，稳定性意味着两个正义原则从原初状态的无知之幕后面选择出来，即便是无知之幕开放，原先所选择的两个正义原则也会得到坚持。而罗尔斯反复强调的社会制度的稳定性，也是一个相当重要的问题。所以，罗尔斯在这里所说的稳定性至少应该指两个方面的内容：一是正义原则的稳定性问题；二是社会制度的稳定性问题。那么，这里就有一个问题，在《正义论》时期，我们应该怎样看待他的正义原则的稳定性与社会制度的稳定性问题？要回答这个问题，我们不能仅仅从一些基本的话语分析来进行判断，必须要对《正义论》的整个论证结构进行探讨。

在《正义论》中，正义观念的稳定或者正义原则的稳定性在于正义感的获得，即作为公平的正义如何能产生出对自己的充分表达和支持，这就是《正义论》第8章所做的工作。对于社会的稳定性，由于这个社会的建构是建立在两个正义原则的基础之上的，于是，此时的罗尔斯只要能证明正义原则的稳定性，也就证明了社会制度的稳定性。因此，他认为在稳定性的第二阶段，正义感和善是一致的。这也正是罗尔斯把稳定性问题的论证分为两个阶段的原因。如果正义感和善是一致的，那么《正义论》时期的稳定性就只需证明正义原则的稳定性，也就等于证明了在此基础上的社会制度也是稳定的。因此，《正义论》时期的稳定性就是一个证明正义原则的稳定习惯的问题。

应当指出，前期罗尔斯并没有把政治从道德当中区分出来，这也是一个重要原因。因为，正义观念的稳定性支持了正义社会的稳定性，正义感为人们支持这个社会提供了足够的心理动机。但是，单凭心理动机并不能保证社会的稳定性。一个社会的稳定还需要其他条件的支持。特别是在价值多元论和信念多元论的情况下，一个社会的稳定性还要有一些比心理动机更坚实的基础。所以，罗尔斯在《政治自由主义》的导论中提出了理性多元论的事实，并指出他的前期理论并不一致。如果这种论证不一致就说明稳定性问题也是不稳定的，如果要处理或者解决稳定性问题，他就必须要考虑当下的社会事实——理性多元论，只有这样才能够真正保证社会稳定性。罗尔斯认为，道德心理学问题和正义感的形成问题得到解决，也就相应的能讨论作为公平正义的相对稳定性问题，从而在良序社会的环境中正义与善达成一致。（*TJ*，395）

综上所述，前期罗尔斯虽然提出了稳定性问题，但是他并没有论证如何稳定的，而是给出了一些必要的理论铺垫。他主要把稳定性问题的证明分为两个阶段：第一阶段主要是给这些理论铺垫，即良序社会的成员如何获得正义感；在第二阶段就是解决所谓的一致性问题。因此，在罗尔斯的前期理论中，稳定性问题的实质就转化成了一致性问题，这反映了罗尔斯分析论证问题的深厚功力。为此，他在《正义论》第 9 章中专门讨论正义和善的一致性问题，从而完成了稳定性问题的证明。

三　稳定性是否稳定?

罗尔斯《正义论》中的正义理论试图达到两个目的：其一，找到支配社会基本制度的正义原则；其二，证明在这个正义原则之上的社会制度如何能够长治久安。众所周知，《正义论》的第一部分就是要找到这种正义原则，第三部分就是对在这种原则之上的社会长治久安的稳定性之证明。罗尔斯关于稳定性问题的证明主要就在第三部分。其中，第 7 章是有关善的概念的阐明，第 8 章是正义感的获得，第 9 章才是证明的论证，即正义和善的一致性。前面已经提到，这个问题不是稳定性吗？怎么又来了一个一致性？两者是什么关系？按照罗尔斯的观点，稳定性问题的证明有两个部分：第一是（第8章）阐明一个良序社会的成员如何获得正义感的问题；第二是（第9章）正义和善是如何统一的，即一致性问题。罗尔斯认为，只要正义和善统一了，这个稳定性问题也就证明了。在第8章，罗尔斯建立的道德心理学，展现了人们在公平正义的良序社会中如何获得道德动机，罗尔斯称之为“正义感”（sense of justice）。在第9章，罗尔斯进一步论证了正义感与人类之善的相容性，也就是关于“一致性”（congruence）的论证。①

罗尔斯在《正义论》的第69节指出“大多数传统学说都主张，人类的本性至少在某种程度上是这样的，即当我们生活在正义制度下并且得益于这种制度的时候，我们就获得了正义地去行动的欲望。就这一点是真而言，正义观念在心理上是适合于人类禀赋的。另外，如果正义地去行动的欲望最终对一种合理的生活计划也能够起规范的作用，那么正义的行为就是我们的善的一个组成部分。在这种情况下，正义观念与善是相容的，而且理论作为一个整体也是一致的。”（*TJ*，456）这里主要说明两个问题：一个是正义地去行动的欲望，即正义感的问题，属于道德心理学；另一个是正义地去行动本身就是一种善，即正义感与善的统一，即“一致性问题”。对于罗尔斯而言，稳定性需要两个条件：一是正义感的获得，道德心理学解决了我们如何获得正义感的问题；二是正义与善的统一，正义地行动不仅要符合正义原则，也要符合我们自己的善（利益），一致性问题就是论证正义与善如何能够统一。

在1980年杜威讲演之后，罗尔斯逐渐澄清了一些在《正义论》中没有得到足够重视的重要背景观念，其中也包括原初状态。此外还

---

① 对于罗尔斯这个论证的解读，很多学者都曾发表过看法，比较著名的有：Edward F. McClennen, “Justice and the Problem of Stability”, *Philosophy & Public Affairs*, Vol. 18, No. 1 (Winter, 1989), pp. 3 – 30; George Klosko, “Rawls’s Argument from Political Stability”, *Columbia Law Review*, Vol. 94, No. 6 (Oct., 1994), pp. 1882 – 1897; Brian Barry, “John Rawls and the Search for Stability”, *Ethics*, Vol. 105, No. 4 (Jul., 1995), pp. 874 – 915; Samuel Freeman, “Congruence and the Good of Justice”, *Cambridge Companion to Rawls*, Cambridge: Cambridge University Press, 2003, p. 278。

包括，具有两种道德能力的自由而平等的道德代理人的观念，具有善观念和正义感。人们在保护他们的发展的能力方面，具有“高阶的利益”。背景的观念也包括良序社会和程序正义的观念，对于在作为公平的正义中促使建构主义是必须的。这个阿基米德点源自对这些信仰和观念的接受，人们发现这些观念的接受“通过作为公平的正义甚至是协议的有效性也不会改变”①。也就是说，罗尔斯论证的基础是人性。在罗尔斯看来，人性就是道德人格。道德人格体现为两种道德能力：一是正义感；二是善观念（*TJ*, 505）。正义感代表了一种公共观点，它遵循正义原则；善观念代表了一种个人的观点，它遵循合理性。所以，罗尔斯的“人”是理性的（reasonable）和合理的（rational）。人是理性的，这就意味着人的行为要有正当的理由，而正当的理由就是按照正义原则行事。人是合理的，这就意味着人按照正义原则行事也要符合自己的利益，而自己的利益就是善。在稳定性问题上，罗尔斯不仅要求正义感，而且还要求正义与善的统一。对于罗尔斯来说，从正义感和善观念两个方面来论证稳定性，契约论既是一种方法，也是一种原则。作为方法，罗尔斯的契约论体现为原初状态的设置，并且被用来证明正义原则。作为原则，罗尔斯的契约论体现为义务论，主张正义优先于善。无论是方法还是原则，从上述论证都可看出，契约论都体现了以下三种基本观念：首先，契约论体现了“实践理性”的观念；其次，契约论体现了“一致同意”的观念；最后，契约论体现了“正当优先于善”的观念。

前面提到，罗尔斯认为原初状态中无知之幕后面的代表人选择适当的正义原则，他们认可所选择的正义原则，也关心稳定性的观念。在那里，罗尔斯视稳定性为一种道德原则的态度，他关心的是“道德心理学法则”。一个人在人人都遵循道德法则的社会中长大，他将从中获得巨大利益，并更愿意遵循这些规则。罗尔斯描述了一系列关于稳定性的道德法则：“当制度（按照这个观念的规定）公正时，那

---

① Norman Daniels, “Reflective Equilibrium and Archimedean Points”, *Canadian Journal of Philosophy*, Vol. 10, No. 1 (Mar., 1980), p. 85; also see Rawls, “Reply to Alexander and Musgrave,” *The Quarterly Journal of Economics*, Vol. 88, No. 4 (Nov., 1974), p. 637.

些参与这些社会安排的人们就获得一种相应的正义感和努力维护这种制度的欲望。一个正义观念，假如倾向于产生的正义感较之另一个正义观念更强烈，更能制服破坏性倾向，并且它所容许的制度产生着更弱的不公正行动的冲动和诱惑，它就比后者具有更大的稳定性。一个观念的稳定性依赖于各种动机之间的平衡：它培育的正义感和它鼓励的目标必须在正常情况下能够战胜非正义倾向。”稳定的道德原则能让人们产生强烈的遵守欲望，进而培育对社会道德原则的普遍忠诚。于是，在罗尔斯所描绘的“良序社会”中，“每个人都接受并了解其他人也接受同样的正义原则，同时，基本的社会制度满足着并且被看作是满足着这些正义原则”（*TJ*, 454）。

关于一致性论证是：假定公平正义的良序社会中的人们具有独立的正义感，并且他们按照自己的目的做那些正当和正义的事情。是什么保证我们坚持一贯地按照这些动机行动？罗尔斯假定，只有当正义和我们的善相容时，人们才可以按照正义的道德动机行动。那么，罗尔斯意义上的善是什么呢？罗尔斯用“合理性的善”（Goodness as Rationality）来表达，这种合理性是在一定慎思条件下的一些最现实的实践标准：按照优先性的原则，采取有效的手段，并选择行动路线实现自己目的的最大化。来自西季维克的“合理生活计划”被放在了合理性的考虑之中，被罗尔斯看作善的正式定义。“一致性”的论证展示了在良序社会观念下，从正义和善两个角度做出的判断是合一的。理性原则是从正义的共同视角看作理性的判断和意志，如同从每个人的观点看作理性的判断和意志。一致性的问题在一个对每个人来说都认可的作为公平正义的良序社会中，从慎思理性的角度采取正义的公共视角时，正义的原则将是合理性的一致。如此，对于良序社会的成员来说，合理规划他们的生活计划才是合理性的，正义将成为每个成员的善的重要组成部分。

我们仔细阅读《正义论》就会发现，稳定性问题是和原初状态高度相关的。但是，罗尔斯又说稳定性是正义观念的一种特点，是在正义感和合理性之间的深深联系。其实，在合理性和正义感之间具有双重联系：一是特殊正义观念的能力产生正义感，并有它自己的心理学支持，作为良序社会来说的基本宪章成为合理性对象的共识。二是一种正义感对于想获得他们认可的典型性代表来说是合理性的。因此，这种与原初状态相关联的稳定性就不是足够稳定的，本身就是有缺陷的。[①] 关于这一点，罗尔斯后来自己也承认。

谈到道德，我们很容易就想起道德和伦理的区别。从语言学的角度来讲，这两个词的关系是很微妙的，我们有必要进行一下考察，然后再来谈论罗尔斯正义论中的道德与伦理学究竟是一种什么关系。

在西方，道德（morality）一词源于风俗（mores），而 mores 则是拉丁文 mos（即习俗、性格）的复数，后来古罗马思想家西塞罗根据希腊的生活经验，从 mores 一词创造了一个形容词 moralis，指国家生活的道德风俗和人们的道德个性，以后的英文 morality 就是沿袭了这一含义。因此可以说，西方“道德”一词兼具社会风俗和个人品行，即类似于中国古代道与德的含义。由此可见，不管是中国还是西方，道德一词包含了社会的道德原则和个人的道德品质两个方面的内容。我们知道，“伦理”二字合起来联用是指人们处理相互关系时应该遵循的行为准则。可见，伦理与道德具有大体相同的意义，两者均突出了行为准则在人们行为中的重要性。稍有不同的是，伦理并未突出人们个体的心理、品质。正因为如此，德国古典哲学家黑格尔把伦理称之为客观的法，指谓社会道德，把道德称之为主观的法，指谓个人道德。实际上，如同道德既是社会的又是个人的，伦理也包含社会和个人两个方面。无论在中国还是在西方，人们常常把“伦理”“道德”当作同义词来使用，甚至是“伦理道德”并称。[②]

伦理学被普遍承认是关于伦理和道德这两种生活规范的，尽管一些伦理学研究者认为伦理与道德不同，另一些则会把这两个词看作同义的。伦理与道德共同的基本意义是通过习惯而得来的东西，是人在

---

① 布莱恩·巴里和萨缪尔·弗里曼都认为罗尔斯的这个论证是失败的，也就是说他们认为罗尔斯关于稳定性的论证是有问题的。当然，我们在讨论罗尔斯的后期哲学时也会涉及此问题。Cf. Brian Barry, “John Rawls and the Search for Stability”, *Ethics*, Vol. 105, No. 4 (Jul., 1995), pp. 874 – 915; Samuel Freeman, “Congruence and the Good of Justice”, in *Cambridge Companion to Rawls*, Cambridge: Cambridge University Press, 2003, pp. 277 – 315.

② 参见魏英敏《新伦理学教程》，北京大学出版社 2003 年版，第 96—97 页。

实践事务上通过行为的习惯形成的稳定的状态或品质、品性。[①] 一般意义上实践事务是一个人怎样对待自己、怎样对待他人以及同他人交往方面的事务；广泛的意义上包括人们从事的这样一些活动：在这些活动中，人类历史地积累的经验与理解使得这些活动具有内在的善，值得人们追求，并且人们追求这些活动的善并不必定为着某种活动之外的目的。伦理或道德发生于习惯的这层意义意味着它不是自然地发生的。伦理与道德生成于习惯而不反乎自然，但绝不是任何生成于习惯的品质都被看作伦理与道德。

尽管伦理与道德有共同的基本意义，然而由于道德一词在中国，以及 moral 一词后来在西方被比较突出地理解为实践品质、品性的优点，与德（德性）这个词联系起来，人们对这两个词语的使用就有了区别。在中国，“德”被包含在道德这个词之中。道德的本义是遵循着“道”（根本原理、原则）而获“德”（“德”通“得”）的东西，通常是指所获得的优良品质、品性。与此相似，德性（virtue）这个词在西方也意味着一个人的优良品质、品性，尤其是实践事务方面，并且慢慢同 moral 联系起来。

作为伦理学研究的对象题材，道德与伦理之间还有一些其他的重要差异值得注意：第一，伦理一词是述说一个人与其他人的关系的规范，在汉语中，伦理语源上指人伦之理，即人与人的关系的道理或准则，它的准则、规范和被视为恰当的态度等都发生于相互的关系，是向着一个人同其他人的关系说的。道德或道德属性则因德或德性这一词语的特别的意义，是一个人向着他内心述说他的行为准则：表达他重视什么、把获得什么样的好品质、成为什么样的人等视为至关重要的。一个人重视什么，恪守什么当然影响到同他人的交往关系，但是这些常常是非常缥缈的理想、原则，超脱于具体的交往事务，或者既含有很具体的准则——在这种情形下，这些准则就属于交往规范的范围，又含有一些更为根本的超脱缥缈的理想、原则等；第二，道德或

① 英文中 ethic 意义为伦理，moral 为道德。两个词语，一个源于希腊词 ethos，另一个源于罗马词 moralis，本是基本同义，后者实为罗马人翻译希腊人的，都被用来述说人的从行为活动养成的习惯品质。

道德属性述说的准则有效性是个人性的，不全是他同其他人可以相互提出的有效要求。第三，作为对于一个人自身的有效性要求，道德也不像伦理的要求那样具有准强制性。第四，作为个人性的态度、价值，道德总是包含上面说到的非常缥缈的理想、原则，它们是自我完善的价值，对人表现为目的性价值、实践的目的。①

弗兰克·梯利在《伦理学导论》中认为，作为一门学科的伦理学，古希腊使用这样的术语“Ta ethika”“ethike episteme”来表示“伦理学”“伦理科学”,②“ethikos”这个词是从“ethos”（品格、气质）派生的，而“ethos”又与“风格、习惯”的意思相联系。“伦理学”的拉丁语同义词是“philosophia moralis”③，英语“道德哲学”（moral philosophy）或“道德科学”（moral science）就是由此而来的。“实践哲学”（practical philosophy）这一术语也作为“伦理学”的同义词使用，或者作为一个更为广泛的包括伦理学与政治学的综合术语使用，它之所以被称为实践的，因为它研究实践或行为。而伦理学的对象是道德，即有关善恶是非的现象。

在罗尔斯的《道德哲学讲义》中，罗尔斯是这样规定的：现代道德哲学的时间段为1600—1800，英文为modern moral philosophy。（cf. *LHMP*，1）同时，他还很明确的区分了古典道德哲学与现代道德哲学。他做出这个区分的目的是阐明古典道德哲学与现代道德哲学的差异。即便他在引述西季维克的《伦理学方法》讨论问题时，伦理与道德似乎也是不分的，伦理和道德是一码事。此外，在《正义论》《政治自由主义》等著作中，他也没有区分道德与伦理的概念，而是在相同意义上使用“道德”而不注重“伦理”的使用。因此，

---

① 参见廖申白《伦理学概论》，北京师范大学出版社2009年版，第21—22页。

② 虽然亚里士多德（前384—前322年）也许是第一个在严格意义上使用“伦理学（ethics）”一词的人，但色诺克内特（卒于公元前313年），也许还有昔勒尼派也使用过“ethics”一词。参见塞克斯图·恩披里克《反数学家论》第7卷第15页；朗茨《伦理学》第1页；冯特《伦理学》第1编第1章。

③ 参见冯特《伦理学》英译本第26页：“‘道德’（moralis）一词（产生了‘道德哲学philosophia moralis’的表示法）是从亚里士多德而来的一个直接译名。西塞罗在他介绍这个词的段落里，清楚地注意到他是从希腊语‘伦理’（ēthicŏs）一词类推而构成‘道德’这个词的，是‘为了丰富拉丁语’。”

按照罗尔斯的理论，同时也为了便于表述和理解，本书将在广泛的意义上使用道德，即道德和伦理不作区分，这里只取它们的相同含义，不侧重他们的差别。①

第二节　自由主义与社群主义的批评

《正义论》发表之后，遭到了来自各方的批评，其中既有自由主义内部的批评，也有来自社群主义者的批评。本节简要考察罗尔斯的同盟，自由主义者诺奇克、德沃金和拉兹，以及社群主义者桑德尔、沃尔泽、泰勒和麦金泰尔的批评。当然，这种考察主要针对罗尔斯理论中道德与政治的关系问题，分析这些批评对罗尔斯理论的影响。

一　自由主义的批评

（一）道德的观点是任意的吗？

诺齐克（Robert Nozick，1938－2002）对罗尔斯的批评主要集中在分配正义上。诺齐克理论的中心要旨是：如果我们假定每个人对他们当下持有的财物拥有资格，那么，正义的分配就只是那些源于人们自由交换的分配。在正义状态下，凭着自由转移而产生的任何分配都是正义的。② 对于罗尔斯的“分配正义”概念，诺齐克干脆予以否定，认为分配正义这个说法本身就是成问题和误导人的。而持有正义理论的一般纲领是：如果一个人根据获取和转让的正义原则或者根据不正义的矫正原则对其持有是有资格的，那么他的持有就是正义的；如果每一个人的持有都是正义的，那么持有的总体分配就是正义的。要是把这种一般纲领变成一种详细的理论，我们需要阐明持有正义之

---

① 其实，康德在《道德形而上学原理》中明确提出了伦理学是一种实践哲学，而道德哲学则是一种形而上学。笔者以为，他做出如此区分应该是为了突出道德的形而上学地位，或者为道德哲学奠定一种形而上学基础。我同意康德的这种解释。当然，罗尔斯是服膺康德的，对此也没有表示异议，但他肯定是在更为广泛的意义使用道德一词的。这一点，从他后期哲学中将政治从道德当中区分出来就可见一斑。

② Will Kymlicka, *Liberalism*, *Community*, *and Culture*, Oxford & New York: Oxford University Press, 1991, p. 102.

所有三个原则的细节：持有的获取原则，持有的转让原则，以及对违反头两个原则的矫正原则。[①]

关于持有为什么不应该部分地取决于自然禀赋的问题，罗尔斯的回答是，这些自然的禀赋和天赋是不应得的，“从道德的观点看是任意的”（*TJ*, 15）。对此，诺齐克提出了对罗尔斯至关重要的质疑。对于道德上合法的、分离的事实之合取的道德合法性的解释，一种类似的适当性条件将会导致这样一种观点，这种观点要求持有的状态应展示出一种总体的模式化。担心令人信服的论证来施加这样一种适当性的原则，这样看来是不大可能的。一些人可能发现这种统一的看法只对一个领域是有道理的，如涉及持有状态的道德领域。但是对于一般非道德解释的领域就不是这样了，反之亦然。在解释非道德事实的场合，挑战就是提出这样的统一理论。如果一个人提出了这种统一的理论，而这种理论引入了一些新颖的思考，并且没有解释新的事实，那么要做出关于它的可接受性的决定可能是非常困难的，而且这在很大程度上依赖于我们看待旧事实的新方式是否具有令人满意的解释力。在道德解释和说明的场合——这些解释和说明要表明各种不同事实的道德合法性，情况有所不同。首先，设想一种统一的解释是适当的和必要的，在这种场合就更加缺少理由。其次，一种统一的解释会要求被解释的“道德事实”，而这在道德场合比在科学场合更加危险。

诺齐克认为：“个人拥有权利，有些事情是任何人和团体如果不侵犯他们的权利的话就不可以对他们做的。这些权利十分坚牢和广泛，以至于产生了这样的问题：如果国家及其官员要有所为的话，他们到底可以做什么。”[②] 这就是诺齐克整个政治哲学的出发点，也是他批评罗尔斯的根据。社会必须尊重人的权利，它们“反映了作为根基的康德式原则：个人是目的而绝不仅仅是手段；不能在未得到个

① Robert Nozick, *Anarchy*, *State and Utopia*, Oxford & Cambridge: Blackwell, 1999, p. 153.

② Robert Nozick, *Anarchy*, *State and Utopia*, p. 1.

人的同意的前提下，就为了他人的目的而牺牲或利用他们”[1]。“康德式原则”要求一种去接受那个有利的权利理论——因为权利肯定着我们的“独立存在”，人们才会因此而认真看待“不作为他人资源的独特个人的存在”[2]。我们每个人都是独特的个体，每个人都有自己独特的要求，对于能够要求某人为了他人的利益做出的牺牲，就要有一些限制——权利理论正表达着这些限制。这就是为什么否认有这类限制的功利主义不能被诺齐克接受的原因。当然，这也可以看出在诺齐克与罗尔斯之间的连续性。这不仅表现在诺齐克对抽象平等原则的诉求，而且表现在诺齐克反对功利主义的具体的论证。罗尔斯与诺齐克的分歧主要在于，要把人本身当作目的，哪些权利是最重要的？过于简化的说法是：一方面，在罗尔斯看来，最重要的权利之一是拥有某一确定份额的社会资源的权利；另一方面，在诺齐克看来，最重要的权利莫过于对自己的权利，正是这些权利构成了“自我所有权”。[3]诺齐克之所以重视权利，就是因为他把权利看成道德的根本标准，无论国家还是个人，只要侵犯了个人权利就是不正义的。罗尔斯从抽象出发，走向的是另一种抽象，而诺齐克试图从实际出发，按照理论的发展走向实际。我们可以把诺齐克的论证总结成以下两个论断：

> 第一，罗尔斯式的再分配（或者政府对于市场交换的任何强制性干涉）与承认人是自我所有者不相容。只有不受限制的资本主义才会承认自我所有权。
>
> 第二，承认人是自我所有者是平等待人的核心。诺齐克的平等观源于对自我的权利，但他却相信这些权利蕴含着我们对于外部资源的权利，这正是他与自由主义的再分配相冲突的地方。[4]

---

① Robert Nozick, *Anarchy, State and Utopia*, Oxford & Cambridge: Blackwell, 1999, pp. 30 – 31.

② Robert Nozick, *Anarchy, State and Utopia*, p. 33.

③ Will Kymlicka, *Liberalism, Community, and Culture*, Oxford & New York: Oxford University Press, 1991, p. 107.

④ Will Kymlicka, *Liberalism, Community, and Culture*, p. 109.

罗尔斯式的再分配不仅与形式的自我所有权相容，而且，就能够公平地促进实质的自我决定而言，比自由至上主义做的更好。形式的自我所有权转移了人们的注意力，因为实质的自我决定才是更为根本的价值。但诺齐克诉求自我所有权的论证，还面临一个更深刻的问题。诺齐克未能足够地正视罗尔斯的论断：对于运用自己不应得的天赋而形成的报偿人们并不具备正当要求。就算不用否定自我所有权，我们也可以走向罗尔斯式的分配结构。因为，关于外部资源的公平理论也会要求进行资源的再分配。笔者认为，罗尔斯对所有权的否定是完全站得住脚的。我们可以把人们的天赋当作他们境况的一部分，就其本性而言，也可以把天赋当作是否对人们进行补偿的可能依据。人们诚然对自己的天赋享有拥有的权利和使用的权利，但劣势者也有权利要求对自己的劣势给予一定程度的补偿。要人们因为自己不应得的境况不平等而受到伤害，这种做法是不正确的。同时，劣势者可直接对占有优势的幸运者提出要求，而这种要求独立于外部资源的获取问题。

诺齐克和罗尔斯的理论主张一种非精英的理论，不是强者更强，而是让弱者跟上。由于诺齐克忽视了弱者跟上的生态环境，因而留下了概念主义的痕迹。诺齐克对罗尔斯的驳斥有些走偏了。罗尔斯与诺齐克之间的公平原则，前者相信只有一个最合理的原则，后者相信有许多原则；前者是社会基本结构的原则，后者是过程的原则；前者是融合、是道德共识而非知识共识，后者是打通、是知识共识而非道德共识。政治的正义观念与许多道德学说都不相同，政治正义观念只是为基本结构精心阐明一种合理的观念，并尽量去涉及更广泛的承诺。而道德学说则被人们广泛的视为普遍而完备的观点。

此外，诺齐克认为罗尔斯的程序是契约论的，契约论强调了正义原则本质上是人的理性选择。罗尔斯的契约论存在两个错误：第一，它以形而上学的自然法理论为基础；第二，它的当事人完全是自私的，只知道追求个人的善。诺齐克反对契约论，但赞成程序正义，并且认为他自己的理论就是程序正义。诺齐克承认社会分配领域中的不平等存在，但他认为这种问题不应由国家通过再分配来解决，否则就会侵犯个人权利。罗尔斯用以解决不平等的正义原则是差别原则，试图从“最少受惠者”来确定基准，以达到最可辩护的平等。而诺齐克则用资格理论来对抗差别原则，他主张只要个人财产来路正当，符合正义的获取原则和转让原则，那么任何他人、群体和国家都无权加以剥夺。

综合以上分析，诺齐克以一种持有资格理论的权利自由主义对抗罗尔斯公平正义的平等自由主义理论。在诺齐克理论中，他主要反驳的是罗尔斯的分配正义理论，针对罗尔斯“从道德观点看是任意的”说法展开反驳。诺齐克反驳的重点是在道德与事实层面，认为罗尔斯原初状态的设定是一种理论设想，与现实的事实存在一定差距。不论是应该还是不应该，原初状态中的人在选择的时候都会受到道德等自然因素的制约，而罗尔斯的理论中却把这些因素排除出去，造成的结果是不同的。诺齐克认为，国家在最初产生时，所履行的保护功能是唯一能被证明其合理性的功能，任何扩大政府职能的企图都会侵犯个人权利，从而失去道德根据。这也使得罗尔斯反思自己的理论，他在《正义论》第三编提到的稳定性问题在多大程度上是可信的。原初状态是一种理论预设，但在稳定性理论的论证中，罗尔斯又加入了很多道德和事实的因素，这些历史和社会因素恰恰是原初状态的无知之幕所遮蔽的，即前后的论证前提和基础实际上是存在偏差的，这也为罗尔斯修正自己的理论提供了契机。

（二）对道德人抽象权利的批评

罗纳德·德沃金（Ronald. Dworkin，1931－2013）认为，隐藏在罗尔斯契约论之后的深层理论是一种权利理论，这种权利不是某种特殊的个人权利，并不指向特定个人目标的权利，而只能是一种抽象权利。这种抽象权利看起来像是一种自由的纯粹权利，其实不然。在德沃金看来，虽然有对各种自由的具体权利，但并没有对自由的抽象权利。德沃金指出，罗尔斯公正的正义理论的基础是一种所有人作为道德人——能做出人的合理生活计划和拥有正义感的人——而拥有的平等权利。在罗尔斯那里，平等、关怀和尊重权利不是契约结果而是进入原初状态的先决条件，不只体现在第一正义原则的平等自由权利中，而且还体现在原初状态中的人都是自由、平等的假设之中，平等尊重和关怀权利来自作为道德人存在的、与动物相区别的人本身。德沃金对罗尔斯提出了很多批评，在涉及道德与政治的关系问题上，这些批评主要集中在以下几个方面：

首先，德沃金批评罗尔斯的契约论是假设的。一方面，契约必须加以履行，而假设的契约没有充分的理由强迫缔约者履行契约；另一方面，假设的契约不是较弱形式的实际契约，它根本就不是契约。假设周一我并不知道我的画的价值，如果你出一百美元买我的画，我会接受。周二我发现我的画值更多的钱，你不能这样论证：周三法院强迫我以一百美元卖给你是公平的。周一你没有买走我的画是我的运气，但这不能成为你以后强制我卖画的理由。[①] 其实，在罗尔斯的理论中，契约论是一种证明方法，以反对功利主义。罗尔斯虽然反对目的论，但并没有一个先定的目的供人们追求。

其次，德沃金认为，罗尔斯正义论的出发点不是原初状态，而是权利理论。罗尔斯的权利理论是从原初状态出发的，然后推出包括两个正义原则在内的一系列理论。但德沃金认为，原初状态的背后应该还有一个更深的基础，这个基础只能是权利。他指出，任何政治理论或者以目标为基础（如功利主义），或者以义务论为基础（如康德主义），或者以权利为基础（如潘恩的革命理论）。罗尔斯的正义论既不是目的论，也不是义务论，而只能是权利论。按照德沃金，原初状态的设计体现了对所有人平等的关心和尊重的权利，这种权利不是从原初状态中推导出来的，而是产生原初状态的前提。而且，这种权利是一种自然状态。[②]

再次，德沃金从正反两个方面批评了无知之幕。从正面说，如果契约论的精神是要求人们进行自由选择，那么只有允许人们知道相关的知识和信息，他们才能够进行有意义的选择。德沃金主张，应该允

---

① Cf. Ronald Dworkin, *Taking Rights Seriously*, Cambridge, M. A.: Harvard University Press, 1977, pp. 151 - 152.

② Ronald Dworkin, *Taking Rights Seriously*, Cambridge, M. A.: Harvard University Press, 1977, pp. 172 - 182.

许人们尽可能拥有更多的知识，特别是“允许人们对作为个人的自己有足够的了解，允许他们原封不动地知道他们自己的人格，知道他们的生活价值观，而原初状态的核心任务就是使人们缺少这些知识”。[①] 从反面说，社会契约论的实质在于为所有公民提供否决权，除非每个人都同意，否则不能达成任何契约。然而，每个人拥有的否决权的力量取决于他的知识。如果他处于无知之幕的后面而一无所知，那么他就无法行使自己的否决权。[②]

复次，德沃金在其政治哲学中宣扬资源平等主义，把平等称为“至上的美德”，通过“拍卖”“保险”和“税收”等概念推出了一种再分配的分配正义。在德沃金看来，自由主义的正义理论中存在一个根本矛盾，即平等与责任的对立。以罗尔斯为代表的平等主义者认为国家作为一种政治共同体必须平等地对待全体公民，但他们对平等的解释却忽视了公民的个人责任。以诺齐克为代表的权利主义者坚持公民个人责任的重要性，但他们对政治共同体应平等待人的集体责任却麻木不仁。超越平等主义与权利的对立，对“平等”和“责任”都给予充分的重视而提供一种统一的理论解释，“这是我们应该采取的第三条道路”[③]。

在分配正义方面，罗尔斯追求平等，提出差别原则，诺齐克提出“持有正义”原则。可以说，罗尔斯与诺齐克是自由主义正义理论的两极，而德沃金更倾向于罗尔斯。罗尔斯的差别原则以及诺齐克对差别原则的批评揭示了分配正义领域的另一个重要问题：第一是应得；第二是财富的来源和去向。在第一个问题上德沃金批评罗尔斯只看到了自然天赋和社会文化环境的不应得，而忽视了通过个人努力所产生的应得。在德沃金看来，自然天赋对于每个人是偶然的、任意的，是“好运”或“坏运”，因此，分配正义应该排除它们对财富的影响。

---

① Ronald Dworkin, *Sovereign Virtue: the Theory and Practice of Equality*, Cambridge, M. A.: Harvard University Press, 2000, p. 118.

② Ronald Dworkin, *Taking Rights Seriously*, Cambridge, M. A.: Harvard University Press, 1977, p. 173.

③ Ronald Dworkin, *Sovereign Virtue: the Theory and Practice of Equality*, Cambridge, M. A.: Harvard University Press, 2000, p. 7.

社会文化环境对财富的影响则是正当的，个人应该享有努力和抱负带来利益，也应该承担缺少它们的代价。在第二个问题上，德沃金更倾向于罗尔斯的分配正义，反对诺齐克的持有正义。德沃金赞成罗尔斯的分配正义对平等的追求，但他不同意罗尔斯达到平等的方式。他批评罗尔斯的契约论和原初状态是无用的假设，无知之幕封闭了人们应该知道的信息和知识。更重要的在于，在罗尔斯的正义理论中，他默认了“开端的”不平等，试图仅仅通过差别原则的纠正来达到一种结果的平等。在德沃金看来，要追求平等最好还是从“开端”就开始。对此，首先他提出罗尔斯“原初状态”一样的假设“拍卖”，这是德沃金正义理论的阿基米德点。其次是“保险”。最后是“税收”。德沃金的资源平等理论实质上是对罗尔斯的《正义论》的回应。哲学家们在《正义论》中发现了某些问题，试图循着这些问题发展出自己的正义理论。但是，这些政治哲学家在论证过程中越来越依赖于细节问题，而对细节的关注则掩盖了对基本问题的讨论。

最后，在“正当优先于善”的问题上，两者不同。德沃金的正当概念是一个涉及面很广的概念——从形而上学到个别法律法案，一般是在法理学的背景下讨论权利问题。德沃金认为权利理论应该包含三个问题：第一，权利理论依赖于个人权利与集体目标之间的一般区别。第二，在疑难案件的判决中，权利理论应该提供一种先例和制度的历史如何发挥作用的理论。第三，权利理论为法律判断提供了根据。这里主要是第一个问题，其核心是个人权利与集体目标的区别。与这一区别相对应，德沃金还提出了原则与政策之间的区别，而后者与政治的证明有关。为了区别个人权利和集体目标，德沃金引入了“政治目的”的概念。由于德沃金的权利概念更为宽泛、更难把握，他对其进行了分类。德沃金对权利的分类是为了进一步阐明其权利理论，揭示正当优先性的各种含义。

自洛克以来，自由主义传统一直强调自由的重要性，即使是罗尔斯这样的平等主义者，在其正义论中也主张自由优先于平等。德沃金在自由主义者中把平等称为最高价值。罗尔斯始终如一地强调对自由主义而言的最大平等，诺齐克则坚持权利是神圣不可侵犯的。他们两人在自由主义政治传统中为正义理论确立了对立的两端，其他自由主义者通常只能在两者之间寻找自己的理论位置。

（三）政治道德是自由的基础

约瑟夫·拉兹（Joseph Raz，1939—）试图超越权利和平等，对自由主义提供一种激进的解释，以探索自由主义的第三条道路。正如拉兹自己指出，“近来，许多有关自由主义政治理论的贡献体现为正义理论的发展。而我的目标则是政治自由的理论，这一目标与感觉所以不同的原因十分简单，一个完整的政治道德必须包括正义理论。”① 拉兹的目的是“要为政治道德提供一个自由的基础”②。他的政治哲学可以分为两个部分：一个是“政治道德”（political morality），另一个是“制度理论”（theory of institutions）。政治道德是指导政治行为的道德，在这里，政治行为是指政治机构（国家或政治组织）的行为。一方面，政治道德为制度理论的论证提供原则和基础；另一方面，政治道德又为政治机构的行为设定了目标和界限。因此，政治道德是所有政治理论的基础。

在拉兹看来，自由主义的政治道德是他的政治自由理论。这种理论认为，如果一种正义理论是自由主义的，那么它必然以自由理论为基础。自由理论塑造了自由主义的正义观念，影响了人们的正义、平等及其他政治理想。因此，拉兹认为自己的政治哲学与当代政治哲学相反，不是从正义理论推论出自由理论，而是从自由理论推出正义理论。拉兹指出，罗尔斯《道德理论中的康德式的建构主义》中的道德观与人的本质是由社会决定的观点一致，道德的具体表现也是由社会决定的。事实上，罗尔斯关于个人的观念并不能导向与道德观念的完全一致。③

道德多元论不仅主张各种互不相容的生活形式在道德上是可以接受的，而且认为它们体现了不同的价值，对其中的任何追求都源于它自身。过一种入世的生活与过一种出世的生活是不相容的，但它们各

---

① Joseph Raz, *The Morality of Freedom*, Oxford, U. K. : Clarendon Press, 1986, p. 2.

② Joseph Raz, *The Morality of Freedom*, p. 3.

③ Joseph Raz, *The Morality of Freedom*, p. 119.

有其独特的价值，两全其美是不可能的。拉兹这样解释："道德多元论是这样一种观点，存在着许多不同的生活形式和方式，它们体现了不同的价值并且是不相容的。"① 他将价值多元论分为两种，即弱价值多元论和强价值多元论。与前者相比，后者还有另外三个含义：第一，各种不相容的价值不能完全依据个人来加以排列，如果能这样排列，一个人就可以追求对他而言最高的价值；第二，各种不相容的价值不能完全按照非个人的道德价值标准来排列，不存在排列这些价值的客观标准；第三，各种不相容的价值体现了不同的关切，但是这些关切并不拥有共同的根源，也不是源于一个共同的终极原则。对于拉兹，强价值多元论太强了，容易导致相对主义，与他的至善主义相矛盾。拉兹赞同弱价值多元论，通常也将其称为"竞争性多元论"。竞争性多元论不仅承认各种道德价值是不相容的、相互冲突的，而且它们的不相容与冲突还是正当的。竞争性多元论容许各种不同的生活方式，其中每一种在道德上都是合法的，人们出于不同的理由来追求它们。诸多各不相同的生活方式的存在是追求自主生活的前提，自由主义意味着对竞争性多元论的承诺。

基于自己的立场，拉兹详细讨论了罗尔斯的观点，并提出了自己的批评。拉兹对罗尔斯的批评主要有以下几点。②

第一，拉兹印证了内格尔的批评，用以说明罗尔斯的正义理论并不是中立的。罗尔斯对正义原则的证明中，人们处于原初状态之中和无知之幕后面，将所有特殊的善观念都排除出去，而仅仅依据"基本善"来表明正义理论对于各种特殊的善观念是中立的。内格尔认为，罗尔斯对待善的态度并不是中立的，而是自由主义的和个人主义的。用"基本善"取代个人的善观念也不是中立的，因为在每个人追求自己特殊善的过程中，"基本善"的价值是不一样的。③ 在拉兹

① Joseph Raz, *The Morality of Freedom*, Oxford, U. K.: Clarendon Press, 1986, p. 379.

② 对这部分的讨论，笔者主要参考了姚大志的观点。参见姚大志《何为正义：当代西方政治哲学研究》，人民出版社 2007 年版，第 152—196 页。

③ Thomas Nagel, "Rawls on Justice", in Reading Rawls, Edited by Norman Daniels, New York: Basic Books, 1975, pp. 9 - 10.

看来，内格尔的批评是正确的，罗尔斯并不中立，因为罗尔斯的正义理论有利于个人主义的善观念而不利于非个人主义的善观念，使得后者的实现比前者更困难。

第二，罗尔斯的正义原则是在原初状态中被选择的，而在原初状态中，人们既不知道自己的道德理性，也不知道自己的宗教信仰。也就是说，正义原则所采取的立场是中立的。在拉兹看来，为了证明自己立场的合法性，罗尔斯应该为以下两点提供令人信服的理由：一是在原初状态中排除道德理想和宗教信念；二是接受中立性原则。拉兹指出，罗尔斯在《正义论》中并没有提供这样的理由。[①]

第三，罗尔斯在原初状态中排除善观念，正义原则对各种善观念持中立立场，原因在于人们追求的善观念都是特殊的，大家没有共识。对此，拉兹提出了反驳：首先，尽管不同的人拥有不同的善观念，但是这并不意味着各种善观念之间没有共同因素。这种共同因素不会伤害正义原则，因此也不需要通过无知之幕加以排除。其次，就善观念得以评价的推理方法而言，人们之间存在程度相当大的一致性。最后，关于正义原则，罗尔斯并没有意识到，虽然人们可能对什么是最好的正义原则没有共识，但是可能对什么是次好的拥有共识。这种对次好的共识也可以成为社会政治安排的基础。[②] 应该说，这是一种理论上的妥协或者退让。

第四，拉兹反对以权利为基础的自由主义，对正当及其优先性提出反驳。问题是，如果权利不能充当自由主义的基础，那么它的基础是什么呢？拉兹认为，义务基于权利，权利基于个人幸福。他承认权利是一种道德原则，但它仅仅是一种中间原则，而非终极原则。权利能够在自由主义的框架内为行为的道德性提供解释，然而它本身还需要解释。个人幸福具有终极价值，能够为权利提供基础。因为权利本身还需要以其他条件为基础，所以不能够充当自由主义的基础。

在拉兹看来，“全部政治行动的目的就是使个人追求正当有效的

---

① Joseph Raz, *The Morality of Freedom*, Oxford, U. K.: Clarendon Press, 1986, pp. 124 - 125.

② Joseph Raz, *The Morality of Freedom*, p. 128.

善观念，阻止邪恶或者空洞的善观念。"[①] 这使得拉兹成为一种至善主义的自由主义者而不是寻求一种国家中立的政治哲学，至少在现代社会，一种好的生活必须是一种自律的生活。沿着政治理论的轴向，他的自由主义建构在罗尔斯称之为完备性伦理理念的基础上。拉兹关注罗尔斯有关政治自由主义与非政治自由主义之间的区别，并有意地通过诉诸某种有争议的福祉的观念来为他的政治哲学辩护。"在政治理论家中间，那些最初有影响的声音是赞同道德原则的相对独立主体的存在，主要关注的是政府以及建构一种（半）自律的政治道德观点。批判地估价这些观点是本书的主要任务之一。对于这些观点的拒绝意味着，与许多赞同这样一种积极的结论，及政治自由的道德依赖于个人的道德考虑。"[②]

然而，按照现实的政治维度，他更多地不同于罗尔斯。他对人的福祉的理解是，允许国家做出至善主义的判断，有关人们可能引导他们生活的各种方式相对价值的判断，并且把这些判断体现在法律中。在拉兹看来，没有理由说国家为什么应该排除那些引导人们的个人生活的、判断某些生活方式比其他生活方式更好或者更糟的诸多理由，拉兹的自由主义是至善论和非排除主义的。拉兹理论的核心是自律的观念，自律原则是一个至善主义原则。只有在追求可接受的和有价值的计划时，自律的生活才是有价值的。自律原则允许甚至要求政府创造有价值的机会，并且消除那些令人讨厌的机会。事实上，罗尔斯的后期理论也受到拉兹自律理论的影响。

二　社群主义的批评

（一）对道德主体的批评

麦克尔·桑德尔（Michael J. Sandel，1953－　）认为，罗尔斯面临的问题是，他是否能够在没有形而上学困境的条件下建立自由主义的政治学？桑德尔认为罗尔斯没有成功，他也无法从那些与康德的

---

① Joseph Raz, *The Morality of Freedom*, Oxford, U. K.: Clarendon Press, 1986, p. 133.

② Joseph Raz, *The Morality of Freedom*, p. 4.

主体相联系的困难中拯救义务论的自由主义。带有休谟面孔的义务论要么不再是义务论的，要么在原初状态中重新创造它决意避免的那种非具体化的主体。正义不可能在义务论意义上成为首要的，因为我们无法始终一贯地把我们自己视为义务论伦理——无论是康德的还是罗尔斯的——要求我们成为的那种存在。其旨趣更多的是关注这种自由主义，而非单纯的批评。因为，罗尔斯具体安置义务论自我（重构自我）的尝试，使我们超越了义务论，进入了一种共同体的观念，这种共同体观念标示出了正义的局限，体现了自由主义理想的不完善性。①

罗尔斯强调正义作为社会首要价值优先于任何其他价值，始终坚持自我优先于目的与正当优先于善。但在桑德尔看来，这两个“优先”都蕴涵了一些困难。针对正义优先于其他价值，需要说明在什么意义上正义优先于所有其他价值？桑德尔指出，首先，正义在道德意义上是优先的，人类的本质要求正义的优先性。因此，为了普遍的善而牺牲正义是不允许的。其次，正义在认识论意义上是优先的。正义不仅独立于其他价值，也是评价其他价值的标准。在这种意义上，正义原则构成了评价社会基本结构的“阿基米德点”。阿基米德点令人感到困难的是，要寻找一个立足点与这个世界毫无关系。罗尔斯的谋划似乎与康德的谋划类似。虽然他们在理论建构程序上大略一致，而且有着类似义务论的主张，但罗尔斯提出的解决方案从根本上说却与康德的方案相悖。这种对照反映了罗尔斯更关心如何在不求助于先验或抽象主体的情况下来建立其所需要的义务论之优先性——包括自我的优先性。

对此，桑德尔对罗尔斯的原初状态也提出了批评。桑德尔认为，“从罗尔斯自己提出的直接的经验主义解释来看，原初状态无法支持义务论的主张。”② 原初状态的目的是要提供一种推导正义原则的手段，该正义原则从偶然的、也是道德上无关的社会与自然影响——这

① Michael Sandel, *Liberalism and Its Critics*, Cambridge: Cambridge University Press, 1982, p. 14.

② Michael Sandel, *Liberalism and Its Critics*, p. 28.

正是康德所希望的——抽象出来、并不一定依靠一个本体王国或完全超越经验的超验主体观念。罗尔斯没能简单地采纳对正义环境的康德式解释，没有运用其他的康德式立场，他被迫求助于一种原初状态的观念，是由于康德式的道德法则和目的王国的观念似乎否定了人类正义的处境，休谟对人类处境的解释似乎也并不能支持正义之首要性的强烈主张。“看起来罗尔斯的理论中的两种企图，即：既要避免现存欲望的偶然性，又要避免先验主义的所谓任意性和模糊性，终究无法结合在一起，阿基米德点终于毁于一连串矛盾之中。”① 原初状态是假设的，所描述的条件只意味着原初状态中的各方实施其意图的条件，而并非人类生活的实际条件。而正义的环境是一个真实的、现象世界的生活事实，正义原则正是实际应用于这个事实的现象世界，其有效性也因此依赖于所有普通的事实主张所依赖的相同的经验基础。原初状态之前提的有效性并不是经验给定的，而是通过一种证明方法作为反思平衡而为人们了解的。

针对罗尔斯的“自我优先于目的”，桑德尔提出，自我首先在道德的意义上是优先的。这种优先性反映了对个人自律性的尊重，对人类尊严的尊重，自我作为人超越了他所扮演的角色和他所追求的目的。其次，自我在认识论的意义上也是优先的。这种优先性将“什么是我的”同“什么是我”区别开来，将作为主体的自我与其目的区别开来。主体不同于目的，但目的是主体的目的。难题在于，人作为主体是难以确定的，在罗尔斯那里，并没有给出明确的解释。桑德尔认为，罗尔斯人的观念潜在于原初状态中，原初状态是一面透镜，从一个方向我们可以看见两个原则，从另一个方向我们可以看见对人类自己的反思。正义理论与人是对称的。原初状态不仅得出一种道德理论，而且也产生出一种哲学人类学。桑德尔认为罗尔斯的论证倾向于把道德主体的本性当做既定的，然后通过原初状态推论出正义原则。桑德尔反其道而行之，他在重构中暂时把正义原则当做既定的，

---

① Michael Sandel, *Liberalism and Its Critics*, Cambridge: Cambridge University Press, 1982, p. 40.

然后反推道德主体的本性。这样，问题就变成了：假如我们是拥有正义并将正义视为首要价值的主体，这种主体应该具有哪些性质并如何体现在原初状态之中。

在重构罗尔斯个人观念——道德主体的基础上，桑德尔提出了强烈的批评。桑德尔认为罗尔斯的人与其目的保持着一定的距离，这种距离是任何经验中的对象都无法超越的，这样就一劳永逸地固定了人的性质，使之成为永恒不变的东西。“没有任何信念能够深刻地支配我，以至于没有它我就不能理解自己；没有任何生活目标的变化能够具有巨大的颠覆力量，以至于会改变我的身份；没有任何人生计划是本质的，以至于如果我放弃它，就会产生一个我是什么人的问题。”① 在桑德尔看来，这样一种个人主义的人的观念排除了任何公共生活的可能性。而在公共生活中，善、恶和当事人的利益都事关重大；也排除了任何共同的目标，而这些共同的目的和目标有助于到达一种更为广阔的自我理解，有助于形成一种共同体。罗尔斯的人的观念排除了对自我加以“主体之间”或“主体之内”理解的可能性。与之相反，桑德尔认为，“主体之间”和“主体之内”的观念反对这种假定，即谈论主题必然意味着谈论先在的、个体化的主体。如果说罗尔斯建立了一种自由主义的正义理论，把正义看作是社会的首要价值，那么桑德尔的任务就是证明这种目的是不成功的。他认为罗尔斯的正义理论建立在道德主体之上，但由于这种道德主体脱离了历史的环境，从而作为建构主体，他们不能真正的建构，作为选择的主体，他们也不能真正的选择。

桑德尔的核心思想是：“正义不能在义务论的意义上是基本的，因为我们无法始终一贯地把我们自己当做义务论伦理学——无论康德式的还是罗尔斯式的——所要求我们成为的那样的人。”② 桑德尔的论证与罗尔斯正好相反，罗尔斯倾向于把道德主体的主体性当做既定的，而且通过原初状态论证正义原则，而桑德尔则把正义原则看成是

① Michael Sandel, *Liberalism and Its Critics*, Cambridge: Cambridge University Press, 1982, p. 62.

② Michael Sandel, *Liberalism and Its Critics*, p. 14.

临时的，从而返回去论证道德主体的本性。桑德尔检验了道德主体的观念和这种道德理论的前后一致性，这是一个整体性的工作。

桑德尔对罗尔斯的批评本质上涉及罗尔斯人的观念，这种观念在形而上学的意义上而不是实质的意义上是有缺陷的。也就是说，他认为罗尔斯的实质性政治理论假定了一个人类本质的特殊概念，这一概念派生出了人在构成意义上附属于其目的的可能性；他认为，这一概念是无效和不一致的，而不是令人不快的——一种对于道德经验的本质误解，而不是倡导一种令人讨厌的道德生活形式。桑德尔声称，罗尔斯把道德原则还原为偏好的任意表达，因此他自己也就委身于一种主观主义的而不是客观主义的道德观点。于是，罗尔斯所主张的各种竞争性的善观念之间的中立性在事实上远不像它初看起来的那样合理。桑德尔指控罗尔斯著作的某些部分，含蓄地依赖某种主体间的自我观念，这与其著作的其他部分使用的被先验地赋予个性的自我观念并不一致。

（二）德性伦理还是宪政伦理？

阿拉斯戴尔·麦金泰尔（Alasdair MacIntyre，1929－）对罗尔斯的批评主要是，将罗尔斯的理论放在整个伦理学发展史中加以考察。在《追寻德性》中，麦金泰尔从无序的现代社会道德出发，对西方道德观念与整个现代性的精神进行了全面的检视和反省。麦金泰尔从道德哲学的角度考察了整个西方文明，他将历史的发展看作道德思想论争的历史。尽管道德的完整实体在很大程度上已成为碎片，但道德语言与现象却持续存在。在此基础上，他对整个西方伦理学史进行了检讨。麦金泰尔认为，由于分析的道德哲学和现象学没有能力完成道德重建的任务，因此必须要重新分析整个伦理学史。

在麦金泰尔看来，“任何一种道德哲学都特别地以某种社会学为前提，情感主义也不例外。因为每一种道德哲学都或隐或现地对行为者与其理由、动机、意向和行为的关系做出至少是部分的概念分析，而这种做法一般又预设这样一种要求：这些概念被具体化或至少能够被具体化在现实的社会世界中。甚至不时地将道德作用限制在内在本体领域的康德，也在其法律、历史和政治著作中隐含了上述要求"①。这里隐含的意思是，每种道德哲学都应该蕴涵一定的社会内容和社会语境。关于道德合理性启蒙计划失败的缘由，麦金泰尔认为启蒙运动将道德世俗化，更让人们对道德判断作为神公开表达的看法产生了怀疑。他说："道德判断不过是古典有神论的各种实践的语言残存物，而且它们已经丧失了实践所提供的语境。在这种语境中，道德判断的形式既是假言的，又是定言的。"② 道德概念的抽象总是体现在实在的、具体的事件之中。与之相对，也不应当有两种历史。"一种是政治与道德行为的历史，一种是政治道德理论的历史。"③ 因为并不存在两种过去，一种仅由行为来充斥，另一种仅由理论来堆积。每一个行为都或多或少带有理论内容的信息与概念的载体，而每一种理论、每一种信念的表达也就是政治与道德行为。因此，向现代性的过渡既是理论的又是实践的，而且本质上无非是一种过渡而已。

由于现代道德理论的各种问题是启蒙计划失败的产物，麦金泰尔意在恢复亚里士多德的德性伦理。他批判罗尔斯的正义论，"许多批评罗尔斯的人，都将他们的注意力集中在罗尔斯从其关于'处于无知之幕背后'的理性行为者的原初地位的陈述中扮演其正义原则的方式上。这类批评不乏中肯之处，不过我们不想细究它们，不过我认为，不仅一个处于某些诸如无知之幕这样的境遇之中的理性行为者的确会选择某些诸如罗尔斯主张的正义原则，而且处于这样一种境遇之中也只有理性行为者才会选择这样的原则。"④ 也就是说，罗尔斯的理论中原初状态中人们的选择并不包含所有的人，这只是一种理想状态。道德哲学如此忠实地反映了这一文化的各种争论与分歧，以致它的种种论证最终在与政治和道德争论本身完全相同的意义上不可解决。我们的社会不可能指望达成道德上的共识，"现代政治不可能在

① Alasdair Macintyre, *After Virtue, a Study in Moral Theory*, Notre Dame: University of Notre Dame Press, 2007, p. 23.

② Alasdair Macintyre, *After Virtue, a Study in Moral Theory*, p. 60.

③ Alasdair Macintyre, *After Virtue, a Study in Moral Theory*, p. 61.

④ Alasdair Macintyre, *After Virtue, a Study in Moral Theory*, p. 247.

道德上真正达成共识”[①]。估计罗尔斯看到这些论述，会激发他的理论修改欲望。也正是在这个批评之下，罗尔斯走向了政治自由主义的重叠共识。

麦金泰尔指控自由主义假定了一个不一致的且十分具有吸引力的“人的观念”，还有某种关于理性的可能性或道德问题的客观性的怀疑主义。他坚持认为，自由主义曲解并低估了公共生活之于个人认同与整合的重要性，自由主义远不像他所主张的，在有关好生活的竞争性观念之间那样保持中立。桑德尔把自由主义的利己个人主义看作是其对先验个性化的自我观念逻辑结果的地方，相反，麦金泰尔把自由主义的自我观念看作自由主义没有察觉到共同体在个人道德生活中的重要结果。“在道德与政治评价范围内保持合理性与客观性的相当可能性，依赖于确定的个人以及他们在一个框架的范围内和本原社会母体的嵌套内与其他人之间的论证。”[②] 他认为自由主义者承诺了一种不一致的情感主义的自我观念作为其后果，承诺这样一种观点并不能得到理性的或者客观的证明。

在《追寻德性》中，麦金泰尔把自由主义看作是一种思想模式，这种思想模式的前提如此，以至于无法理解道德与人类身份的真实本质和来源，因而在根本上不能被确切的看作是一种真实的道德观点。然而，在《谁之正义？谁之合理性?》之中，“麦金泰尔的自由主义概念以及对于自由主义的批评被置于某种更为细节性的历史感觉中，并且他以声称当代自由主义在事实上是一种真实的和有生命力道德与政治传统作为结尾。”[③] 他认为政治与非政治事务之间，公共道德与私人道德领域之间的界限，是自由主义思想的核心。罗尔斯建构一个适用于现代社会的正义理论的计划之所以失败，是因为没有一种为共同体所承认的公共善观念，罗尔斯的理论恰恰回避了对于某种善观念

---

① Alasdair Macintyre, *After Virtue, a Study in Moral Theory*, Notre Dame: University of Notre Dame Press, 2007, p. 253.

② ［英］史蒂芬·缪哈尔、亚当·斯威夫特：《自由主义者与社群主义者》，孙晓春译，吉林人民出版社 2007 年版，第 104 页。

③ 同上书，第 109 页。

的依赖。《谁之正义？何种合理性?》针对以罗尔斯为首的新自由主义提出挑战，其目的是揭示罗尔斯等人的正义规则伦理所存在的内在人格或品德解释力的缺陷（“谁之正义?”），分析当代西方伦理学界盛行的追求道德普遍合理性基础的种种道德论证方式所呈现的多元歧向事实，以及这一事实所内涵的不相容性或无公度性困境（“何种合理性”?）。

麦金泰尔对现代自由主义的规范伦理持严厉批评态度：第一，在理论类型学的意义上，把现代自由主义的伦理学归于“规范伦理”，进而把规范伦理看作是一种与“德性伦理”相对应的伦理学类型。第二，以历史主义的方式，把现代自由主义的道德论证看作是与整个西方伦理传统相对立的伦理探究方式，进而批评前者的非历史反传统的道德立场。第三，在价值学立场上，揭示现代自由主义伦理自由主义的个人主义的实质，并与之相对地提出道德共同体主义的主张。第四，麦金泰尔对现代启蒙运动和自由主义伦理学的批评有其选择性目的。他对启蒙运动和自由主义现代性伦理的批评，目的是为他选择亚里士多德主义的德性伦理传统寻找理由。其实，麦金泰尔的论证向我们展示了一个道德与政治（或者说是德性规则）的关系，这两种规则是否是两种截然对立的理论类型？现代社会及其道德生活与传统或历史的关系究竟如何？究竟应该选择哪一条路？等等。

我们知道，罗尔斯为了将伦理学从纯粹语言逻辑分析的理论世界拉回到现实生活中来，重新确定一种新的伦理学探究路向。为了完成这种方向性的理论转变，他需要找到一种新的伦理学探究方法。与罗尔斯相比，麦金泰尔的视野要广阔得多，他更像一位道德史家和文化思想家，更多的钟情于历史和文化传统的多元发展，他不是现代自由主义，更不是自由主义的个人主义伦理精神。事实上，麦金泰尔是德性伦理，而罗尔斯是一种宪政伦理。

（三）正当如何优先于善

查尔斯·泰勒（Charles Taylor，1931－）是一位不同于桑德尔和麦金泰尔的社群主义政治哲学家，他在1989年出版的著作《自我的根源：现代认同的形成》被看作是一种有关从柏拉图到后现代主义的西方道德与政治文化发展的广泛的分析性说明。这也就注定了，在漫长的历史长河中，泰勒对罗尔斯的批评只是一个点，但这绝不能说他对罗尔斯的批评不够深入。

泰勒最直接批评的就是罗尔斯关于正当优先于善的理论。他首先表达了对善的看法：

> 在《正义论》中，罗尔斯似乎建议，我们形成只以“善的弱理论”为开始的正义概念，他用这种理论指我所称的价值弱化的善。但是，这个建议在最深层次上是不连贯的。当然，罗尔斯设法推导（似乎他的理性选择理论的论证支撑着）他的两个正义原则。但是，正如他自己同意的，我们认识到，它们实际上是由于符合我们的直觉而成为可接受的正义原则的。如果我们要说出这些直觉的基础，我们可能从非常“弱”的善理论的论述开始。如果说为了形成正义理论我们并不“需要”这点，那将是高度误导的。实际上，我们并未把它讲清楚，但是我们必须利用我们在此拥有的善的含义，为的是确定适当的正义原则是什么。从善的弱理论出发的正义论，结果是使其最基本的洞察力成为不能表达的。①

在正当与善的问题上，“罗尔斯被明确地描述为一个正当优先于善的倡导者，某种被泰勒看作是体现了仅仅依赖于某种弱的善理论的正义观的罗尔斯自由主义等价物的原则。泰勒论证说，如果接受正当优先性的理由是充分清晰的，将会看到它们构成了某种绝对实质意义上的善，一种含有与某种有关人类本质的存在论说明结合在一起的固定性区别的善观念”②。这实际上是在说，罗尔斯的自由主义无法像它所

---

① Charles Taylor, *Sources of the Self: The Making of the Modern Identity*. Cambridge: Cambridge University Press, 1989, p. 88. 译文参考［加］查尔斯·泰勒《自我的根源》，韩震等译，译林出版社2001年版。

② ［英］史蒂芬·缪哈尔、亚当·斯威夫特：《自由主义者与社群主义者》，孙晓春译，吉林人民出版社2007年版，第140—141页。

渴望的那样在各种竞争性的善观念之间保持中立。正当优先于善，实际上就是自律价值的优先性，“反映了罗尔斯的超级善的事实”①，事实上，泰勒也承认自由主义的超级善是一种有着很大吸引力的超级善。这种自由主义政治理论广泛根源的主张，与自由主义的政治实践有着相似的特征。现代民主社会的制度与实践，对于商谈与契约、道德与政治问题的公开争论，让其社会成员把自己看成是具有自由意志倾向的人，并且其身份有别于他人，并能够成为自律地选择和修正自己善观念的人。即使某些忠实于那些内容基本是个人的价值或善的人，也必须承诺要为那些个人主义价值的公共结构辩护。其实，这也是泰勒对原子论表示担忧的原因之一，是他与桑德尔有关罗尔斯自由主义批判的分歧所在。泰勒从反面提出了自己的看法，他认为：

> 如果“善”指结果主义理论中的基本目标，而权利单纯由其为这个目的的工具意义所决定的，那么我们应当坚持正当优先于善。但是，如果在我们这里讨论的意义上使用“善”，而它意指的是所有被性质差别标明为高级的东西，那么我们可以反过来说，在这个意义上，善总是优先于权利。之所以如此，并不在于它在我们早先讨论的意义上提供了更为基本的理由，而在于就其表达而言，善给予规定权利的规则以理由。这是受到奇特束缚的现代道德哲学压抑的内容，现代道德哲学具有使我们无法表达某些最重要的道德问题的自相矛盾的效果。受现时代最强劲的形而上学的、认识论和道德的观念的推动，这些理论把我们的焦点局限于行为的决定因素上，然后靠进一步把实践理性规定为排除性的程序，限制了我们对这些决定因素的理解。因把道德不是认同为实质，而是认同为推理的形式，围绕这种形式它们划定了严格的界线，所以它们明显把道德优先性给神秘化了。它们随后变得越发为这种界线辩护，据此，这是它们对超善所行正义的唯一方

① ［英］史蒂芬·缪哈尔、亚当·斯威夫特：《自由主义者与社群主义者》，孙晓春译，吉林人民出版社2007年版，第141页。

> 式，尽管超善激励着它们，但它们却并不能意识到这点。①

泰勒支持罗尔斯承诺某种特殊的自我概念这样一种弱的结论。因为，任何道德的或者政治的理论，都必须依赖于一种明确有关人类本质的本体论说明。

罗尔斯之所以受到泰勒关于程序实践推理观念的批评，在于罗尔斯作为公平的正义呈现在我们面前的是在原初状态下的推理。在那个状态中，不依靠某种善观念的知识是可以允许的。对于程序的实践推理观念和道义论的正义观，泰勒断言，它们阻止援用一种弱的善观念以外的任何东西注定是不一致的。没有那种构成充分的善理论广泛而且基本的决定性区别，我们便无所事事。因为，如果没有它们，我们将没有任何方式去解释我们的道德直觉所指示的或者表现得令人赞赏的那些行为和直觉的道德指向。我们的道德直觉缺少那种把它与诸如呕吐之类的粗野行为区别开来的绝对品质，而那却是可辨别的人类自我身份与可辨别的人类自我身份叙述二者统一的组成部分：它们将缺少任何与善观念之间的联系。尽管在原初状态中的推理是程序性的，但是引导我们接受原初状态及其适于社会正义问题的诸限制条件却不是程序性的。相反，把原初状态中的推理限定为某种纯粹程序的形式，在罗尔斯看来是保持某些实质性的善所必需的——特别是作为我们对于所有公民的自由与平等关注的反映。程序的实践推理观念支持者发现他们自己陷入了实用主义矛盾之中，也是那些在道德与政治推理中赋予权利相对于善的绝对优先性的那些人也无可逃脱的命运。当然，这正是道德哲学中那些看起来很抽象的问题如何与《正义论》的关注发生联系的那一点。如果这是要表达对功利主义或者其他结果主义理论的某种拒绝的话，把有限性指派给权利是完全有理由的，而且在事实上也是必须的。因为这样将会简单地表明某种第一顺序的实质性主张，即道德不应该根据结果来理解，也不应该涉及内在的价值

① Charles Taylor, *Sources of the Self: The Making of the Modern Identity*. Cambridge: Cambridge University Press, 1989, pp. 88 – 89.

观念或义务观念。但是，它可以被用于表示某种特殊的第二顺序的伦理学观点。在那种情况下，它并不表示对功利主义基础的欲望满足的同源善的拒绝，而是对于任何这种善观念的适切性的拒绝。实际上，这正是与任何道德观点的阐释密不可分的实质区别。

（四）多元正义与复合平等

迈克尔·沃尔泽（Michael Walzer，1935－）1983年出版的《正义诸领域》是从分配的角度对正义进行研究。作者认为，在任何社会中，正义存在于社会诸善的分配之中。不同的物品应有不同的分配原则，不同的物品应遵循不同的分配原则，这便是作者所说的多元的正义、复合的平等。

在《正义论》中，罗尔斯把分配系统描述为：处在理想状态中理性的人们，如果他们被迫进行公正地选择而对他们自己的地位状况一无所知，并被禁止发表一切排他性权利的主张，他们只能依照一组抽象的善进行选择。沃尔泽认为这种看法值得怀疑，正义是一种人为建构和解释的东西，如果说正义只能按照唯一途径达成，那就是令人质疑的。在谈到简单平等时，"原初状态在别的方式中是不稳定的，不仅垄断将会出现，而且支配将会消失"①。虽然社群主义者们批评罗尔斯的个人是自由主义的个人，但公共论坛其实具有共同体的性质，只是在这个论坛中，他们代表的是自己的个体而已，这个论坛是一种制度的象征。按照沃尔泽的观点，共同体的性质"不是互助性的"②，这区别于罗尔斯的原初状态。

沃尔泽关于社会善论证的精髓在于他主张："不同的社会善应该根据不同的理由、不同的程序、由不同的行动者加以分配；所有这些差别都来自于对于社会善的根本不同的理解——历史与文化的排他主义不可避免的结果。"③沃尔泽进一步论述到，"一方面，有一个'不同的社会善根据不同的理由分配'的实质性主张，我们将称之为这

① Michael Walzer, *Spheres of Justice*: *A Defense of Pluralism and Equality*, New York: Basic Books, 1983, p. 14.

② Michael Walzer, *Spheres of Justice*: *A Defense of Pluralism and Equality*, p. 82.

③ Michael Walzer, *Spheres of Justice*: *A Defense of Pluralism and Equality*, p. 6.

一理论‘有区别的实质’”；[①] “另一方面，存在着相当明显的一点，即这些差别来自于对于‘社会善本身的不同的理解’，并且这种理解是‘历史与文化的特殊主义不可避免的结果’，我们将称之为‘特殊主义方法论’”。[②] 按照沃尔泽的说法，政治理论家应该认识到这样两点：分配原则一定要适应特殊的善，特殊的善原则一定是特殊文化的。而罗尔斯在这两个方面都是有所欠缺的，沃尔泽主要集中在对罗尔斯抽象方法论的攻击上。

沃尔泽认为，政治理论家不应该寻求超越文化特殊性与差异所构成的背景。在罗尔斯的理论中，正义所要求的按照原则进行分配的东西是“基本善”[③]。在原初状态下，人们被拒绝知道他们自己的善观念，并且必须由那种“善的弱理论”驱动，这种善的弱理论恰当地以义务术语把一个人的善定义为“某种合理生活计划的成功实施”（*TJ*, 433）。关于“中立”这一术语所涉及的困难的说明，我们可以说基本善的关键是，它在人们实际上可以选择确定和追求的不同善观念之间的中立。简而言之，对于特殊性的抽象是罗尔斯对于其理论相关诸善的理解的精髓，因为这是对于他所利用的特殊善观念的抽象的主要方面，以便保护这些善将要在他们之间进行分配的那些人的自律。在沃尔泽看来，罗尔斯理论所要求的那种抽象包括了某种对于人们已经做出的选择的漠视和对于他们的文化中体现出来的将被分配的诸善独特的自我理解的漠视。罗尔斯路径的困难似乎十分明显：根本不存在一组可以跨越全部精神世界和物质世界的首要善或者基本善。社会正义问题不是由于基本善而发生的，它们是由于特定社会的具有根本不同意义的特殊物品而发生的。然而，罗尔斯的正义原则却倾向

---

① ［英］史蒂芬·缪哈尔、亚当·斯威夫特：《自由主义者与社群主义者》，孙晓春译，吉林人民出版社2007年版，第144页。

② 同上书，第145页。

③ 这种“善”即：“假定有一种理性的人无论他想要其他什么东西都需要的东西。无论一个人的合理计划的细节如何，都可以假定有许多东西是他宁多勿少的。由于这种善的丰富，人们在执行他们的意图和接近他们的目的时可以在一般的意义确保更大的成功，无论这些目的可能是什么。这种基本的社会善，制定它们一个宽泛的目录，就是权利与自由、机会与权力，收入与财富。”（Cf. *TJ*, 92）

于将其应用于基本善的分配，而且还要保持一定程度的抽象，这就使得这些原则无法被有效地应用于特定社会之中特定物品的分配。它们与基本善的概念自身一样，与那些物品有着某种疏远、含混的关系。

沃尔泽从罗尔斯理论中识别出的普遍性主张——如果他对罗尔斯自由主义的方法论批评想要成功的话，它必须存在于那种理论中——可能有些明显失真，这一意见差不多像适用于其他方面一样地适用于对善的解释。沃尔泽对完美自由主义的强调，尊重不同的文化，当政治分歧发生的时候，优先权给予说服而不是暴力，这种不允许对于习惯事务的行动软弱无力的情况下，为宽容创造了某种尝试。“罗尔斯主义方法论抽象的概念论证决定了罗尔斯的正义原则不适用，其实质论证等于没有看到民主的价值。”①

事实上，沃尔泽对罗尔斯的批评并没有使他反对自由主义的本质，或者至少没有使他必然敌视经典的自由主义政治理论的特定核心。沃尔泽明确反对的是不适当地强调把个人权利写入法律的那些政治理论。在某种程度上，这些理论严重地侵害了民主的过程。一方面，罗尔斯主义对于基本善的强调，是一般意义上的自由主义者试图最大限度地在竞争性的善观念之间保持中立的体现，而沃尔泽反对这一企图。另一方面，他要求政治理论家留意社会意义的特殊性，它反映了对宽容价值的某种承诺以及对异质文化的尊重。然而，这一点纯粹是自由主义的。在自由主义理念和价值已经渗透进入社会制度与实践的情况下，沃尔泽主义对人们的物品所承载的社会意义的尊重，可能会彻底导致某种可辨别的自由主义结论。尽管他对阻止物品之间转换的强调，似乎与罗尔斯所给予的个人自由的绝对优先性是冲突的，但那种诸领域相互分离的一般的观点却是自由主义的。

在谈到再分配时，沃尔泽对罗尔斯的理论提出质疑：对自己的社会地位一无所知的理性代理人会同意这样一种再分配吗？如果同意，也是同意得太草率，而且无助于我们理解究竟是何种再分配。“在实

① ［英］史蒂芬·缪哈尔、亚当·斯威夫特：《自由主义者与社群主义者》，孙晓春译，吉林人民出版社 2007 年版，第 166 页。

践中，再分配是一个政治问题，并且，它涉及的强制是由涉及分配的特点和范围冲突所决定的。”[①] 因此这里有一个对社会契约的更准确的解释：“它是一个对成员的资格进行再分配的协议，它依据的是成员们对其需要的共识，随具体的政治决定而变化。这个契约是一种道德约束，它将强者与弱者、幸运的与不幸运的人、富人与穷人联系起来，创造出一个超越所有利益差别的联盟，因此从历史、文化、宗教和语言等等中汲取力量。”[②] 沃尔泽关于社会契约的解释给我们指明了契约的不稳定性和随意性，契约是一种道德约束，由于受政治作用的影响，如果要寻求一种道德支持或道德稳定性，从根本上说那将是徒劳的。也许，这正是罗尔斯修正自己理论的关键所在。在笔者看来，为了说明以道德约束为基础的契约是不稳定的，如果还要考虑政治的因素的话，那契约的道德基础就更不稳定了。

三　小结

通过以上分析我们发现，不论是自由主义者还是社群主义者，他们对罗尔斯的批评或多或少都与原初状态有关。无论如何理解罗尔斯，他们的理论并没有穷尽自由主义可靠的理论来源，某些问题不过是在罗尔斯理论的基础上发展出来的。按照亚当·斯威夫特等人的观点，我们可以把这些批评归结为以下几个方面：人的观念、利己个人主义、普遍主义、主观主义与客观主义和反至善主义与中立主义等。[③] 笔者认为，这些成果研究对本书或是给出了价值所在，或是提供了理论借鉴，或是形成了逻辑起点，都是重要和必须的。这些批评虽然中肯，但是都没有抓住罗尔斯正义论中道德与政治的关系问题。换句话说，批评者们对罗尔斯理论的批评，从某种程度上说都在讨论罗尔斯正义论的政治与道德问题，但是他们并未明确指出罗尔斯正义

---

① Michael Walzer, *Spheres of Justice: A Defense of Pluralism and Equality*, New York: Basic Books, 1983, p. 82.

② Ibid.

③ 参见［英］史蒂芬·缪哈尔、亚当·斯威夫特《自由主义考与社群主义者》，孙晓春译，吉林人民出版社 2007 年版，第 10—37 页。

论中道德与政治关系问题才是罗尔斯正义理论发展问题的症结所在。因此，从这个维度上说，这些批评难免带有隔靴搔痒之嫌。当然，正如我们看到的，罗尔斯并非无视这些批评，而是在经过认真仔细地研究之后做出了回应。我们看到，罗尔斯在详细考察这些批评的过程中发现，他的正义论确实存在问题，即在《正义论》的第三部分中，关于稳定性问题的解释是不现实的，他在综合各种批评并深入思考后，陆续发表了一系列文章来修正并完善自己的正义理论。总之，罗尔斯在分析外在的批评及其理论内部矛盾的基础上，开始了从“公平正义”到“政治正义”的转变。

第三节　罗尔斯的转变

一　从公平正义到政治正义

在《正义论》出版后的1971到1985年，罗尔斯写作了一系列文章（*CP*，chs. 18，20－22），后来，这几篇文章被逐渐整理合并到《政治自由主义》当中。其实，在整个20世纪70年代，罗尔斯所写的大部分文章都是在为《正义论》澄清和辩护（*CP*，chs. 11－14）。当然，我们从这些文章也能发现罗尔斯转变的某种迹象，弗里曼将罗尔斯的这种转换过程划分为三个阶段：[①] 第一阶段，罗尔斯发展了他对公平正义的康德式解释，这篇文章主要是《道德理论中的康德的建构主义》[②]。罗尔斯在《道德理论的独立性》（*The Independence of Moral Theory*）一文中认为，道德哲学在很大程度上独立于知识论和形而上学。就像我们在《政治自由主义》中看到的，政治哲学的独立性来自于完备的哲学、道德和宗教观点，这是第二阶段。在第三阶段，罗尔斯发现了在他的作为公平正义的康德式解释中的问题，这些问题是，罗尔斯试图修正《政治自由主义》中认可同一个正义观念的公民支持的良序社会的契约观念。

① Samuel Freeman, *Rawls*, London & New York: Routledge, 2007, p. 284.

② Cf. John Rawls, "Kantian Constructivism in Moral Theory", *CP*, Ch. 16, also in *The Journal of Philosophy*, Vol. 77, No. 9 (Sep. 9, 1980), pp. 515－572.

在《正义论》的第40节，罗尔斯含糊地提到，遵照正义原则的行动可能被看作是自由而平等的理性人本性的一种表达。“如果这种本质是最重要的决定性因素的话，那么，为表现作为一种特殊存在物的一个人的本质，就要按照将被选择的原则行动。”（*TJ*，253）按照罗尔斯，在遵循道德法则的行为中，我们在康德那里迷失的正是这样一种我们的本性“表达”。他说：

> 我相信，原初状态的观念克服了这个缺点。关键在于我们需要一种论证来表明自由、平等的理性人会选择哪一种原则，并且这些原则必须在实践中是可行的。对这个问题需要一个明确解答以回答西季维克的反对意见。我的设想是这样的：我们把原初状态看成是本体自我理解世界的一个观察点。作为本体自我的各方有完全的自由来选择他们所向往的无论什么原则；但是他们也有一种愿望，这就是要以这种选择自由来表现他作为理智王国的有理性的平等成员，即作为能够在他们的社会生活中以原初状态的观点来看待世界、并能表达这种观点的存在物的本质。于是，他们必须决定哪一些原则当它们在日常生活中被坚持并遵循时能出色地表现他们共同体中的这种自由，充分地揭示他们对于自然、社会的偶然因素的独立性。那么，如果有关契约论的论证正确的话，是适合于制度和个人的正义原则的。对原初状态的描述解释了本体自我的观点和成为一个自由的、平等的理性存在物所蕴含的意义。当我们的本质反映在决定这一选择的诸种条件中时，只要我们按照将会选择的原则行动，我们作为这种理性存在的本质就显示出来了。所以，人通过以他们在原初状态中将承认的方式行动，显示了他们的自由和对自然、社会的偶然因素的独立性。（*TJ*，255－56）

这就是说，原初状态可能被理解为自由而平等的理性道德人的基本反映。因为，原初状态类似于自由而平等的理性人的含意，在其中原则的选择是一种人的本质的“显现”或“表达”。康德的建构主义合并了这个基本观点，并试图以一种清晰的语汇加以解释。

在《正义论》中，罗尔斯首先诉诸平等而自由的理性人的观念来建立平等的基础。那么，是什么能够保证这种平等的基础呢？按照功利主义的观点，人们的平等权利在于对幸福或者福利的满足程度。在康德那里这种能力被称作“人性的”（humanity），也就是我们所说的实践理性。与之类似，罗尔斯称这种平等正义的基础是“道德个性的能力”（the capacity for moral personality），它包括两种道德能力：一是我们的善所表达的合理生活计划；二是正义感的能力。而且，这些能力都是纯粹的。按照罗尔斯的说法，人们按照这些要求发展自己的社会生活。在《政治自由主义》中，罗尔斯承认，具有这些能力是参与社会合作并获取利益的基本要素。当然，后期罗尔斯并不认为这种社会联合的道德力量是一种有争议的称谓。他假定，一个对善观念没有发展能力的人，是不能做出有效的判断的。这些人关心的是他们自己本身及其利益，而罗尔斯认为具有道德力量的人是确保一个人受到尊重和平等正义的保证，而这种人的道德个性特征就是平等的基础。我们已经看到，在康德式的解释中，罗尔斯做出了一个更为实质性的判断，即道德人包括“作为自由而平等的理性的人的本质”（*TJ*, 256）

在罗尔斯的理论中，另一个主要特点是他关于道德理论从形而上学和认识论中独立出来的论述，即道德理论的独立性论证。传统的哲学家认为：“我们只有从元伦理学角度给出一个问题的满意答案，才应该称作规范伦理学”,[①] 这里包含道德真理的可能性、道德事实的本质等。从罗尔斯早期的著作中，我们看到，他并不同意这些看法。罗尔斯把道德和道德话语作为一种经历社会生活的社会实践，并假定道德理性具有与其他理性独立的正确标准和探究领域。[②] 我们知道，康德做了两种区分：一是理性的理论运用和实践运用，二是理论的观点和实践的观点。前一个主要是基于我们的判断的理性使用，以及我

① Michael Smith, *The Moral Problem*, Oxford: Blackwell, 1994, p. 2.

② Cf. John Rawls, “Outline of a Decision Procedure for Ethics”, *The Philosophical Review*, Vol. 60, No. 2 (Apr., 1951), pp. 177 - 197.

们的知识的考虑。由于受了康德的影响，罗尔斯坚持反对传统的哲学立场，他认为一旦我们在规范道德理论上做出让步，传统的元伦理学问题只能被更加注重。道德理论的独立性观点在罗尔斯的《政治自由主义》中扮演重要的角色。比如说，罗尔斯“政治领域的观念”和“独立的正义观念”就认为，有一个实践理性的领域是“政治的”，这不仅仅是独立于理论的哲学的，也是独立于形而上学、认识论的，更是独立于完备性的道德理论自身的。在一定程度上说，政治自由主义的观念是罗尔斯道德理性的独立性观念的进一步延伸。罗尔斯认为，民主社会中的政治理性具有理性和正确的标准，这些标准来自于其他种类的理性，甚至包括非道德的政治理性。

在康德的建构主义中，罗尔斯把《正义论》中关于作为公平正义的康德主义解释看作一种成就。但除此之外，笔者认为还有其他方面的意思。在《道德理论中康德的建构主义》一文中，罗尔斯首次提出“政治哲学”的“政治工作”是一种“社会作用”或者“公共作用”，正义的观念必须为社会成员的公共证明提供基础。罗尔斯认为：

> 正义观念的社会作用是增强所有社会成员互相接受他们共享那个的制度和基本的协议，……为了成功达到这个目的，一个观念必须详细说明可接受的社会制度……于是，他们可以对所有的公民证明，无论是在他们的社会地位或者更特别的利益。（*CP*，305）

为了实现这个社会作用的正义观念，不仅能让自由而平等的公民普遍接受，而且，这些原则对所有公民鉴于他们接受的理性，必须是被证明的。为了达到这个目的，正义的观念必须参与民主公民的事实，当然，这些事实是宗教的、哲学的和道德的学说。罗尔斯认为，这种观点的多样性不可避免的是由于我们的“有限力量和不同视角”（*CP*，329）。世界上的许多观念貌似从其他观念中构建，这种宗教的、哲学的和道德的信念与学说的多样性，即罗尔斯所说的“理性多元论的事实”，是《正义论》中正义的主观环境的进一步的结果（*CP*，323)。由于正义的这种主观环境，罗尔斯暗示充分的公共条件可能只运用那些政治原则和社会正义，而不是所有的道德原则或者善观念。

有鉴于此，罗尔斯指出，作为公平的正义试图建构一种正义观念，“它对基本事物的重要性这些深刻的和不能解决的差异作为人类生活的永久条件”。不难看出，为了达到这种“作为公平的正义”，我们需要这些恰当的和不偏不倚的不同。这就意味着，政治的正义观念的证明一定要适合于民主社会，必须是“部分的依靠真理，而不是全部依靠真理，或者更确切的说，是基于和分享我们当下普遍的信念”（*CP*，329)。为了诉诸我们普遍分享的共同信念，罗尔斯在《正义论》中重新阐述了一种证明，把我们分享的道德或者其他条件带入反思平衡。但是，罗尔斯并没有说明这种证明究竟依赖于一种部分的真理还是全部的真理。这意味着，在公共生活中，即使人们真诚的相信他们是正确的，或者他们中的部分是正确的，一些原因和论证将被禁止。这些理由和论证除了依赖于人们不同的宗教的、哲学的和伦理的学说，甚至那些理性的和合理的人也不会同意。此外，在良序社会中的公民为了达成公共的正义原则还必须接受一些条件：

> 对于他们特定的公共生活，对正义的考虑应该有一个特殊的地方。对于其他原因的考虑是不适当的，尽管在一种联合的生活中他们有一种管理作用。公共的问题是，理性的道路和到达普遍信念的证据规则能帮助解决制度是否正义，应该被每一个人所认可。（*CP*，326）

这些要求是在罗尔斯的后期政治自由主义中的基本观念的基础，即公共理性的观念。罗尔斯在“康德的建构主义”中埋下了为公平正义做出修正的种子，当然，这也包括对康德的道德建构主义自身的修正。[①]

---

① Cf. Samuel Freeman, *Rawls*, London & New York: Routledge, 2007, p. 318.

如前所述，罗尔斯在《正义论》中关于一致性论证的目的是，通过在一个良序社会现实可能的完成作为公平正义的稳定性论证。在公平正义的良序社会中所描述的那些正义具有的善的条件如果能被证实，那么，正义如何对于每个人是合理性的也能够被证实。由于对每个人都是合理性的，稳定性已经在最强的可能路径上得到说明，因为在那样的环境中正义是每个人的最好结果。然而，这种雄心勃勃的论证能够成功吗？一致性的论证包括许多有争议的哲学主张。它预设了一个人类主体性本质的哲学观念，在道德的力量中作为它的根基；它假定在我们的实践理性中，控制和架构我们的合理生活计划中欲望的能力，而这些能力指导我们的行动。此外，一致性的论证也暗示了与康德主义的不同，认为道德自律是一种固有的善。康德的建构主义认为，一种关于价值和道德本性有争议的理论，与道德的客观性及其正确性的标准是：道德原则和价值领域不是通过神、自然或者一个独立的领域给我们的，而是从我们的实践理性能力和它自身的原则和观念被建构的。[①] 除此之外，功利主义道德陈述的正确性不是来源于先验的道德秩序、前辈的道德或者自然的事实，而是来自于一种客观建构程序，它包含对所有实践理性的要求。

当然，我们这里的讨论仅限于这样的问题，一致性的论证是否或者能否在更一般的康德建构主义的意义上是成功的。我们先假定这种一致性成功的展示了对于在良序社会中理性和合理性的人来说，正义本身是固有的善。但是，这并不能说明每一个在良序社会中理性而合理的人将事实上接受和认可最为内在善的正义。即便如此，这也不是罗尔斯先前提出的一致性的论证的原因。也就是说，因为正义表达了作为自由而平等的理性人的本质，这些理性人是道德自律的。或许，他们由于缺乏知识的一种阻碍，或者虚假信息以及对理性的误解，而不能这样做。就像罗尔斯所说的：“基本事物的重要性这些深刻的和不能解决的差异作为人类生活的永久条件。”（*CP*，329）问题是，除非良序社会的大部分居民认可和遵守正义的价值并作为正当的理由，

① See Derek Parfit, *Reasons and Persons*, Oxford: Clarendon Press, 1984, Part Ⅲ.

康德式的一致性论证就是不成功的。什么是建立一个良序社会的稳定性所必需的，而不是仅仅论证正义对每个理性而合理的人来说是充足的善；此外，人们必须信奉和接受这些协议，即使他们能够做正义要求他们做的那些事情。

后来，在《政治自由主义》当中，罗尔斯认为，“公平正义严重的内部问题基于这样的事实：《正义论》第三部分关于稳定性的解释与全书的观点并不一致”，“我内心以为严重的的问题，关涉到《正义论》中良序社会的不现实的理想。”（*PL*，xv－xvi）那么，什么是这种基本的不现实？我们认为，是关于康德式的一致性的论证，也可能是善的社会联合的论证。他们没有倾向于“主观正义环境”的扩展，或者罗尔斯所说的“理性多元论的事实”。这些环境的暗示是，即使所有的理性而合理的个体同意相同的正义观念，在自由、良心和社会联合的条件下，期待一种对宗教的、哲学的或者伦理的信念的一致也是不现实的。罗尔斯理性多元论事实的理由依赖于他对“判断的负担”的解释，（*PL*，54－58）这里暗示了他在《正义论》中关于主观正义环境的解释（*TJ*，127）。

即便如此，对于良序社会的公民将达成道德自律的内在善的一致期待也是不现实的，或者共同体的善是一种对社会联合的联合参与，或者正义应该被它自己的目的而被坚持。比如，由于善良和联合的基本自由，许多良序社会中可能有一些人接受正义的原则，但同时也坚持他们主要的宗教信仰。虽然罗尔斯在《正义论》中很少谈及宗教，但事实是，在良序社会中不允许宗教缺席。自由的天主教接受公平的正义原则、自然义务和公平原则，但是那些把他们视为自然法、部分的神法的人们认为上帝创造了宇宙。按照自由的托马斯主义者的道德观点，正义的自然法是神圣的命定的和可知的，有一些是自明的真理。这就否定了康德主义解释的基本观点，认为道德原则源自实践理性，拒斥正义和客观性建构主义的观点。托马斯主义的自由主义也拒绝康德主义的解释，尤其是关于一致性的论证。这个论证基于正义感与作为自由、平等和理性人的相似欲求，也就变成了道德自律，但托马斯主义者否定这种设定。正义感是被看作代替神的自然法的欲求，并不表达我们作为自己的本性。不仅自律性并非内在的善，对人类理性的自负，从拒绝神圣的自然法来看也是如此。

相似的问题在罗尔斯的《正义论》中也有，对于共同体的善被看作是参与良序社会中社会联合的联合。而自由主义的天主教仅仅依靠他们自己的群体信仰，也就是教堂。实际上，一种完备的宗教和伦理学说的观点，诸如自由主义的托马斯主义与正义的原则是不相容的。[①] 有一个良序社会的观念，并得到了许多追随者。即便如此，这个作为公共文化和教育一部分的善在一个良序社会中与康德的善观念相冲突。这可能有一个破坏了许多人自我意识方面的后果，并导致他们的不满，因为他们最基本的价值观是通过公共文化隐含在虚假的价值中。这里的问题是，有一个对非康德主义的观念拒斥的善观念，成了作为公平正义的良序社会的政治文化。即使许多宗教伦理是虚假的，他们仍然允许这些学说和善观念。他们的拒绝只是破坏了很多人对自尊和忠诚，以及对公共机构的支持，康德主义的解释可能是更重要的。也许这不能说非康德主义关于善的理解就是错误的，关于一致性论证的失败在于它自己。这主要取决于罗尔斯的慎思理性，但是他并没有在《正义论》中展开讨论。按照一个人的合理生活计划，他会选择那些合理正确的“全部相关事实”，并会享受合理生活计划的选择的结构。（*TJ*, sect. 64）如果所有的信息状况意味着一个人的善是在假设他缺少错误信念的情况下做出的选择，我们就遇到了前面提到的问题，即在良序社会中（关于神创论，包括价值的领域）误导的信息将会对信仰发生误解，也不会承认自律是内在的善，在慎思理性中这些将被选择给予精确的信息。

应当说，道德自律对一个理性而合理的人来说是一种内在的善，一般的观点认为良序社会中足够数量的成员将被激发对正义的遵守，在他们看来，康德主义的理性是作为自由而平等以及理性和合理性的人的本质，也就是道德的自律。这种一致性论证试图证明如何表明一

① 与公平正义相似的自由的托马斯主义者类似。Cf. Jacques Maritain, *Man and the State*, Chicago: University of Chicago Press, 1951。

个良序社会的稳定性基于“正当的理由”。解决这个问题的唯一途径就是放弃关于一致性问题的证明，以及放弃社会联合的协议。但是这离开了对一致性问题论证的修正，而意在阐明良序社会中对于理性与合理性人的正义的合理性。当然，稳定性的问题还必须通过其他一些要求来满足，就像我们看到的，这在罗尔斯政治自由主义的转向中占据了很大一部分。事实上，我们可以从下面的表格中清晰地发现由《正义论》到《政治自由主义》的某些变化：①

《正义论》中的论证	罗尔斯政治自由主义的辩护
正义基于合理性的选择	正义基于民主社会的政治文化
罗尔斯主义的自我是合理性的	罗尔斯主义的自我是理性的、合理的
正义依赖于人们及其在社会中“真”的信念	正义依赖于“直觉的理念”，不是：“真”的，但是切实可行的
冲突来自于不平等的分配正义	冲突来自于不相容的人类之善
各派是实体的自我	各派是民主公民的代表
在正义的精细阐述中没有常识观念	常识的观念具有重要作用
心理学的法则是真的	心理学的法则不是真的，但是哲学的
对自律道德教育包含整个个体的特征	自律看作是一种政治价值，不是伦理价值
各派有一个“最高利益”在实现他们的正义能力中	各派有一个“高阶利益”在实现他们的两种能力中

二 《正义论》与《政治自由主义》的关系

如果说罗尔斯为了解决《正义论》所遗留下的稳定性问题，结果有了《政治自由主义》的某些变化，那么，《正义论》与《政治自

① Roberto Alejandro, “What Is Political about Rawls's Political Liberalism?”, *The Journal of Politics*, Vol. 58, No. 1 (Feb., 1996), pp. 1 – 24.

由主义》到底是一种什么关系？在对此问题的看法上，学界有两种针锋相对的观点：一种观点认为，《正义论》和《政治自由主义》的观点并不一致，罗尔斯前后观点发生了巨大变化；另一种观点认为，《政治自由主义》是《正义论》的延伸和补充，二者并没有实质性的对立。

第一种观点，巴里认为，罗尔斯不满意自己的《正义论》才出版了《政治自由主义》，前后观点并不一致。罗尔斯描述的《正义论》的错误是站不住脚的，《正义论》也是“政治的”，而非“完备性的”，罗尔斯对稳定性问题的关注使他开启了新的历程。在考察罗尔斯关于稳定性的追寻时，巴里坚持自己的观点认为：一方面，罗尔斯的正义论与各种“完备性观点”是相容的。另一方面，他认为《正义论》的根本缺点所引出的问题无论何时都是对的。这个问题也是在《政治自由主义》中讨论的主要问题，但是，它以整个罗尔斯主义的破产而告终，罗尔斯并没有完成自己的任务。在巴里看来，《正义论》是 20 世纪对政治哲学的最大贡献，而《政治自由主义》的出版则是一种威胁。[①] 可以看出，巴里对《正义论》时期的理论表示肯定，他所肯定的并非《正义论》的结论是如何正确，而在于这种理论所揭示的问题——稳定性问题开启了一个政治哲学的时代。

丹尼尔斯也持有类似观点。在 20 世纪 80 年代末，罗尔斯谈论的稳定性问题并没有融合理性多元论的事实。我们知道，《正义论》中关于正义理论的稳定性论证，是在正义和人们的善之间有一个“一致性”。这个论证似乎要诉诸特殊的自律的善的观点，这种观点是一种像康德和密尔那样完备性的自由主义的观点。那么，这种论证“阿基米德点”的观点是安全的吗？它能是一个稳定的观点吗？如果我们不能通过哲学论证来保证理性人受多样的完备性观点所引导，怎样获得对于公平正义的稳定性？稳定性的深层次形式是什么？这正是自由主义要回答的问题。罗尔斯对这个问题的回答是，要把作为公平

① Brian Barry, “John Rawls and the Search for Stability”, *Ethics*, Vol. 105, No. 4 (Jul., 1995), pp. 874 - 915.

的正义重构为一种政治的正义观念，但这种特征与《政治自由主义》给人们的感觉相矛盾。这两本书的不同在于后者正义及其证明的政治化，是一种“哲学的丢失”（philosophical loss）。①

第二种观点，希尔认为《政治自由主义》是罗尔斯前期著作《正义论》的补充，而不是要取代她，也不是和她竞争。《政治自由主义》已经完成了其主要目的，是一本主要的著作。在从《正义论》到《政治自由主义》的变化过程中，转向的关键是稳定性问题，《政治自由主义》的变革需要高效地解决这个问题，这种变化需要一种新的论证，在理性多元论的事实下，一个按照公平正义建立的社会结构才是稳定的。《政治自由主义》把作为公平的正义仅仅表述为一种“政治的观念”，它可以赢得理性完备性学说的支持，诸如主要的宗教传统和古典道德理论。如果这种说法在《正义论》中是正确的，那就很难说在《政治自由主义》中的变化对于稳定性问题是有用的。如果这个问题和它的解决被看作是对稳定性问题的重新阐述，那么在《政治自由主义》中的变化对于它的目的来说就是不充分的。《正义论》提供了一种更为完备性的道德观念，一种对康德主义的自由主义的偏爱，它对忠诚和进一步发展的启示仍是一种竞争，在政治方案中，每个人都能发现并找到了自己最理性的完备性道德/政治理论。因此，“《政治自由主义》并非《正义论》的拒绝和放弃，而是部分的克隆，在不同的论坛，引出了她基本的论证”来建构相似但作为公平的正义已经弱化了的副本。②

我们认为，《政治自由主义》是前期著作《正义论》的补充，而并非取而代之。罗尔斯所谓“政治的观念”已经在《正义论》中给出了暗示，或是与之相容，他对一些模糊性的观点已经给出了清晰的描绘，这种变化并非像《政治自由主义》导论中所说的那样。但在

① Norman Daniels, “Reflective Equilibrium and Justice as Political”, in Victoria Davion & Clark Wolf, *The Idea of a Political Liberalism*: *Essays on Rawls*, Lanham M. D. : Rowman & Littlefield Publishers, 2000, pp. 127 – 154.

② Thomas E. Hill, “The Problem of Stability in Political Liberalism”, in Henry Richardson & Paul Weithman, *The Philosophy of Rawls*: *A Collection of Essays*, Vol. 4, New York: Garland Publishing, 1999, pp. 167 – 186.

《正义论》中，它仍限定在形而上学的范围，并用它开启了现代西方政治文化的观念。我们应该承认，无法改变的《正义论》仍然是稳定的，罗尔斯的《正义论》依然在很大程度上被使用。同时，我们也不能由于对《正义论》的崇拜而否定罗尔斯的《政治自由主义》。其实，《政治自由主义》并没有否定《正义论》所提出的原则和论证的正确性和重要性，她对“理性完备性理论”的依赖多于竞争和对抗，似乎也并没有彻底改变正义的原则，而更重要的是从一个新的角度进行阐述。《正义论》提供了一种更为完备性的道德观念，一种对康德主义的自由主义的偏爱，它对忠诚和进一步发展的启示仍是一种竞争，在政治方案中，每一个人都能发现并找到自己最理性的完备性的道德/政治理论。这看似奇怪，却始终如一。

第四章　政治正义与道德正义

通过第三章的分析我们发现，罗尔斯意识到《正义论》关于稳定性和正义原则的可行性论证存在重大缺陷，他经过深入反思并将自己的理论发展。事实上，这里最突出的问题是现实可行性，即面对现实社会，正义理论需要重新做出解释，这里主要涉及政治自由主义的基本问题。本章主要讨论罗尔斯政治正义与道德正义的划分及其内涵。

第一节　政治自由主义的问题

一　理性多元论的事实

“理性多元论的事实”（the fact of reasonable pluralism）与“简单多元论的事实”相对应，[①] 罗尔斯认为，现代民主社会不仅具有一种完备性的宗教、哲学和道德学说之多元化特征，而且具有一种互不相容却又合乎理性的完备性学说之多元化特征。这些学说不能够得到公民的普遍认可，但是它并不拒斥宪政民主的根本。因此，理性多元论的事实与《正义论》中公平正义之良序社会的理念是不一致的。面对理性多元论的事实，罗尔斯意识到站在他的正义观念之上达到稳定性存在一个困难：事实上，现代自由社会具有不同的多元化特征，包

---

① 柯亨在《道德多元论与政治共识》一文中强调了区分理性多元论与一般多元论的重要性。Cf. John Cohen, “Moral Pluralism and Political Consensus”, in Henry Richardson & Paul Weithman, *The Philosophy of Rawls: A Collection of Essays*, Vol. 5, New York: Garland Publishing, 1999, pp. 56 –77。

含各种完备性的道德、宗教和哲学学说的观点。为了进一步解释并使这个困难明晰化，我们可以从以下四点来思考：

> 第一，在现代自由社会，关于不同的人、不同的多元化世界的观点的存在；（*PL*，xvi ff.）
>
> 第二，人们按照他们的完备性学说行为。罗尔斯的假定是理性的、清楚的，否则，不同的多元论的观点不包括任何问题。罗尔斯的“理性的完备性学说”是实践理性的运用的一部分，（*PL*，59）人们按照合理生活计划到达他们的善观念；（*PL*，177）
>
> 第三，这些观点至少其中的大多数，逻辑上是不相容的；（*PL*，xvi－xvii）
>
> 第四，让人们对这些达成一致是不可能的。也就是说，让他们放弃自己的完备性学说是不可能的。（*PL*，xxiv ff.）

给出这些事实，罗尔斯怀疑一个稳定的政治结构是如何可能的。按照罗尔斯，在政治自由主义中，政治的观念与完备性学说之间的二元论，不是那种起源于哲学的二元论。相反，它起源于具有理性多元论特征的民主政治文化的特殊本性。罗尔斯认为要考察多元文化中政治哲学的特殊本性，首先要关注有关历史情景，这些推测的历史情景说明了古代和现代的特殊问题。应当说，这主要是考察理性多元论事实的历史根源。

对此，罗尔斯在《道德哲学史讲义》中写道：“古希腊的道德哲学原本肇始于城邦之平民宗教的历史情景和文化情景内部。在这一情景中，荷马史诗及其中所诵的诸神和英雄占有中心地位。这种宗教不包括任何与通过荷马史诗的诸神和英雄所表达的最高善理念相左的其他最高善理念。那些英雄都出身贵族望门，他们公开追逐功名，争权夺利，猎取社会地位和声誉。他们并非对家庭、朋友和仆从的善漠不关心，而只是这些要求占较次要地位而已。至于神，从道德上讲，他们与英雄并无殊异，只是由于不朽，他们的生活要相对幸福和安稳些罢了。”（*LHMP*，4）所以，“古希腊哲学在摈弃以过去武士阶层之生活方式为代表的荷马史诗式理想的过程中，不得不为自身创造出人生至善的理念，即，能为公元前五世纪雅典各个不同社会阶层的公民们所接受的理念。道德哲学从来就只是自由娴熟的理性功夫。它不是建立在宗教基础之上，更不是建立在启示基础之上。因为平民宗教既不是它的指南，也不是它的敌手。道德哲学所关注的焦点，是作为一种引人向善的、合理追求我们真实幸福的至善理念，而她所谈论的问题，乃是平民宗教基本上悬而未答的问题”（*LHMP*，5）。这些一般性考察印证了古希腊哲学家追求道德哲学探讨实现真正幸福或者至善的路径，探索合乎德性的行为、品格等方面的美德。

事实上，从古代到现代，历史上经历了三次历史性的深刻变革，以致影响了道德哲学和政治哲学的性质。这三次变革分别是16世纪的宗教改革、现代国家及其中央行政管理的发展、17世纪现代科学的发展。其中，宗教的影响与古典世界的对照最为明显。[①] 罗尔斯指出了中世纪基督教有五个平民宗教所缺乏的独特特征：

> 它往往有一种趋于权威宗教的倾向：它的权威——即以教皇为首的教会本身——是制度化的、中心化的、几近绝对的权威，尽管教皇的至尊权威有时受到挑战；这如同十四、十五世纪地方议会制时期的情形。
>
> 它是一种救赎的宗教，一条通向永生的路，而获得救赎需有教会所教诲的那种真正的信仰。
>
> 因之，它是一种具有可信信条的教条式宗教。
>
> 它是一种僧侣宗教，这些僧侣是掌握着惠施恩典手段的惟一权威，而在通常情况下，这些手段对获得救赎来说至关重要。

① 这种根源实际上主要是一种宗教历史，我们对罗尔斯理论的考察也是基于其对宗教论争历史的讨论展开的，这也是斯泰尔巴给我的启发。Cf. James P. Sterba，“Rawls and Religion”，in Victoria Davion & Clark Wolf, *The Idea of a Political Liberalism*: *Essays on Rawls*, Lanham Md.: Rowman & Littlefield Publishers, 2000, pp. 34 –45.; David A. J. Richards, *Toleration and the Constitution* New York: Oxford University Press, 1986, pp. 67 –162。

> 最后，它是扩张主义的皈依宗教，其权威遍及整个世界，无边无疆。(*LHMP*, 6)

宗教改革产生了诸如权威主义、救赎主义和扩张主义等后果，这就不可避免地意味着，在同一个社会内出现了一些不相容的主张。而“政治自由主义（以及更一般意义上的自由主义）的历史起源，就是宗教改革及其后果，其间伴随着16、17世纪围绕着宗教宽容所展开的漫长争论。类似对良心自由和思想自由的现代理解正始于那个时期。正如黑格尔所看到的那样，多元论使宗教自由成为可能，这当然不是路德和加尔文的本意所在。诚然，诸多其他争论也具有关键意义，诸如，那些围绕着通过适当的立宪设计原则来保护基本权利和自由。以限制绝对君主的权力所展开的争论就十分重要”（*PL*，xxiv）。然而，在这些持不同信仰的人之间的社会如何可能？这种宗教宽容的基础是什么？尽管存在解决这些争端的原则，但宗教分裂的事实依然存在。为此，罗尔斯假定，理性多元论作为一种完备性学说的多元论事实，既包括诸种宗教学说，也包括诸种非宗教学说。我们发现，在罗尔斯的历史分析以及现实根据中，“理性多元论的事实”具有很深厚的宗教根源，这也正是罗尔斯立论的重要根据。对此，罗尔斯在《政治自由主义》平装本导论的第三个注中给出了说明，认为该事实是这样的：如果该社会的制度是自由的，一种合乎理性的完备性学说——包括宗教的、哲学的和道德的学说——的多元性是民主文化的正常状况。

后来，罗尔斯重新解释了良序社会的理念，指出作为由公共政治的正义观念有效规导的良序社会理念，民主社会的公共政治文化具有几个普遍事实。第一个事实是，“在现代民主社会里发现的合乎理性的完备性宗教学说、哲学学说和道德学说的多样性，不是一种可以很快消失的纯历史状态，它是民主社会公共文化的一个永久特征。在得到自由制度的基本权利和自由之保障的政治条件和社会条件下，如果还没有获得这种多样性的话，也将会产生各种相互冲突、互不和谐的——而更多的又是合乎理性的——完备性学说的多样性，并将长期存在”。（*PL*，36）罗尔斯将这种理性多元论的事实与一般多元论的事实区分开来，这种事实在各种观点中间发展的是一种完备性学说的多样性，并阐明了这些事实状况的永久性特征。

第二个事实是，“只有靠压迫性地使用国家权利，人们对某一种完备性宗教学说、哲学学说和道德学说的持续共享性理解才得以维持下去。如果我们把政治社会当作以认可同一完备性学说而达到统一的共同体，那么，对于政治共同体来说，压迫性地使用国家权力就是必需的。”（*PL*，37）这种解释适用于任何合理性的完备性哲学学说和道德学说，无论是宗教的还是非宗教的，罗尔斯把这一事实称为“压迫性的事实”。当然，对这种“压迫性事实”要靠国家的政治权力来保障。

罗尔斯还给出了第三个事实：“一种持久而安全的民主政体，也就是说，一个未被分化成持有相互竞争之学说观点的和敌对的社会阶层的政体，必须至少得到该社会在政治上持积极态度的公民的实质性多数支持。”（*PL*，38）这一事实与第一个普遍事实共同意味着，政治的正义观念要发挥立宪政体的公共正当性证明的基础作用，就必须是一个能够得到各种不同且相互对立的（然而却是合乎理性的）完备性学说的广泛认可。

公共文化的第四个普遍事实是，“以民主社会的政治文化——它在一个相当长的时间里理性地发挥着作用——通常包含着或至少隐含着某些基本的直觉性理念，从这些理念中，有可能制定出一种适合于一种立宪政体的政治的正义观念”（*PL*，38，n. 41）。在我们阐释具体的政治的正义观念并表达这种观点时，这个事实是非常重要的。因为，各种宗教学说和哲学学说分别表达或者一起表达我们整个世界观和我们的生活观，在自由社会里，我们无法让这些学说作为永久而合理性的政治一致性的基础。

不同的世界观可以从不同的立场出发，多样性部分地源于我们不同的视域。这就导致了判断一致所存在的某些困难，如此可能引起第五种普遍事实：“在我们最重要的判断中，许多都是在这样一些条件下做出的，即我们不能期待正直的个人以其充分的理性能力（甚至是在经过自由讨论之后）总能达到相同的判断。某些相互冲突的理性判断（特别重要的是那些属于民族之完备性学说的判断）可能为真，而另一些相互冲突的理性判断则可能为假；还可以设想，所有相互冲突的理性判断都可能为假。”（*PL*，58）对于一种民主宽容的理念来说，这些判断的负担有着重要的意义。

需要说明的是，现代民主社会不仅具有这样的一种特征，即具有一种完备性宗教学说、哲学学说和道德学说之多元化特征，也具有一种互不相容而又合乎理性的诸完备性学说之多元化特征。“出于政治的目的，合乎理性的然而却是互不相容的完备性学说之多元性，乃是立宪民主政体之自由制度框架内人类理性实践的正常结果。政治自由主义假设，一种合乎理性的完备性学说并不拒斥民主政体的根本。当然，某一社会也可能包含有不合乎理性的、非理性的、甚至是疯狂的完备性学说。”（*PL*，xvi）由于在《正义论》中没有这种理性多元论事实的描述，公平正义之良序社会的理念是不现实的。同时，罗尔斯在《正义论》第三部分关于良序社会稳定性的解释和论证与全书不一致。因此，罗尔斯要对《正义论》重新解释以消除它的模糊性。与之相对，“公平正义”也就被描述为一种“政治的正义观念”。在这里，笔者把“政治的正义观念”与“政治正义”作为相同的意思来使用。按照罗尔斯的观点，政治自由主义不是一种简单多元论，而是理性多元论的事实。可以说，罗尔斯的《政治自由主义》就是对政治自由主义基本问题的一种阐释。

总的说来，理性多元论的事实是在自由社会甚至良序社会中，被理性人认可的理性完备性学说。它长期克服了自由条件下的人类理性的工作，归于判断负担的民主社会的永久特征。因此，即使完全的理性和合理的人们也不能就哲学的、道德的和宗教的原则达成一致。由于理性多元论的事实是民主社会的一个永久性条件，[①] 实质是根深蒂固的道德差异在政治上的后果与罗尔斯主张的人类之间的差别在道德

① 对于这个观点，我们可以参考托马斯·内格尔的分析。Cf. Thomas Nagel，“Moral Conflict and Political Legitimacy”，*Philosophy and Public Affairs*，Vol. 16，No. 3（Summer，1987），pp. 215－240。

上的随意性①。

我们发现，支持政治自由主义的基本论证把理性多元论的事实当作是既定的事实，同时，这一点与政治正当性标准相结合是怎样导致那个问题，即政治自由主义是其唯一合理的解决方案的问题。在把理性多元论的事实看作是一种“既定的”事实时，政治自由主义仅仅专注于个体公民认可多种善观念这一事实，而不关注公民们如何以及为何认可这些善观念。对此，罗尔斯指出，“理性的学说就是能够以合理的方式被认可的学说”，因而，这些善观念事实上是不是这样被认可的问题似乎已经无关紧要。（*PL*，60. n. 14）可以说，政治自由主义在两种意义上把理性多元论的事实看作既定的，这实际上是其第一种意义。而第二种意义是，政治自由主义忽视了导致这样一种形式——在这种形式下，个体公民认可根本不同的善观念——的社会和政治背景。

二 政治自由主义的基本问题

有两种途径来理解罗尔斯的《政治自由主义》，当然，这也可以看作是罗尔斯对作为公平正义的良序社会之稳定性论证这一问题的一种纠正。首先，笔者将讨论《政治自由主义》的主旨是如何克服《正义论》第三部分不一致的问题。同时，《政治自由主义》可以被理解为一种独立的正义理论，以及它对各种不同问题的回应。我们知道，《政治自由主义》主要针对两个问题，一个是关于良序的自由社会之实际操作的可能性，另一个是一个自由社会的政治权力的合法性条件。实际上，在罗尔斯的《正义论》中并没有出现正当性的概念，而这是一个与正义不同的概念，它在作为公平正义没有被统一运用的社会里，以及在非理想的状况中显得特别重要。

罗尔斯指出，《正义论》的最初目的是发展自洛克、卢梭和康德以来的社会契约论传统，为了给社会正义提供在功利主义占支配地位

① ［美］伊安·夏皮罗：《政治的道德基础》，姚建华、宋国友译，王世茹校，上海三联书店2006年版，第137页。

的道德哲学和政治哲学传统里的一种选择，这种理论可以使正义与民主社会相一致。与前人一样，罗尔斯的社会契约论是一种“部分的完备性”。首先，它诉诸除正义之外的道德价值；其次，它诉诸对代理人、实践理性、道德客体、道德证成和道德真理的本质的哲学解释。罗尔斯坚信，在《正义论》中这些哲学的和道德地位的设置都是正确的，而且是经过哲学证成的（即使罗尔斯对他们的辩护存在部分瑕疵），就像他对“作为公平的正义”的理解是真的（或者是“最理性的”）一样从不动摇。但是，说这些状况是哲学证成的并且是真的，并不是说他们是在民主社会中对成员的公共证成。在《正义论》中，罗尔斯认为价值、代理人、客体、道德证成等在哲学上都存在争议，因为理性人不会同意这些。对于理性的不同意来说，有争议和屈服是哲学的本质。这种基于哲学的、道德的和宗教问题理性的不一致的必然性，罗尔斯称之为“判断的负担”。关于《正义论》论证的首要问题是，由于判断的负担，良序社会理性成员的正义感不能与他们所有人认可的正义原则的哲学证成相一致。这就是问题的产生，并在《政治自由主义》中得到了重视。

至于第二种理解，是关于《政治自由主义》的积极理解。忘记那些在作为公平的正义和功利主义之间，以及自由民主和在《正义论》中其他形式的哲学争论。众所周知，《政治自由主义》的基本问题强调了比较实际的问题：一个因各种尽管互不相容但却合乎理性的宗教学说、哲学学说和道德学说而产生深刻分化的自由平等公民之稳定而公正的社会如何可能长期存在？（*PL*，xxvii，xxxix，4）这也被称作“政治自由主义的诉求”。[①] 实际上，这是一个关于相同问题的普遍陈述，它激发了罗尔斯在《正义论》第三部分中关于作为公平正义的稳定性问题的探索。但是，不同于作为公平的正义，鉴于自由社会的理性公民将不可避免地持有不同的“理性的完备性学说”的事实，自由民主的正义观念如何与各种理性的正当性保持一致。因此，

---

① Cf. Samuel Scheffler, “The Appeal of Political Liberalism”, *Ethics*, Vol. 105, No. 1 (Oct., 1994), pp. 4 – 22.

《政治自由主义》的关注点与《正义论》是不相同的。它并不问我们正义的观念与我们关注并认可的正义是真的还是最理性的或者最合适的，相反，它预设了自由民主社会的正义。在那里，公民被看作是自由平等的公民并且会问："自由而平等的公民——他们因各种合乎理性的宗教学说、哲学学说和道德学说而产生深刻分歧——所组成的公正而稳定的社会如何可能长治久安？"（*PL*，4）

对此，许多哲学家会提出反对意见，认为罗尔斯在《正义论》中的论证存在局限。他们认为，罗尔斯只是预设了哪些人认为需要被证明，也就是自由和民主社会如何得到证成。如何说服那些拒绝自由和平等的人接受自由主义和民主呢？《政治自由主义》确实以一个自由民主社会的预设开始，而不是选择性的，这就强调了人们自己接受自由和平等的政治重要性。但是，这并不祈求非民主社会的任何问题，因为《政治自由主义》对他们并不关注。如果人们并不把自己看作是自由和平等的公民，或者信奉自由和平等是基本的政治价值，《政治自由主义》对他们来说就不会有太大的兴趣。[①] 那么，对罗尔斯的方案来说这为什么是一个反例呢？比如，好比美国宪法，它并不关注其他国家的公民，只是针对那些认可这部宪法并作为最高法律的美国公民。罗尔斯的批评者可能会说，这是民主社会中人们的一种政治优先。但是，罗尔斯清楚地指出，自由和平等是正义的普遍价值，而且每一个社会都有可能变成一个自由和民主的社会。这种倾向在《正义论》中更加明显，而不是在《政治自由主义》中，当然，也不是在罗尔斯的《万民法》中暗示他已经放弃了"完备性学说"。批评者对于《正义论》的关注是对普遍正义的论证，这种正义关注的是整个世界中理性的人们。它误解了《政治自由主义》的目的，《政治自由主义》的目的是早期著作的企图的延续。不像《正义论》那样具有普遍性，《政治自由主义》只关注自由和民主社会的问题。也就

① 丹尼尔斯是这种观点的代表，他认为罗尔斯的《政治自由主义》是一种哲学上的倒退。Cf. Norman Daniels, "Reflective Equilibrium and Justice as Political", in Victoria Davion & Clark Wolf, *The Idea of a Political Liberalism: Essays on Rawls*, Lanham M. D.: Rowman & Littlefield Publishers, 2000, pp. 127 - 154。

是说：

> 一个因各种尽管互不相容但却合乎理性的宗教学说、哲学学说和道德学说而产生深刻分化的自由平等公民之稳定而公正的社会如何可能长期存在？易言之，尽管合乎理性但却相互对峙的诸完备性学说，怎样才可能共同生存并一致认肯一立宪政体的政治观念？一种能够获得这种重叠共识支持的政治观念的结构和内容是什么？
>
> 政治自由主义的问题是，为合乎理性的学说之多元性——这永远是自由民主政体的文化特征——可能认可的立宪民主政体，制定一种政治的正义观念。我的意图不是想取代那些完备性观点，也不是给它们提供一种真实的基础。的确，这意图可能是虚妄的，但这不是关键所在。毋宁说，这不是政治自由主义要做的事。（*PL*，xviii）

一个因各种尽管互不相容但却合乎理性的宗教学说、哲学学说和道德学说而产生深刻分化的自由平等公民之稳定而公正的社会如何可能？这就是政治自由主义的基本问题。为了进一步考察罗尔斯在《政治自由主义》中面临的政治自由主义问题的范围，我们考虑以下反驳：①

（1）理性公民都同意同一种正义观念的自白社会并不是现实的可能。即便给了思想和表达自由、意识自由、宗教自由和社团自由，许多非完备性宗教的、哲学的和道德的学说将被拥护和追随。而且这将导致很多人产生虚假的正义信念和基础。比如美国是世界上的自由国家，大约过半数的美国公民认为圣经上帝创造万物，而只有少于15%的公民相信达尔文主义。这些非理性的信仰，为什么使得我们期望人们关于正义之基的信仰有更多一点理性呢？罗尔斯有非现实的而不是乌托邦的情怀。

（2）此外，罗尔斯的乌托邦渴望并不是道德的或政治的。为什

① Cf，Samuel Freeman，*Rawls*，London & New York：Routledge，2007，pp. 327 – 330.

么应该关注是否人们关于自由制度的证成具有相似的信念？只要人们遵从自由社会的法律，并且大多数人接受了自由和民主制度的条款，一个民主社会就是足够稳定的。这是对《政治自由主义》中罗尔斯情怀的怀疑的回应，是他面临的一系列问题的表征。第一个问题是，即使理性的人们不同意宗教、哲学和道德的学说，为什么他们将被期待同意正义观念及其证成？用这种方式表达《政治自由主义》的问题似乎是保险的。因为，正义的人们的观点将通过他们所持有的特殊完备性学说被决定。假如他们对完备性学说持有异议，他们对正义的观念也会持有异议。这似乎在暗示，一个自由民主的良序社会是不可能的。第二个问题可能会面临如下的挑战：在一个理性公民同意自由的正义观念的社会并不是最重要的。那么，为什么会有这种倾向呢？

罗尔斯对第一个问题的回应，简短地概括包括三个部分。

（1）即使关于宗教的、哲学的和伦理的不一致或者虚假信念在理性和合理的民主社会的公民之间是不可避免的，在一个自由的良序社会里公众认可的政治正义观念也不需要依靠或者受这些不一致或虚假信念的影响。一个公共的政治正义观念对于完备性学说和公民的虚假信念来说是独立的（或自足的）。什么使得一个独立的政治的正义观念有一个政治的证成，那是由于民主价值和观念的架构，这种价值和观念是部分的公共文化的，也是独立于理性的，特别是对于任何完备性的道德、宗教或者哲学学说。

（2）在一个良序的民主社会里，理性和合理的公民应该能够认可支配社会的自由的政治正义观念。对此现实来说是可能的，被公民所认可的所有理性完备性学说，必须被接受和认可一种在“重叠共识”中的政治正义观念。当这个重叠共识存在，所有的自由和平等的公民在他们自己特有的完备性理性和观点的基础上认可政治的正义观念。

（3）最后的必要条件和一个良序社会的持久稳定性关注在于政治正义观念的运用：“宪法根本理念和基本正义问题”应该被在“政治价值”基础上的政治权威所决定，这些决定必须按照“公共理性”被证成。当法律影响了在公共理性的政治价值基础上的宪法根本理念和基本正义问题时，对作为自由平等的公民在他们的能力上可以接受的理性来说就是证成的，法律因此也被渲染成了“政治正当性”。

事实上，把这三个条件概括起来就是：（1）有一个独立的政治的正义观念；（2）它是被理性人接受的，并且在重叠共识中被所有的理性完备性学说所认可；（3）它提供对宪法的根本理念和基本正义的公共理性支持。这样，自由民主的良序社会就是“基于正当理性是稳定的”：它的正义观念是普遍接受的，并且指导在道德理性基础上自由和平等的公民，这些道德理性暗含了他们的正义感，也暗含了他们的理性完备性观点。我们通读罗尔斯的著作就会发现，上述（1）—（3）是罗尔斯需要澄清的。

让我们关注第二种反驳。我们转向先前提出的问题，也就是关于罗尔斯的社会契约论，即为什么罗尔斯认为达成一致的正义是一个重要的道德和政治价值。如果我们把自己看作是自由人，那些自由人作为公民保证平等的尊重，并把自由和平等看作基本的政治价值。它是关于我们的行为令人满意的特征，作为处在公平位置的平等公民，我们在政治的正义观念指导下规范我们的行为。否则，我们只能按照不能自由的接受和认可联合的观念生活。这种契约论关注一个良序社会同意和普遍一致，这种观念在于罗尔斯规划的平等自由和独立的重要性，并且这种联合建立在相互尊重的基础上。罗尔斯不再像在《正义论》中那样坚称，自由和平等作为基本的道德价值，这些价值是完备的康德道德学说的一部分。由于理性多元论的事实，正义观念在一个良序社会被普遍接受，它必须排除涉及诸如最基本的道德价值的辩论。然而，罗尔斯假定，在一个现代民主社会，我们关于自由和平等公民的观念，对任何理性人的自我想象和自尊是非常重要的；它也在任何理性的完备性道德、哲学和宗教观点中占据了非常重要的位置，无论这些东西是什么。我们所有人都假定，我们是理性的和合理性的，我们应该有充足的理由让我们按照正义的观念生活，作为平等的公民，这些正义观念断定我们的自尊和状况，也让我们坚持我们的善观念和完备性观点的基本价值。我们也应该有罗尔斯所倡导的，坚持平等的状况和作为自由公民的自尊，以及参与社会合作中保持的道德权力。这里的关键点是我们意识到的状况，“更高阶利益”是一种作为自由和平等的公民能力的“自由地接受和认可”的正义观念。罗尔斯认为这种被民主社会所有的理性公民普遍接受和同意的现实可能性，是正义观念所暗示的自由和平等的民主价值以及理想的公民。这就是我们所谓的“政治自律”，关于公共理性的基本政治价值，更加使得《政治自由主义》与《正义论》中的康德主义的道德自律十分相似，并成为一个部分的完备性观点。对此，罗尔斯在《政治自由主义》的平装本导论中说道：“《政治自由主义》的一个主要目标，是想讨论秩序良好的公平正义的社会（它是我在《正义论》一书中阐明的）是如何通过一种政治的正义观念来获得理解的，而且，一旦它适合于理性多元论的事实，又是如何受一种政治的正义观念规导的”。(*PL*, xxxvii) 也就是说，“政治自由主义认定民主文化之理性多元论的事实，目的是揭示一种对根本政治问题之证明的合乎理性的公共基础之可能性条件”。(*PL*, xix)

然而，政治自由主义具有什么目的呢？在罗尔斯看来，首先要寻求一种政治的正义观念作为支撑，并在此基础上展开其政治自由主义。“政治自由主义的目的，也就是寻求一种作为独立观点的政治正义观念。它不提供任何超出该政治观念本身所蕴含的特殊形上学说或认识论学说。作为对诸种政治价值的解释，一种独立的政治观念并不否认存在其他价值，比如说，应用于个人、家庭和联合体的价值；它也不是说政治价值与其他价值分离无关。它的目的之一是以这样一种方式规定政治的领域及其正义观念，即认为政治领域的制度可以获得一种重叠共识的支持。在此情形下，公民本身在实践其思想自由和良心自由、并审视其完备性学说的范围内，把政治观念看作是从他们的价值中推导出来的，或是与他们的价值相吻合的，或者至少不与他们的价值相冲突。”（*PL*, 10－11）当然，如果认为作为公平的正义是建立在普遍的道德理论之上，人们是在这种完备性理论的基础上就原则问题达成一种共识，这种想法就是不切实际的。[①] 后来，罗尔斯把

① Cf. Russell Hittinger, “John Rawls, ‘Political Liberalism’”, *The Review of Metaphysics*, Vol. 47, No. 3 (Mar., 1994), p. 586.

政治的正义观念独立出来，从而对他的正义理论给出新的解释，于是，就有了两个领域的区分。

三　政治领域与道德领域的划分

众所周知，《正义论》中关于良序社会的理念设计是不现实的，关于这一点，罗尔斯自己也承认。之所以如此认为，原因在于与公平正义相联系的良序社会的本质特征，是建立在它的所有公民都认可的完备性哲学学说的基础上来认可这一观念，他们对正义两个原则的接受就是以这种完备性道德哲学为根基。同样，在与功利主义相联系的秩序良好的社会里，公民们一般都把这种观点作为一种完备性哲学学说来加以认可，并在这一基础上接受功利原则。我们发现，完备性的学说是整个论证的哲学基础，《正义论》没有讨论政治的正义观念与完备性哲学学说之间的划分。①

现在的问题是，现代民主社会不仅具有一种完备性宗教学说、哲学学说和道德学说之多元化特征，而且具有一种互不相容却又合乎理性的诸完备性学说之多元化特征，况且这些学说中的任何一种都不能得到公民的普遍认可。任何人不应期待在可预见的将来，它们中的某一种学说或某些其他合乎理性的学说将会得到全体公民或者几乎所有公民的认可。从政治的目的出发，政治自由主义假定，合乎理性的而又互不相容的完备性学说的多元论特征，是立宪民主政体之自由制度框架内人类理性实践的正常结果。政治自由主义还假设，一种合乎理性的完备性学说并不拒斥民主政体的根本。当然，某一社会也可能包含不合乎理性的、非理性的，甚至是疯狂的完备性学说。在这些情形下，问题是如何包容它们，以使它们不致削弱社会的统一和正义。

如前所述，这种合乎理性却又互不相容的完备性学说之多元性事

① 罗尔斯在批评功利主义的同时似乎又重蹈了后者的覆辙：用理想的道德设计来建构现实的民主政治基础。其实，这也是自柏拉图以来西方政治哲学的一贯理路。可是，现代政治文化中的民主政治设计已经突破了传统的道德政治化或政治道德化的思维模式，这种思维模式已经难以适应日趋公共理性化的现代民主政治建构，道德与政治的分界势在必然。

实——即理性多元论事实——表明，在《正义论》中罗尔斯与所使用的公平正义之良序社会的理念是不现实的。这是因为，它与在最佳可预见条件下实现其自身的原则并不一致。于是，《正义论》第三部分关于良序社会的稳定性解释也不现实，必须重新解释。罗尔斯坦承，这是自 1980 年以来发表的论文所论及的问题。《正义论》中的模糊性逐渐得以消除，而公平正义从此开始便被描述为一种政治的正义观念。

那么，罗尔斯是如何做出这种具体区分的呢？罗尔斯指出："在我对《正义论》一书目的的概述中，社会契约论传统被看作是道德哲学的一部分，没有区分道德哲学与政治哲学。在《正义论》中，一种普遍范围的道德正义学说没有与一种严格的政治正义观念区别开来。在完备性的哲学学说、道德学说与限于政治领域的诸观念之间也未做任何对比。"（*PL*，xv）我们看到，罗尔斯如是说在于从理论层面上从一开始就把政治的因素从完备性的道德哲学中剥离出来，这样就有足够的空间去修改《正义论》中的理论预设。至于区分的根本性问题，则涉及关于稳定性的解释。"对于政治哲学来说，稳定性问题至关重要，而一种不一致性必定要求基本性的调整。所以，除了需要已经提到的那些理念——作为与完备性学说相对立的政治正义观念的理念、重叠共识的理念、公共理性的理念——之外，还需要其他的理念。"（*PL*，xvii）

如果对稳定性的问题进行更好的解释，按照罗尔斯，必须发展出其他一些理念，这些理念是在政治正义的基础上扩充的。在罗尔斯的前期哲学中，这个方面的工作没有发挥的空间，如果按照这样的思路进行理论扩展，摆在罗尔斯面前的工作将是庞大的。因此，在罗尔斯看来，"由于政治观念为大家所共享，而合乎理性的学说则不然，所以，我们必须在公民们普遍可接受的关于根本政治问题证明的公共基础与属于多种完备性学说的，且只对那些认肯它们的人才是可接受的许多非公共证明基础之间做出区分"。因为，"政治的正义观念诸要素必须与各完备性学说内可与之类比的诸要素分离开来。我们必须持道而行。因此，在政治观念中，善理念必须是切合政治的，也必须与那些更广泛的观点中的善理念区别开来。这一要求同样适用于政治的

作为自由而平等的个人观念”。(*PL*, xix)

值得注意的是，这里的区分主要强调政治从道德学说中分离出来。因为在《正义论》时期，罗尔斯把他的社会契约论看作是道德哲学，而现在面对理性多元论的事实，必须把政治从这种道德哲学中区分开来以确保政治的独立性。按照罗尔斯的观点，这就是道德正义[①]和政治正义的划分，道德正义对应的就是道德领域，政治正义对应的则是政治领域。需要说明的是，理性的完备性学说在罗尔斯那里是一种道德正义观念。按照这种思路，《正义论》所阐发的是一种完备性的自由主义学说，而《政治自由主义》所侧重的则是一种政治的而非完备性的自由主义。所以，如果综合考虑前面的论证和罗尔斯的后期理论，他的后期政治哲学仍然依赖前期《正义论》所建立的道德哲学，这是一种康德式的道德形上学，是一种更高抽象的理论。那么，罗尔斯剥离出的政治领域究竟包含哪些主要的内涵呢？

罗尔斯首先从政治领域的理念以及政治正义的理念开始，将公平正义的观念作为一个范例来讨论。我们认为，这种政治的正义理念与各种完备性学说之间的区别是政治自由主义中最基本的区别。[②]《政治自由主义》第一部分各讲、第二部分第五讲阐述了这些理念，并对其他必要的观念做了界定。由于《政治自由主义》的一个目标是讨论如何理解一个包含大量合乎理性的政治观念之自由的良序社会。因此，在这种情形下，既存在理性多元论的事实，也存在族类性的、尽管相互不同却又合乎理性的诸种自由主义的政治观念。罗尔斯综合考虑这些因素，探讨了社会统一最合乎理性的基础何在。在该书的第二部分，也就是这些理念所出现的第四讲和第六讲，集中讨论了这些问题。

在政治领域，罗尔斯集中讨论了一种独立的政治正义观念、人的

---

① 在《政治自由主义》第 xxxix 页的注释中，罗尔斯总结道，完备性学说是与政治的正义观念相区别的，它适用于所有主题及其生活各部分的德性的解释。罗尔斯在第 xv 页曾使用过道德正义学说与政治正义观念的区分，罗尔斯所使用的道德正义与完备性学说其实是一个意思。笔者在此使用道德正义是在形而上学意义的，目的是让道德正义与政治正义相对应。

② Victoria Davion & Clark Wolf, *The Idea of a Political Liberalism*: *Essays on Rawls*, Lanham M. D.: Rowman & Littlefield Publishers, 2000, p. 4.

政治观念、公民的自由、良序社会、原初状态，理性、理性人和理性的完备性学说，政治建构主义、政治判断的客观性以及政治自律等。政治领域的理念和一种政治的正义观念本身都是规范性的和道德的理念，这些理念是政治领域所包含的理念。其中，政治的正义观念是首要的理念。值得注意的是，罗尔斯主要阐述了一种作为独立的政治正义观念和政治建构主义。这种独立的政治正义观念是相对于理性的完备性学说而言的，它包含了政治的人的观念、自由公民、良序社会、原初状态，以及理性、理性的人和理性的完备性学说。在一种罗尔斯式的建构主义中，罗尔斯主要考察了政治的和康德的建构主义的不同，因为，他所说的政治建构主义是相对于康德的建构主义而言的，政治判断的客观性、关于政治自主的评论等。下一节将专门讨论罗尔斯完备性学说和一种独立的政治正义观念。

如果从反面考虑，罗尔斯认为，政治的正义观念、重叠共识的观念这类理念的最初用法，容易让人产生误解，会导致一些反驳。为了使之与《正义论》的连贯一致，这一问题更具有深刻性，他又给出了几点解释，这些解释对于令人信服地陈述政治自由主义来说是至关重要的。在遗漏的这些解释中，主要的有如下几点：

> 1. 公平正义的理念是一种独立的观点，而重叠共识的理念则是对稳定性的解释；
>
> 2. 简单多元论与理性多元论的区别；它与合乎理性的完备性学说理念的联系；
>
> 3. 对已被引进到政治（与道德相对）建构主义观念之中的理性与合理性的更充分说明，以阐明实践理性中权利原则与正义原则的基础。（*PL*，xxx）

到此，罗尔斯把政治的正义从他的正义理论中独立出来，完成了整个理论的铺垫。

我们回到《正义论》，罗尔斯对社会契约论的理解在于将现代社会的前提解释性理论当作道德哲学的一部分，从而取代了功利主义。

这样的论证损害了契约论社会理解的价值中立性和普遍性，违背了“最低的最大限度”目标。[①] 应当说，一种从属于道德理解的社会契约论，总会带有某些特殊的道德倾向。笔者认为，这也是《正义论》中没有把道德哲学和政治哲学区别开来的原因。然而，在现代社会里，文化价值多元论的事实使得任何道德政治一体化（道德的政治化或政治的道德化）的企图似乎变得不可接受，它要求对道德和政治做出相对独立的区分和限制。当然，这也符合现代西方的很多政治哲学家大都倾向于把政治和道德分离开来的趋势。事实上，道德哲学不能不关注个人人性甚至私人性的道德生活，而政治哲学的普遍性和公共性则对此没有要求。

第二节　政治正义观念与道德正义学说

一　理性完备性学说

在罗尔斯那里，对道德正义学说和政治正义观念的区分是同时展开的。有个问题需要说明，那就是罗尔斯虽然把二者区分开来，但是，我们并不能离开道德正义来谈论政治正义，也不能离开政治正义谈论道德正义。然而，为了叙述的方便，我们从理论上做了某些抽象。在罗尔斯看来，理性的完备性学说对应道德正义学说，我们先要澄清理性的完备性学说。这里所说的理性完备性学说[②]，即道德正义学说。罗尔斯是这样定义理性的完备性学说的：有理性的个人只认可

---

① 参见万俊人《罗尔斯读本》，中央编译出版社 2006 年版，第 23 页。

② 万俊人曾经当面问过罗尔斯关于理性完备性学说，因此，他对罗尔斯的理解应该说还是比较准确的。按照罗尔斯，这个概念至少有三种意思：其一，它是“一种理论理性的实践”，有其特殊的理论立场和形而上学意义；其二，它也是一种“实践理性的实践”，具有其相对合理的理论应用；其三，虽然它不一定是固定不变的，但具有相对的连续性，通常属于或引起一宗思想和学说的传统。罗尔斯用它来描述现代多元文化中具有明显的世界观和价值观立场的宗教、哲学和道德学说，一般不包括具体的社会科学。这一概念也不包括罗尔斯本人关于政治自由主义的理论，因为在罗尔斯看来，自由主义是一种政治哲学，既不诉诸任何形而上学或特殊的价值，也不以任何一种完备性学说为基础。它是一种独立的观点，是以公共理性为基础的，这在本书后面的章节中将有所论述。参见万俊人《政治自由主义的现代构建》，载罗尔斯《政治自由主义》，万俊人译，译林出版社 2001 年版，第 571 页注。

合乎理性的完备性学说，它们具有三个主要特征。

> 一是合乎理性的学说乃是一种理论性的实践：它以一种或多或少是一致而连贯的方式涵括了人类生活的主要宗教方面、哲学方面和道德方面。它组织并刻画了已为人们所认识到的各种价值，使这些价值能够相互共容、并表达一种可以理解的世界观。
>
> 每一种学说都以各种使它自身与其他学说区别开来的方式来这样做，比如说，给予某些价值以一种特殊的首要性和重要性。在挑选哪些价值是特别重要的价值、并在这些价值相互冲突时决定如何去平衡它们的时候，一种合乎理性的学说同时也是一种实践理性的实践。无论是理论理性，还是实践理性（包括作为合适的合理性），都被运用于理性的系统阐述。
>
> 最后第三个特征是，当理性的完备性学说不一定是固定不变的时，它通常属于或源出于一种思想和学说的传统。尽管它长期保持稳定，且不会发生突然的和无缘无故的改变，但它往往会按照它从自己的观点来看是正当而充分的理由产生缓慢的进化。（*PL*, 59）

从以上三个方面的讨论我们可以看清理性的完备性学说的基本特征。具体说来，所有各类宗教的、哲学的和道德的完备性学说，“都属于我们可以称之为的市民社会的‘背景文化’，这是社会文化，而不是政治文化”（*PL*, 14）。罗尔斯给出这些解释，其实是相对于《正义论》论述而言的。因此，“在普遍而完备的观点与抽象的观点之间存在一种区别。当公平的正义从作为一种公平合作系统的社会之根本理念入手，并着手精心论证这一理念，最终得出政治的正义观念之结论时，我们可以说公平的正义是抽象的。它与完善性竞争市场的观念和普遍经济平衡的观念之为抽象观念的意思一样，这也就是说，它从政治正义的立场出发，选择了一些具有特别意义的社会方面，而将其他方面搁置一旁，存而不论。但是，这一观念所导致的结果本身是否是普遍的和完备的——就我对这些术语的使用而言——则是另一个不同的问题。我相信，隐含在理性多元论事实之中的各种冲突迫使政治哲学提出了一个抽象的正义观念，倘若政治哲学想要实现它的目的的话”（*PL*，I. 8. 2.）；然而，“同样是这些冲突又迫使这些观念不能成为普遍性的和完备性的”（*PL*，154. n. 20）。那么，究竟如何理解理性的完备性学说与政治的正义观念之间的关系呢?

回答这个问题，首先要弄清政治的正义观念与其他道德观念之间的分别。按照罗尔斯的观点，“两者之别乃是一观念所应用的主题范围与一种较广范围所要求的内容之别，由是，这种对比就更清楚了。若一道德观念适用于一广泛的主题范围、并普遍地面向所有主题，则该道德观念便是普遍的。而当它包括各种有关人生价值、个人品格理想，以及友谊、家庭和联合体关系的理想，乃至包括其他更多的能指导我们行为并限制我们人生的理想时，则它就是完备的。若一观念囊括了人们在相当清楚准确地阐明了的系统内所认识到的全部价值和美德，则该观念就是充分完备的；而当一观念只是部分而非全部地包括各种非政治的价值和美德、且只给予了极为粗陋的阐释时，它就只具有部分的完备性。许多宗教学说和哲学学说都渴望成为既普遍又完备的学说”（*PL*，13）。也就是说，政治的正义观念与其他道德观念之间的区别首先是一个范围问题。一个观念应用的范围问题，“内容愈宽，则应用的范围愈广。当一观念使用于一广泛的主题范围（限于所有主题）时，我们就说该观念是普遍的；而当一观念包含着人生价值的观念，以及个人美德和品格的理想，并提供绝大部分有关我们非政治行为（限于我们的整个生活）的信息时，我们便说该观念是完备的。对于宗教观念和哲学观念来说，有一种普遍化和充分完备化的倾向，而且人们有时候的确把它们视为可以实现的理想。当一种学说涵括了所有为人们承认的价值和某一获得相当准确表述的思想图式内的美德时，该学说便是充分完备的；而当一学说只包含了某些（而非全部）非政治的价值和美德，且只是得到了相当粗陋的表述时，该学说就只具有部分完备性。请注意：对于某一观念来说，即使是通过定义而获得部分完备性，也必定会超出政治价值之外，必定包含各种非政治的价值和美德”（*PL*，175）。我们发现，政治的正义观念与其他道德观念都包含在理性的完备性学说内。也就是说，要区分出政治哲学就必须把政治领域从完备性学说当中独立出来。

按照这种理解，其实在《正义论》中，罗尔斯诉诸的道德哲学就是一种完备性学说，而且这种学说还是普遍性的。相对应地，这一时期的道德哲学特征是一种完备性正义理论。只有这样理解，才能进一步解释罗尔斯在《政治自由主义》中如何抛弃这种形而上学诉求，在政治自由主义的领域内，重新思考政治哲学。值得注意的是，理性多元论的事实是一种既合乎理性却又不相容之完备性学说的多元性事实。在现代民主社会中，它包括完备性宗教学说、哲学学说和道德学说的多元化特征。因此，理性多元论的事实包括完备性学说在内。明白这些，当我们在提到道德正义学说和政治正义观念时，就不会感到突兀。如前所述，《正义论》一书更高抽象层次的社会契约论其实是一种道德哲学，在那里，罗尔斯并没有区分道德哲学和政治哲学。因此，在《正义论》中，一种普遍范围的道德正义学说也就没有与一种严格的政治正义观念区别开来。

二　政治正义观念

按照罗尔斯的观点，政治的正义观念是从完备性学说中分化出来的，只是罗尔斯在后期理论中把它独立出来并提升到了很高的程度。那么，从作为公平的正义到政治的正义，罗尔斯的正义理论有什么变化？究其本质而言，其实就是要考察罗尔斯关于正义观念的某些变化。对于政治的正义观念，罗尔斯做出了明确的界定。首先，罗尔斯给出了政治的正义观念的三个特征。

第一个特征关涉政治观念的主题，罗尔斯首先提出“这一观念是一个道德观念”（*PL*，11），它是为一个特殊主题所创造出来的道德观念，亦即为政治制度、社会制度和经济制度创造出来的道德观念。它适用于社会“基本结构”的领域，并把这种社会基本结构看成一种现代宪政民主。很明显，罗尔斯承认这种政治的正义观念是一种道德观念，具有某些道德属性。在这里，罗尔斯还进一步明确地告诉我们，政治的正义观念是道德的，意思是说，“该观念的内容是由某些理想、原则和标准所给定的，而这些规范明确表达了某些价值，在这样情形中，这些规范所表达的是政治的价值。”（*PL*，11. n11）此外，罗尔斯假定基本结构是一个封闭的社会结构，我们将把它看作自我包容、与其他社会没有任何关系的社会。它的成员只能由生而入其中，由死而出其外。我们知道，《正义论》侧重社会伦理意义方面把社会的基本结构理解为社会分配制度的正义安排，而《政治自由主义》则明确从政治哲学的层面来定义社会的基本结构。事实上，政治正义观念的焦点是基本制度的框架及其运用。

第二个特征是这样的，一种政治的正义观念是一种独立的观点。如果我们想要诉诸完备性学说来求得政治观念的正当性证明，该政治观念既不是一种适用于社会基本结构的学说，也不是从这种学说中推导出来的，这种结构只是该学说所应用的另一主题。为此，罗尔斯区分了两种情况：“其一，一种政治观念是如何表现在一种完备性学说之中的；其二，它是如何成为该学说之一部分的，或者说是如何从该学说内部推导出来的。”（*PL*，12）由于该政治观念的突出特征是一种独立性的观点，所以，对它的解释就不能涉及任何背景。但这种政治的观念适宜于形形色色的合乎理性的完备性学说，并能得到它们的支持，这些学说在社会中的长期存在是由这种政治观念规导的。从这一方面看，政治的正义观念不同于许多道德学说，因为这些道德学说被广泛地视为普遍而完备的观点。一种政治的正义观念与其他道德观念之间的分别，实质上就是一个范围问题，这就是说，两者之别乃是一观念所应用的主题范围与一种较广范围所要求的内容之别。

政治的正义观念之第三个特征是，它的内容借助某些基本理念得到表达，“这些基本理念隐含在民主社会的公共政治文化之中”（*PL*，13）。这种公共政治文化是由立宪政体的各种政治制度及其解释的公共传统（包括那些司法解释传统），以及作为共同知识的历史文本和文献组成。所有各类完备性学说，包括宗教的、哲学的和道德的，都属于市民社会的“背景文化”，这是社会文化，而不是政治文化。不难看出，罗尔斯在阐述政治的正义观念时，也是和各种完备性学说相比较的，并不是单单列出政治的正义观念的某些特征，这种对比论述方式可以让我们更清楚他的区分究竟是怎样的。

那么，按照政治的正义观念，我们将会有什么样的正义原则呢？笔者认为，罗尔斯并没有像在《正义论》中得出正义原则那样，经过复杂的论证而得出。[①] 他直接在《政治自由主义》第一讲的第一节给出了两个正义原则：

> A. 每一个人对平等的基本权利和基本自由之完全充分的图式都有一种平等的要求。该图式与所有人同样的图式相容；在这一图式中，平等的政治自由能——且只有这些自由才能——使其公平价值得到保证。
>
> B. 社会的和经济的不平等要满足两个条件：第一，它们所从属的各种岗位和职位应在机会公平均等条件下对所有人开放；第二，它们要最有利于那些最不利的社会成员。（*PL*, 5 – 6）

不难看出，就这两个原则的内容来讲，罗尔斯政治的正义原则其实就是《正义论》中两个正义原则的发展。不同的是，对这些原则的表述略有改变，[②] 它仍遵循了《基本自由及其优先性》一文的表述，并回答了 H. L. A. 哈特在《芝加哥法学评论》的评论[③]。其实，这些原则也是罗尔斯按照政治自由主义所提出的问题，是其展开

① 从这一点看，罗尔斯《政治自由主义》的论证依然要依赖于《正义论》中的论证，或者说，《政治自由主义》的某些观点是在《正义论》基础上的扩展。

② 方便起见，我们将《正义论》中两个正义原则的英文注明：First: Each person is to have an equal right to the most extensive basic liberty compatible with a similar liberty for others. Second: Social and economic inequalities are to be arranged so that they are both (a) reasonably expected to be to everyone's advantage, and (b) attached to positions and offices open to all，而《政治自由主义》中两个正义原则的英文表述为：a. Each person has an equal claim to a fully adequate scheme of equal basic rights and liberties, which scheme is compatible with the same scheme for all; and in this scheme the equal political liberties, and only those liberties, are to be guaranteed their fair value. b. Social and economic inequalities are to satisfy two conditions: first, they are to be attached to positions and offices open to ail under conditions of fair equality of opportunity; and second, they are to be to the greatest benefit of the least advantaged members of society。从英文表述来看，正义原则除了细微差别之外，并没有太大的差异。

③ Cf. H. L. A. Hart, "Rawls on Liberty and Its Priority", *The University of Chicago Law Review*, Vol. 40, No. 3 (Spring, 1973), pp. 534 – 555.

论述的基本立足点。

三 中立性问题

“中立性”观念可以追溯到洛克（John Locke）、康德（Immanuel Kant）和密尔（John Stuart Mill），而“自由主义的中立性”学说在罗纳德·德沃金（Ronald Dworkin）和罗伯特·诺齐克（Robert Nozick）等那里也已经有过详细说明。在当代政治哲学复兴与自由主义思潮兴起的背景下，立足罗尔斯的整个理论体系，试图以“中立性”（neutrality）为研究视角，对罗尔斯哲学进行一种尝试性解读。实际上，在早期罗尔斯理论中，他曾经讲到过一种道德中立性，而后期理论中应当是一种政治中立性。[①] 我们以“政治中立性”（political neutrality）为研究视角，对罗尔斯的后期政治哲学及其理论变迁进行分析性研究。我们谈论政治中立性，在罗尔斯的后期理论中，它其实是一种独立的政治正义观点[②]。对此，我们有三个方面的理解。首先，这是一种政治的观念；其次，它独立于理性的完备性学说；最后，这是一种非形而上学的观点。接下来，我们将围绕这三个方面进行讨论。

在《政治自由主义》的前三讲，罗尔斯给出了一种独立的政治自由主义的观念。这些章节都是1980年杜威讲座的3篇文章的修改版，其实，这是罗尔斯把新酒倒进了旧的酒罐中。因为他仍旧使用自由平等的人的观念，道德人格的观念加强了康德的建构主义。同时，罗尔斯还把这些因素看作道德主体的“本质”。他在《政治自由主义》中把“自由平等理性的合理性人”描绘成为“民主国家的公民的政治理想”（a political ideal of democratic citizens），因为这一切都

---

① 这一观点得益于笔者与姚大志先生通过邮件的讨论，在此表示感谢！

② 关于罗尔斯正义观念的独立性，其实质是一种政治的中立性。这方面的讨论很多，诸如：Thomas Nagel, “Moral Conflict and Political Legitimacy”, *Philosophy and Public Affairs*, Vol. 16, No. 3 (Summer, 1987), pp. 215 – 240.; Charles Larmore, “Political Liberalism”, *Political Theory*, Vol. 18, No. 3 (Aug., 1990), pp. 339 – 360.; Joseph Raz, “Liberalism, Autonomy and the Politics of Neutral Concern”, *Midwest Studies in Philosophy*, 7 (1982), pp. 89 – 120。这里不做深入探讨。

来自民主社会的政治文化。换句话说，罗尔斯假定现代民主社会的公民把自己看作在自由平等的环境中。他建立了自由平等的道德人的观念，并建构了正义原则以适应这种民主国家公民的政治理想。罗尔斯希望这种正义的观念，即政治的正义原则能够获得关于正义的民主价值和理念，这种正义就是我们正在使用的。同时，这种正义的观念又是与我们所认可的哲学的、宗教的和道德的学说相容的。可以说，这种方案在《政治自由主义》中的证明，类似于《正义论》中的证明。只是不同之处在于，罗尔斯必须避免依靠有争议的道德和哲学的立场，替代它的是广泛分享我们的民主文化的各种理念。笔者想强调的是，请大家时刻记住这个差别。

罗尔斯的政治观念被运用于社会的基本结构，它是独立于完备性的道德的、哲学的和宗教的概念、价值和原则的。首先，罗尔斯的“完备性学说”包含生活的价值，形而上学的学说涉及实在的本质和知识论。其实，在一定程度上说，完备性与形而上学性甚至是同一个意思。其次，在罗尔斯那里，自然的、社会的和数学的科学不是完备性的学说。① 至少，能够谈论法律、定理、假设和普遍接受该领域的专家，以及被理性人所普遍接受的科学本身都属于此范畴。再次，政治的正义观念不是完备性的学说，它的内容借助某些基本的理念得到表达，这些基本的理念隐含在民主社会的公共政治文化中。“基本的直觉理念”（fundamental intuitive ideas）支持政治的正义原则。在罗尔斯看来，在一个现代民主社会中，作为常识的公共推理，基本的直觉理念包括：作为公平合作系统的社会理念、自由平等的公民理念和良序社会的理念。最后，罗尔斯还发展了一些“基本理念”（fundamental ideas）作为直觉理念的理论“伙伴”：包括诸如社会基本结构的理念、原初状态和公共证明等。

众所周知，罗尔斯是重要的社会契约理论家，他设计了一种原则框架来评价政治结构的正义性，并发展出了一套制度和分配结构，从原则出发，结构要优于现存的其他选择。我们知道，罗尔斯的大部分

① Samuel Freeman, *Rawls*, London & New York: Routledge, 2007, p. 332.

解释是从无知之幕开始的。如果人们不知道自身的某些特征，以及他们特定的生活规划和癖好，也不知道其他关于自身的期望和环境的事实，人们会如何选择统治原则。在这种原初状态下，人们只能通过社会的“普遍事实”，以及被普遍接受的心理学和经济学规律进行选择。这就需要排除允许人们为了自身的利益而歪曲结果的“被篡改的确切描述”（rigged definite descriptions），从而使“慎思”集中在整体利益之上。（*TJ*, 113）罗尔斯的独特之处在于，根深蒂固的道德差异在政治上的后果与罗尔斯坚持主张的人类之间的差别在道德上的随意性，相对于罗尔斯坚持的这种差别来说，对社会利益和责任的分配没有影响。认识到道德差异是人类社会特有的问题，这本身并没有什么创新性。霍布斯在批评亚里士多德没有认识到对某人好的东西不一定适合另一个人时也持此观点[①]；史蒂文森在批评休谟时就是围绕这种道德差异的可能性[②]。历史昭示我们，持续的道德差异是现代性世俗化的产物。其实，罗尔斯的创新之处不在于他认识到了永恒的道德差异，而是他对于如何理解这种差异的政治内涵的论述。罗尔斯的结论是：对于能合理预期人们会同意什么这一问题，我们不应该像早期理论家那样要求得那么多，他运用所谓存在无法抵抗的恐惧来使对某种绝对权力的服从合理化。这种绝对权力把一种临时协定（modus vivendi）强加于主体之间来防止他们不可抑制地彼此攻击的冲动。事实上，这是一种相当有争议的政治心理学。

罗尔斯意识到，把人们对如此晦涩的任何政治心理学的认同作为认同政治结构的前提那是期望过高了。在其早期著作《正义论》中，他把目标定为发展中立原则：不仅中立于每个人对美好生活的不同或对立的概念，而且中立于各种完备的世界观和抽象体系。但是，这种努力遭到了强烈批评：似乎没有任何一种社会组织原则是特许某些关于“善”的概念，而是抑制其他。[③] 作为这种对批评的部分的回应，

---

① ［英］霍布斯：《利维坦》，黎思复、黎廷弼译，商务印书馆2008年版，第26章。

② Charles L. Stevenson, *Ethics and Language*, Yale University Press, 1994, p. 275.

③ Ian Shapiro, *The Evolution of Rights in Liberal Theory*, Cambridge University Press, 1986, p. 240, pp. 249 - 251.

罗尔斯在后期著作中转向了这样的理念：正义的概念是“政治的，而非形而上学的”（political, not metaphysical）。他的观点集中在一种依据某些原则的“重叠共识”，这些原则是那些可以“历经数代，并在一个还算公正的宪政体制中获得多数人的赞同，在这种体制里，正义的标准就是那个政治概念本身。”（*PL*, 15）罗尔斯这种“政治的，而非形而上学的”直观认识是民主可能认同某些原则而彼此并不赞同认可的理由。但罗尔斯的出发点并不是让人们同意总体原则是最容易的而苦难的是细枝末节，他是从以下观念出发的：使民众都同意总体的原则（general principles）、完备性的学说（comprehensive doctrines）和形而上学承诺（metaphysical commitments）通常是不可能的，还因为政治上也是不必要的，重叠共识的事实就是为政治的正当性提供基础。正是这个政治合法化剥离式的观念（stripped - down conception）使“政治的，而非形而上学的”方法脱颖而出。政治合法化这个概念涉及了启蒙运动时期努力将政治建构在科学基础上的一个有争议的观点，因为重叠共识所包含的观点可能是以迷信为基础的，而某些科学合理化的观点则可能被排除在外。尽管罗尔斯试图通过主张只有“理性”的观点才能消除这个难题（*PL*, 150 - 158），但是，如果重叠共识的观点要在这里发挥作用，罗尔斯就不能不赞同那种令人不安的可能性。否则，重叠共识这个概念就要参照罗尔斯先前认定的通过理性检验的主张来定义了。

罗尔斯并未因此而放弃启蒙式地寻求解决政治问题的答案，这些答案基于对人类生活状况的实际评估，而不是神学的或有争议的形而上学。在这种联系中，尽管罗尔斯有时会因为他对正义推理的抽象性质广受批判，但是他的基本方法是比较而非演绎。他将他的原则描述成康德意义上的绝对命令的程序表达，这样的表达形式显示了正义原则应当享有的康德式道德法则的地位，也就意味着正义法则的普适性，而且不是来自经验。事实上，罗尔斯限定了他的正义原则的适用条件，并把他自己提出的原则与其他现存的原则相比较①。罗尔斯的

① 这里主要是针对功利主义和至善论相比较而言的。

主张是，当用他所认为的对于处于无知之幕之后的民众而言是理性的一套标准来衡量时，他的正义原则要优于其他的选择，除非有人要证明他是错的，或者提出一种确实更好的不同的原则。

可能有人并没有被罗尔斯“政治的，而非形而上学的”方法的某种特定运用所折服，却发现这种方法本身还具有吸引力。从形而上学到政治自由主义的修正，① 这种方法在民主层面上有两种含义：一是，罗尔斯主张正当原则产生于不同观念中的重叠共识，而这些观念又是一个正义的宪政体制下可能发展和延缓的观念时，才是合法的。这表明，是否与一个社会的观点相容是判断某人一生规划或价值准则的政治合理性的一个显著因素。二是，某种人生规划或价值准则的支持者不一定要情愿或者能够证明该种规划或价值的合理性而说服人。正如在民主政治中，秘密投票避免了人们向其他人说明其投票的合理性需要，罗尔斯“政治的，而非形而上学的”方法，就公民和政府来说，把为什么一个人要持某种观点的原因摒除在外。民主要求代表和官员要对公众负责，而投票者并不需要如此。通过不要求公民为他们的（其他人会认同的）政治选择提供理由，在“政治的，而非形而上学的”模式中，罗尔斯采用了一个类似的立场。

第三节　道德建构主义与政治建构主义

一　道德建构主义的实质

在《正义论》中，罗尔斯虽然尚未使用“建构主义”一词，但“建构主义”的理念已经出现在本书讨论伦理方法的部分中。罗尔斯把他所主张的正义原则说成是“建构性准则”（constructive criterion），其实是在说这是一种解决道德问题的程序（*TJ*，34．39 – 40．49．52）而罗尔斯论证的根本性策略则属于康德式的。这种形式的建构主义的限制就表现在《政治自由主义》中，此书的目的便是

① Prakash Sarangi，“From Metaphysical to Political：John Rawls'Revised Version of Liberalism”，*Economic and Political Weekly*，Vol．29，No．23（Jun．4，1994），pp．1396 – 1398．

“为实践性理由中的权利和正义原则提供基础”。（*PL*，xxx.）

哈特对罗尔斯的批评涉及自由及其优先性的时候，曾经指出两个严重的问题：一是，罗尔斯对于各派在原初状态中所采用这些基本自由以及一致同意它们具有优先性所依据那些根据并没有给予充分说明；二是，在立宪、立法和司法三阶段运用正义原则时，对于如何进一步具体规定基本自由并使这些自由作为已为人们所了解的社会环境条件而得到相互调整，尚未有任何令人满意的标准。① 罗尔斯认为哈特的这个批评意见相当中肯。在《正义论》中，罗尔斯整个第三部分都是在从伦理学或者道德哲学的角度谈正义社会的稳定性问题。那么，如果不能从理论上论证一个多元民主的现代社会面对政治、道德、宗教以及文化上的多元性以及冲突性，从而达到一种政治共识，正义原则就不可能实现正义社会的长久稳定。关于这一点，前面我们已经多次提到。

不同于前期《正义论》时期的证明，罗尔斯在《政治自由主义》中明确把他的正义论与康德的道德学说区别开来，当然这是在建构主义的意义上来讲的。按照康德的观点，建构主义这个概念在算术哲学之外运用的并不多。不过，罗尔斯认为算术哲学与康德哲学都可看作建构主义。建构主义概念的关键在于它的程序与前提。在这个意义上，不管是在《正义论》中还是在《政治自由主义》中，罗尔斯的理论与康德的理论都可看作一种建构主义。前面说道，政治的正义观念与完备性学说的区分，建构主义的政治正义观念并不是一种完备性的道德学说。罗尔斯在《道德理论中的康德式的建构主义》一文中就区分了道德建构主义与政治建构主义。“政治建构主义是一种政治观念之接受和内容的观点。”（*PL*，89）笔者在前面也曾区分了两种观念，即在理性多元论的民主社会，政治的正义观念是从完备性的学说中区分开来。与此对应，这也就存在两种领域，我们姑且把它们称作政治领域和道德领域，这里的政治建构主义其实就是在政治领域的

---

① H. L. A. Hart, “Rawls on Liberty and Its Priority”, *The University of Chicago Law Review*, Vol. 40, No. 3 (Spring, 1973), pp. 534 – 555. and also see in Norman Daniels, ed., *Reading Rawls*, New York: Basic Books, 1975, p. 252.

建构。"一旦到达反思平衡，政治正义的原则就可以描述为某种建构程序的结果，在一由原初状态所塑造的程序中，合理行为的主体——作为公民代表并服从理性的条件——选择公共政治的正义原则来规导社会的基本结构。"罗尔斯进一步指出，"这一程序具体体现了所有实践理性的相关要求，并告诉我们正义的原则是如何从那些与社会观念和个人观念，以及实践理性的理念本身联系在一起的实践理性原则中推导出来的"。（*PL*，90）在这方面，罗尔斯的重要贡献主要在于多元主义和关于人与人差异的道德随意性的讨论。

在《正义论》中，罗尔斯认同康德的实践理性原则以及康德的本体自我观念，是以康德的道德形而上学为基础的。关于这一点，他在《政治自由主义》中也同样承认，这表明罗尔斯的后期理论仍然与康德的理论有某种联系。在这些基本问题上，虽然我们在罗尔斯和康德哲学中找到了建构主义的版本存在的差异。[①] 在《政治自由主义》中，罗尔斯重新确立他的正义理念的政治特性使得这个差别更为明显。从罗尔斯把正义原则看成是政治观念的角度看，罗尔斯的理论与康德道义论的政治哲学与伦理学的距离拉大了。但这并不意味着罗尔斯的政治哲学没有康德政治哲学与伦理学的成分。在《政治自由主义》中，两个正义原则仍然是其阿基米德点，不过其性质已经从一种完备性学说的核心转化为一种政治观念了。罗尔斯自己曾经指出他的政治建构主义与康德的道德建构主义的差别，除了罗尔斯证明方法本身的需要之外，实际上也在向我们表明他自己已经从道德建构主义转向了政治建构主义，没有再把政治哲学与道德哲学糅在一起。

按照罗尔斯的观点，在自由社会中自由主义的基本问题存在分歧是不可避免的。在《政治自由主义》中，罗尔斯以"政治的建构主义"的方法来建立他的正义原则，他的正义原则适用于建立在根深蒂固的多元主义的自由社会，以此达到"重叠共识"。那么，罗尔斯的方法是否支持罗尔斯的原则？如果罗尔斯"政治的"哲学是为了

---

① Onora O'Neil, "Constructivism in Rawls and Kant", in Samuel Freeman, *Cambridge Companion to Rawls*, Cambridge: Cambridge University Press, 2003, p. 362.

引出能够克服自由主义多元论的原则，看来另外的方法也可以被使用。于是，“一致性”的方法将能从完备性观点的一致性中发展出自由主义的原则，并产生了不同的道德原则。其实，后期罗尔斯想要建构的是一种可以成为文化多元民主社会之基本理念系统的“政治自由主义”或“自由主义的政治哲学”。他要将其原来的正义伦理学改造成一种政治哲学，从康德式的“道德建构主义”走向“政治建构主义”。但我们不应忽视，这个新理论的主要目的是要为立宪民主社会提供一个正义的基础。

二　政治建构的范围

我们知道，罗尔斯在《正义论》中论述了他康德式的道义论学说，他反复提到他的理论与康德学说的渊源。而在《政治自由主义》中，他则提出了他的理论与康德理论的差别。那么，究竟怎样理解这种变化？首先让我们分析一下罗尔斯的政治建构主义。罗尔斯政治建构主义的具体内容，即他所说的政治建构主义主要是一种政治正义观念的内容，这一内容是原初状态中的各方在无知之幕之下所选择的正义原则。（*PL*，103）在《政治自由主义》中，罗尔斯认为，在自由主义社会的基本不同是不能逾越的。因为，人们关于道德和政治问题的不同观点可能会用不同的方法来解决，并可能得到不同的甚至矛盾的答案。罗尔斯称之为人类理性的“判断的负担”，他认为公共文化的多元学说的“永久特性”不是历史的偶然属性，注定要结束。通过提供协议的可能的基础，政治哲学有助于自由社会的稳定性问题。

为了达到这个目的，罗尔斯把主题限制为两部分。首先，问题的范围是被限定的。政治哲学不是关注所有的问题，而政治自由主义的界限被罗尔斯称之为“基本结构”，它“主要的政治、社会和经济制度，以及它们如何融合为一个世代相传的社会合作之统一化系统”。罗尔斯认为，这包括基本机构的特定理念和价值；它不仅包括“基本结构的框架”，也包括“各种原则、标准和戒律，以及这些规范是如何表现在实现其理想的社会成员之品格和态度中的”。（*PL*，11－12）与处理基本结构的政治观点相反，罗尔斯把道德观点描述为一种普遍的观点，这是一个更为宽泛的主题。其次，罗尔斯把道德的观点看作是“完备性”的，它是对困难和有争议的问题的全面回答。比如，人生活的价值和人格特点的观念。一种观点是“彻底的完备性”的，“相当清楚准确地阐明了系统内所认识到的全部价值和美德。”（*PL*, 13）与完备性的观点相反，政治的观念是清晰的，并没有涉及较宽的哲学背景。为了与建立在当代自由社会的完备性的观点相容，一个政治的观念应该尽可能地独立于反对和冲突的哲学和宗教学说，而这些学说是被公民所认可的。正如威尔金斯指出，他把符合美国宪政史上教会与国家关系并维护宪法制度，应该尽可能避免采取对那些损害符合理性多元化的完备性学说的规则，称为“正义的第三原则”。①

为了获得不同的完备性学说的支持，政治自由主义试图达成一种“重叠共识”。罗尔斯认为，尽管有所不同，自由主义社会的完备性观点能够在关于社会基本结构等一系列问题和原则上达成协议。尽管人们将支持这些原则，他们各有各的完备性观点，通过达成协议将能够广泛地有助于稳定性。除此之外，一种重叠共识的观点接受了一种特殊的方式及其追随者。罗尔斯用重叠共识的形成对照“临时协定”，来克服政治讨价还价。由于人们为了自己的利益而坚持临时协定，它反映了派别之间全力争夺的平衡以及平衡变化之后的谈判。（*PL*, 147）需要说明的是，重叠共识是一个道德观念，它描述了人们的道德理性。罗尔斯认为，这种对临时协定依赖的权力平衡是危险的，因此在“临时协定”和“重叠共识”之间的区分对社会稳定性来说是重要的。尽管《政治自由主义》明显不同于早期的《正义论》，但是我们认为后期著作仍然保持了前期著作的某些特点。

事实上，通过正义原则表现出的“政治建构主义”的方法比较复杂。在《正义论》中，正义的原则克服了选择的过程，在原初状

① Burleigh T. Wilkins, “A Third Principle of Justice”, *The Journal of Ethics*, Vol. 1, No. 4 (1997), pp. 355 – 374.

态中的推演，还是在无知之幕后面。原初状态是一种代表设置，是为了帮助我们理解人类的道德理念："在这些条件下，自由平等公民的代表将具体规定在社会基本结构中的社会合作项目。"（*PL*，25－26）由于多元的自由主义社会引起的问题，正义的原则必须要被具有不同完备性观点的社会追随者所接受。于是，论证必须从"直觉的理念"开始，罗尔斯相信，正义原则根源于自由的文化，那些具有不同的完备性观点的追随者也是支持的。罗尔斯描述这种政治文化"由一宪政体制的各种政治制度及其解释的公共传统（包括那些司法解释传统），以及作为共同知识的历史文本和文献组成"（*PL*，13－14）。这里提到两个特别的直觉理念，罗尔斯主要关注作为公平合作系统的社会理念和具有两种道德能力的人的观念。尽管罗尔斯没有详细描述这些直觉的理念与原初状态中原则的选择之间的关系，但有一点是清晰的，那就是这些直觉的理念是通过原初状态的特点和典型性代表的慎思表现的。因为这些关于人和社会的特殊观念是建立在原初状态的结构中的，对于正义的选择也是在这些条件下做出的，具有两种道德能力的自由平等的公民总想和其他人合作。

但是，由于正义的原则必须被具有不同完备性观点的追随者所接受，罗尔斯就把作为公平的正义表述成为一种"独立的观点"（free-standing view）。这就意味着它是被建立在各种完备性学说的基础之上的，并通过直觉的理念。罗尔斯把建构的过程分成两个阶段。首先是正义原则的建立，这些原则是在原初状态中特殊社会的特殊观点，没有完备性观点的存在，但是人们都会赞成。罗尔斯说，"正义原则的内容在任何情况下都不会受可能在社会中存在的各种特殊的完备性学说的影响"（*PL*，141）。一旦正义原则在第一阶段被选择，就会面临稳定性问题。正义原则的各种可接受性的改变是否会维持稳定，是否任何一种民主观念都能够获得稳定。（*PL*，65－66）下面主要来分析这两个阶段。

第一，我们可以假定，罗尔斯的正义原则将是他所描述的方法的结果。这一点柯亨在《道德多元论与政治共识》中给出了类似的精美的论证。[①] 在《正义论》中，罗尔斯给出了正义原则选择的不同条件，并产生了不同的原则："我们可以推测：每种传统的正义观中都有一种对最初状态的解释，按该种解释它的原则就是最可取的。"（*TJ*，121）在此，笔者主要关注罗尔斯方法的两个问题：（1）他对自由的公共文化中两个基本的直觉理念的关注；（2）把公平正义作为一种独立的观点。笔者将论证罗尔斯这些方法的特点，在政治自由主义的具体任务上易守难攻。然而我们应该认识到，选择的方法是最适合这些任务的，而一致性的方法并不具备罗尔斯方法的哲学功能性特点。为了考察罗尔斯的方法，笔者必须准确地探究政治自由主义的实现，因为评论的手段在很大程度上依赖于目的。于是，这里的问题是，罗尔斯为政治自由主义设置的两个目标并不是十分一致。当然，第一个基本的问题是民主社会的政治正义的表述：在被看作自由平等并在整个生活中世世代代都能充分合作的社会成员之公民间，具体规定其社会合作之公平项目的最适当的正义观念是什么？（*PL*，3）这里的目的是，按照清晰规范的标准，准确确立最可能的正义原则。第二个问题是罗尔斯称之为"以一种普遍方式理解的宽容问题"（*PL*，3）。罗尔斯希望找到自由主义社会的理性学说，他的目的是实践的。我们不讨论正义的原则必须是"自由"的，我们应该给出自由主义的多样性传统。而关键的问题是，我们并不关注自由社会的共识的本质。

第二，罗尔斯关于他的原则被证明的观念是一种实践的工作，他指出："公平正义的目的是实践的：它本身表现为一种正义观念，该正义观念可以作为一种理性、明智而又代表公民意愿的政治一致之基础而为公民所共享。"（*PL*，9）在此，罗尔斯把重点放在规范性上，企图发现适当的正义原则面对的一个直接困难是多元论的社会。因为自由主义的基本价值是，社会被深刻的不一致分裂，而且罗尔斯承认超越正义原则的不一致的可能性。他诉诸直觉的理念来发现问题的解

① Cf. Joshua Cohen, "Moral Pluralism and Political Consensus", Henry Richardson & Paul Weithman, *The Philosophy of Rawls: A Collection of Essays*, Vol. 5, New York: Garland Publishing, 1999, pp. 56 – 77.

决路径，直觉的理念试图承认的方式，一般的正义原则并不认同。按照罗尔斯的观点，他认为是“公共的共享的理念”（*PL*，90）。无论如何，由于判断的负担，让具有相互冲突的完备性学说的追随者达成一致似乎是不可能的，而一种可能的一致性是指生活在一起的自由平等的公民最适合的正义观念。

我们发现，罗尔斯强调源自建构主义第一阶段的可能性将不能被普遍接受；而在第二阶段，罗尔斯的原则和自由文化的一致性是可能的，这种一致性的放大试图尽可能地避免冲突。事实上，对于罗尔斯的政治建构主义，我们需要把握两点：第一，关注政治文化中两个基本的直觉理念，公平合作系统的社会理念和具有双重道德能力的个人观念；第二，作为公平的政治正义是一种独立的观点。① 正是这两点，才使得道德与政治的区分更有意义。但是，现代政治理论家们热衷将政治和道德隔离开来，并朝着“政治中立”或者“无道德的政治”的进路发展，似乎是在坚定地朝着这种进步主义的理想阔步前进。殊不知，正是这种单向度的政治思维断送了政治哲学本身，这在现代政治的思想语境中似乎是不可能的。②

三　政治的有限性

政治自由主义依赖于自由民主社会的政治文化，从而这构成了政治自由主义的政治基础，这也是政治自由主义被证成的关键。任何将政治自由主义延伸出自由民主社会范围之外的意图都遭遇证成困难。我们这里所谈的政治的有限性，其实是在说明政治自由主义的有限性，即政治自由主义在何种范围内起作用？在何种意义上产生影响？我们可以从两个方面来理解这种有限性。

第一，“政治自由主义”这一概念在罗尔斯的文章《作为公平

---

① 克劳斯科（George Klosko）也表达了同样的看法。Cf. George Klosko，“Political Constructivism in Rawl's Political Liberalism”，*The American Political Science Review*，Vol. 91，No. 3（Sep.，1997），p. 636.

② ［加］L. W. 萨姆纳：《权利的道德基础》，李茂森译，中国人民大学出版社 2011 年版，第 4 页。

的正义：政治的而非形而上学的》发表之后，尤其是《政治自由主义》一书出版后，在英美政治哲学界产生重要影响。传统认为，“自由主义”这一政治传统预设的基础是形而上学的和道德的，而“政治自由主义”的概念却强调“自由主义”的基础是政治的。形而上学的和道德的基础本身之所以具有分歧性，在于形而上学观念和道德观念千差万别，而这种差异并不能通过理性的对话来消除。如果“自由主义”的基础只是形而上学的和道德的，那就不能被具有各不相同甚至相互冲突的宗教信仰、形而上学观念和道德观念的人们所普遍认同，那么建基于“自由主义”基础上的国家政策、宪法和其他法规的合法性就会受到挑战。那么，这些政策法规如何得到大多数人甚至全部人的支持呢？这是自由主义者面临的挑战，而罗尔斯的政治自由主义就是对这个挑战的一个回应。它不是为了解决形而上学的、宗教的和道德真理的意见冲突，而是要问：尽管有所冲突，作为公民的人们如何在一个公正的制度下合作、生活？“政治自由主义”的提出及其证成所依赖的是根植于自由民主国家并为其公民所共有的一系列政治观念，这些政治观念构成了政治自由主义的政治基础。然而，如果政治自由主义的政治基础仅仅只是自由民主社会及其公民的一些特点，那么政治自由主义能够合法地越出自由民主国家的界限吗？我们认为，“政治自由主义”最好被理解为局限于西方自由民主社会内部的自由主义理论，这是其本身具有的先天的特点。

第二，罗尔斯划定了公共的政治领域，这本身也可以看作是政治自由主义的一个界限。我们知道，罗尔斯的政治自由主义在后期哲学生涯中才被正式提出。与其他政治自由主义者一样，罗尔斯也面临这样一个问题：在一个多元社会中，人们有各种不同的甚至相冲突的关于好生活的观念，关于上帝是否存在的看法等宗教的或世俗的完备性理论。自由主义不能与其中任何一个结盟压制其他的理论，也不能成为它们中的一个。当然，罗尔斯有其解决这一问题的独特思路。众所周知，在论述政治自由主义的过程中，罗尔斯保持了他在《正义论》一书中提出的“作为公平的正义”的概念及两条正义原则，但却修正了对这一概念以及两条正义原则的证成方法，他称新的证成方法为政治证成（political justification）或公共证成（public justification）。“公共证成是政治自由主义的一个基本概念”，“公共证成的一个基本状况是这样的：其中某一政治观念作为共同基础，并且理性的公民作为一个集体……基于他们不同的完备性理论通过普遍而广泛的反思平衡来确认这一政治观念。只有在达成合理的重叠共识时，正义的政治观念才能被认为是被公共证成了。”（*PL*，387－388）而对正义概念及其原则提供如此政治证成意味着：其一，要论证它们有成立的政治基础；其二，既然是证成，也就是要论证它们的合理性。这种合理性其实是说达到合理的重叠共识，即虽然确认正义原则的理由不同，但却形成了相似的政治判断并达成共识。重叠共识一旦形成，其内容就被认为是被公共证成或政治证成了。也就是说，如果没法达成重叠共识，罗尔斯就没有完成政治自由主义的证成。

我们发现，罗尔斯可以避免这个问题，原因何在？最重要的原因是罗尔斯对政治领域或公共领域进行了划界。罗尔斯区分了公共（政治）领域和背景文化领域，即市民社会领域，大学、教会以及其他自愿形成的协会都属于背景文化的一部分，而非罗尔斯意义上的公共（政治）领域。主导广大市民社会领域的是各种各样的完备性理论，人们以大学老师、学生或信徒的身份参与其中，谈论大学规章制度和教会教义的诠释等问题，运用的理性是非公共理性，因为他们诉诸的是各自的完备性理论。相比之下，在公共（政治）领域中，人们只以公民的身份谈论公共（政治）话题，并使用大家共有的公共理性来达成重叠共识。而政治自由主义只在公共（政治）领域中得到了证成，也只能应用于这一领域。可以说，罗尔斯将他的政治自由主义明确地限定了一个应用范围。他不像艾克曼那样在所有领域寻找“共有的道德信念”，而只在政治领域谈论“宪法的根本问题”（constitutional essential）以及“基本正义问题”（matters of basic justice），只有这些问题才是政治自由主义的问题域。艾克曼的“受约束的对话”对公民的问题没有限定，因此很可能会有属于罗尔斯称之为

“背景文化”中的问题。①

具体来说，对罗尔斯的政治自由主义的限制有三个方面的要素：

第一，“作为公平的正义”是一个独立的道德概念，没有任何形而上学的预设，只为政治目的而提出。它只应用于宪政民主的基本社会结构，不诉诸公民的非政治性的价值观和追求，在各种理性的完备性理论中保持中立。也就是说，他的正义概念绕开了完备性理论的争论，把自由主义原则限定在政治领域，只对于基本社会结构如何设置有所言说，而持有不同完备性理论的公民用他的正义原则来改进基本的社会结构能形成重叠共识。

第二，他的正义概念的起点隐含在自由民主社会的政治文化之中。也就是说，它的起点为生活在自由民主社会的公民所共有，而这恰恰是重叠共识之所以能达成的基础，即广泛的反思平衡可以取得平衡的基础，如果没有一个共同的起点重叠共识恐怕很难达到。那么，到底这个“自由民主社会公民所共有”的东西是什么呢？是不是公民所共享的任何东西呢，比如，已经确立的文化信念、传统、宽容和尊重等？还是一个封闭的自由民主社会的强制性政治权力以及在受这个权力管制的公民身份？罗尔斯认为是后者，并且认为公民们除了共同的政治文化之外不需要一个总的共同文化。

第三，政治证成的基础是公共理性的概念，而公共理性“是自由民主民族的特点，是有共同公民身份的公民的理性”（*PL*，213）。公共理性之所以是公共的，原因有三：其一，为自由民主社会的自由和平等的公民所共有，因此是公众的理性。其二，其主题是公共善（public good）以及根本正义问题。其三，它的性质和内容是公共的。

从以上三点来看，罗尔斯的政治自由主义概念可谓限制重重，这就可以理解罗尔斯为什么没有直接把他的正义概念和原则应用到全世界，得到一个激进的全球正义概念，而只是写了一本非常保守的

① Cf. Bruce Ackerman, *Social Justice in the Liberal State*, New Haven and London: Yale University Press, 1980, p. 17.

《万民法》[①]。其实，全球正义的概念是他的理论框架所不允许的，因为在全球范围内没有可以与西方自由民主社会中的政治基础相平行的政治基础：包括自由民主国家的基本社会结构，以及人们所共有的政治理念。虽然罗尔斯处理国际正义问题的《万民法》饱受各方非议，但却是忠实于政治自由主义的内在逻辑的。对罗尔斯来讲，全球政治自由主义的概念违反了政治自由主义的内在逻辑。因此，罗尔斯在面对全球正义这个问题的时候的确是保守的，因为不保守的代价不合政治自由主义的内在逻辑，导致政治自由主义遭遇证成困难。政治自由主义的独特之处在于为"自由主义"寻找政治基础（vs. 哲学基础或道德基础），也就是所谓共同基础（common ground），而这种政治基础都局限在自由民主社会内部。[②] 罗尔斯忠实于政治自由主义的内在逻辑，将自己的"作为公平的正义"的概念和原则限定在自由民主社会内部，但却因此在面对全球正义问题时，只能提出非常保守的万民法。当然，这样来坚持政治自由主义是要付出代价的，因为政治自由主义具有先天的界限，它所依赖的政治基础目前只能在自由民主社会中找到，逾越了这个界限，它将很难被证成。

综合以上分析，我们认为可以在下述意义谈论罗尔斯政治自由主义的有限性：首先，政治自由主义发生在西方自由民主社会的内部，其作用范围仅限于公共领域，尽管我们对公共领域的理解有所不同。其次，政治自由主义的基础是在自由民主社会内部，离开这个环境将无从谈起。因此，我们在理解罗尔斯的政治自由主义时也一定要注意这些限制条件，这也是本书的题目是"批判"的原因之一。也正是基于这两点，我们找到了探寻政治自由主义道德意涵的关键。

---

① 关于这一点，我们将在最后一章讨论，这里只是把这个问题提出来作为一个结论，引起大家的思考。

② 参见陈晓旭《政治自由主义的界限》，《世界哲学》2012 年第 1 期。

第五章　政治自由主义的道德意涵

综观罗尔斯的正义理论，我们会发现政治与道德之间有着千丝万缕的联系。前面提到，罗尔斯在《正义论》时期以康德的道德形而上学为基础，而在《政治自由主义》时期则是以道德学说为基础。① 然而，我们的问题是：道德形而上学与道德的基础是不是一回事？事实上，罗尔斯的后期理论虽然考虑了理性多元论的事实，但他仍坚持自己的道德信仰，只是坚称并非形而上学。我们认为，罗尔斯后期的政治哲学虽然无须与形而上学挂钩，但是仍需要一种道德的基础性作用，只是这种道德基础不是形而上学的。②

《政治自由主义》的首要问题表明，对于同意并且认可道德人的自由正义观念，理性民主的公民面对现实社会是如何可能的，正义观念对自由平等的公民确定优先性，并提供理性的社会最低限度。这似乎不是一个困难的问题，因为罗尔斯限定了"理性人"的观念，理性人能够与其他的理性人进行合作，并且可以宽容通过基本自由而建

---

① 查尔斯·拉莫尔文通过对罗尔斯与哈贝马斯之间的争论的细致比较，阐述了作者对政治自由主义的道德基础的理解，笔者的观点也得益于他的文章。Cf. Charles Larmore, "The Moral Basis of Political Liberalism", *The Journal of Philosophy*, Vol. 96, No. 12 (Dec., 1999), pp. 599–625.

② 也有学者指出，尽管罗尔斯的政治自由主义包括文化和道德的传统，但是，自由主义的基础仍是道德和形而上学的，而非仅仅是政治的，自由主义的非政治因素包括自由的道德和自由的文化。这种观点与笔者的观点有类似之处，其差别在于，笔者认为政治自由主义的那种基础并非形而上学的。Cf. Onora O'Neill, "Political Liberalism and Public Reason: A Critical Notice of John Rawls, Political Liberalism", *The Philosophical Review*, Vol. 106, No. 3 (Jul., 1997), pp. 411–428; Jean Hampton, "Should Political Philosophy be Done Without Metaphysics?", *Ethics*, Vol. 99, No. 4 (Jul., 1989), pp. 791–814。

立在这个限定之上的其他生活方式。但是，罗尔斯“理性人”的设定并不一定意味着他们接受既不是公平平等的机会，也不是社会最低限度平等的政治自由。此外，宽容其他人选择信仰和生活方式也是一个重要的挑战，因为自由平等的人具有相互冲突的道德、哲学和宗教观点。我们经常宽容其他人的自私自利，似乎可以避免不必要的冲突和争吵。但是，为什么对于道德人的宽容（我们相信他是道德的），有人会拒绝接受我们深刻的道德和宗教信仰？即使希望其他人可以接受合作的条件，宽容道德人的言论和生活方式，我们也会发现，令人反感的道德和宗教的困境（repugnant）似乎是一个特殊的立场。①

在政治建构主义中，定义独立于完备性学说的政治正义观念是罗尔斯解决这个问题的第一步。其中至少包含两个基本的因素：第一，基于政治正义观念的理性完备性学说的重叠共识观念；第二，公共理性的观念，它提供运用在政治观念上的公民慎思和辩谈的条款，并给出法律证明。把这两个因素合二为一，即在理性完备性学说的重叠共识基础上的稳定性是被公共理性的观念加强的。因为，我们在基本政治制度的公共辩论中，不能诉诸特殊的完备性宗教和哲学学说。也正是通过揭示这两个观念的基本内涵，我们才能进一步澄清政治自由主义的正当在何种意义上优先于善。

第一节　重叠共识的道德基础

一　“重叠共识”是谁的“共识”

我们知道，罗尔斯关于多元社会的自由主义理论诉诸公民的重叠共识，对各种完备性的道德学说保持中立。那么，这是不是说它与道德无涉？他的政治自由主义是否存在道德基础？事实上，罗尔斯引入重叠共识的理念就是为了使良序社会的理念更加现实，按照现代民主社会的社会历史条件加以调整，而在这些条件中就包括理性多元论的

① On the peculiarity of toleration, see T. M. Scanlon, in *The Difficulty of Tolerance*, New York: Cambridge University Press, 2003, ch. 10.

事实。由于现代民主社会存在理性多元论的事实，这使得罗尔斯放弃了其对正义原则普遍性的要求，认为政治哲学的目的应针对现实社会而定。在现代宪政民主社会中，政治哲学要建立一个有关正义的政治思想体系，任何一种宗教、道德或哲学的完备性学说只作为追求一种独立的形而上学或者道德真理，已经不能为民主社会提供一个正义的政治体系之基础。在政治建构主义理论中，罗尔斯就排除了道德形而上学所具有的至高无上的地位。事实上，“重叠共识”的观念为罗尔斯提供了合理解释现代民主社会的理性多元与社会稳定之间矛盾的新途径。

在《政治自由主义》中，罗尔斯重新定义了“良序社会”，它已经不再是建立在基本道德信念基础上的社会，而是建立在政治正义基础上的社会，而政治的正义就是这种“重叠共识”的核心。“重叠共识”（overlapping consensus）是罗尔斯在《政治自由主义》中提出的一个新概念，也是构成其政治自由主义理论的支柱性理念之一。罗尔斯通过对这一理念的阐释，解答了在一个理性多元而又冲突的完备性学说存在的现代民主社会，如何达到理性的共识和正义的社会秩序，如何到达社会的长期稳定问题。按照罗尔斯的观点，重叠共识之所以必要，是因为现代民主社会存在着诸种基本的公共政治文化事实，即理性多元论的事实①。在笔者看来，重叠共识的主要作用就是为了解决稳定性问题。②

在现代民主社会，一种理性的完备性学说已经无法提供确保社会统一的基础，也无法提供有关根本政治问题的公共理性内容。如果要使良序社会达到统一和稳定，就必须要有一种理念与政治正义相辅相成。在罗尔斯的理论视野中，这就是理性的完备性学说如何达成重叠共识。在重叠共识中，各种理性的完备性学说从各自的观点出发并认可这个政治观念。具体说来，其一，社会统一的基础是重叠共识；其二，达成这种共识的各种学说得到社会公民的认可。前一个主要是说

① 前面第四章第一节已经给出了理性多元论事实的5种情况，这里不再展开。

② Cf. Samuel Freeman, *Rawls*, London & New York: Routledge, 2007, p. 366.

政治正义成为重叠共识的核心，而后一个则说明了重叠共识对政治正义的认可。事实上，政治建构主义的意义就在于，在理性多元论的事实和民主社会之间，必须保证重叠共识的可能性。

重叠共识所应对的是相互冲突而又理性的完备性学说的多元事实，而且，理性而不相容的宗教、道德和哲学的完备性学说的多元性是一种永久性的特征。事实上，最常见的多元化社会中的道德冲突问题解决的方案是，公民同意从政治议程中删除那些有关政策决定的原则。[①] 罗尔斯认为："为了了解一个良序社会怎样到达统一和稳定，与政治的正义观念一道，我们引进了另一个政治自由主义的基本观念，即理性的完备性学说的重叠共识的观念。在这样一种共识中，理性的学说各自从它自己的观点出发赞同这个政治理念。社会团结是基于这种对政治观念的共识上的。"（*PL*, 134）因此，重叠共识既与多元性事实相关，也与政治的正义观念相关。重叠共识限于政治领域及其价值方面，与宪政民主体制的政治正义观念相适应。因此，公民的完备性观点也就来自两个部分：一部分被看作公共认识所承认的政治正义观念，另一部分则是公民自己持有的完备性学说。在政治自由主义看来，政治的正义观念是核心。对此，罗尔斯强调："第一，社会的基本结构为一种政治的正义观念来调节；第二，这一政治的观念是诸种理性的完备性学说的重叠共识的中心；第三，当宪法的根本和基本正义的问题处于危险之中时，按照这种正义观念来疏导公众的讨论。"（*PL*, 44）应当说，没有政治的正义观念，宪政民主就没有基本原则；没有政治的正义观念，重叠共识就没有基础，大众的讨论就没有准绳。可以说，政治的正义观念是宪政民主社会的基本理念。

"重叠共识"是居于社会统治地位的政治原则基础上达成的社会一致。为了这种以稳定性形式的协议，它必须赢得每个公民的支持。它希望所有的公民保持人类生活的本质，以及我们在世界中位置的总体性观点，它可以证明每一种完备性的学说都支持相同的政治原则，

---

① Amy Gutmann and Dennis Thompson, "Moral Conflict and Political Consensus", *Ethics*, Vol. 101, No. 1 (Oct. 1990), p. 64.

而我们所理解的政治原则比完备性的学说范围要窄。罗尔斯认为，这种对稳定性问题的解决，不能涉及屈服于完备性学说的人们。当他在谈论他所希望获得的，在完备性学说和作为公平的正义之间的关系时，罗尔斯说："在某种情形下，政治自由主义仅仅是某一公民的完备性学说的结果，或是其完备性学说的继续。在另一些情形下，它可能与作为一种既定社会世界环境的可接受近似物相联系。"（*PL*，xix）我们必须考察无论上述关系是什么，它必须对每个人所信仰的完备性学说和作为公平正义的规范没有冲突。再者，他的完备性学说应该事实上是支持作为公平的正义的。这种要求来自前面对稳定性的解释，它必须赢得每个公民的理性支持，而人们也不会放弃他们的完备性学说。它遵循作为公平的正义原则来达到稳定性，公民们的完备性学说必须在逻辑上与作为公平的正义相容。

按照罗尔斯的观点，要为宪政民主找到共享的基础，还需要切入政治文化背景。政治的正义原则蕴含在公共政治文化背景之中，"该观念便能提供一种得到公共承认的观点，从这种观点出发，所有公民都能相互检验他们的社会制度和政治制度是否公正。……因此，公平的正义的目的乃是实践的；它本身表现为一种正义观念，该正义观念可以为公民作为一种理性、明智而又自愿同意的政治协定的基础而被公民所共享"（*PL*，9）。公共政治文化中积累着人们意识到的基本理念和原则，清晰而系统地阐述这些原则，使它们能够成为适合现代民主社会的公民所需要的政治正义观念。[①] 在某种程度上可以说，完备性学说的多元论就是重叠共识的基础。

二　从道德到政治：重叠共识的实现

我们知道，重叠共识的基本含义就是排除各种意见分歧和对立之后的共同认识。按照罗尔斯的观点，重叠共识的特征与道德对象、立场和稳定性有关，重叠共识渗透到政治正义的基本原则。重叠共识从公众协议到公平联合的良序社会，理性而合理、自由而平等的公民观

---

① 前文在论及理性多元论事实的时候已经提及，这里不再展开，详见第四章第一节。

念发挥了重要作用，重叠共识对于认可可以得到的社会联合最合理的基础是足够充分的。在罗尔斯那里，重叠共识的实现分为两个步骤。第一步，是宪法共识，它满足政治正义原则。这些原则的接受，只具有一种程序性的作用。第二步，是重叠共识。宪法共识产生后，政治团体进入公共论坛，同时，那些持有不同的完备性学说的团体也加入进来。或者从某种意义上说，宪法共识是第一阶段的重叠共识。

在《正义论》的原初状态证明中，人们受到无知之幕的遮蔽，不知道各自的特殊境遇，并不具有各自特殊的完备性学说，但是人们运用反思平衡，最后确立了公平正义的两个原则。当人们进入现实社会，人们必须面对理性的不相容的各种有关道德、宗教和政治的学说，在这样一种思想背景下设计宪政体制。对于立宪活动，在《政治自由主义》中，罗尔斯并不是从原初状态开始的，而在讨论宪法共识时，尽可能地从现实的历史出发。罗尔斯在提出宪法共识如何产生时指出，由于各种各样的历史事件和偶然性，人们会把某一些自由主义的正义原则作为一种纯粹的临时协定而接受，并将这些原则与现存政治制度结合起来。如同宗教改革以后人们把宽容的原则当作一种纯粹的临时协定接受一样。而问题在于，在一部满足这些自由的正义原则的宪法中，这种最初的默许怎么会发展成为使这些原则得到人们的广泛认同并成为宪法共识？

按照罗尔斯的观点，我们所接受的政治正义原则源自某种自己所接受的完备性学说，虽然不是从这种学说中推导出来的，但却与之相容。在日常生活中，通常没有做出决定，也没有过多想过这么回事，而是慢慢地认同这些已经合并到制度之中，并已融入政治实践中的正义原则。社会基本结构是一个封闭的体系，我们生而入其中，死而出其外。如果人们认识到其所接受的完备性学说与这些正义原则是不相容的，就会修正这些学说，而并非放弃这些原则。罗尔斯指出，近代宪政民主政体的正义原则就是一种宪法共识的形成过程。历史上的诸多自由主义原则并不完全等同于罗尔斯倡导的公平正义原则，罗尔斯宪法共识的核心是政治的正义观念。因此，我们可以意识到罗尔斯的这个宪法共识的核心与历史上所形成的核心的关系，这实际上是对历史上的真实的宪法共识核心的继承和发展。

罗尔斯认为，自由主义原则在有效地调节基本的政治制度时，它们达到了稳定的宪法共识的三个基本要求：第一，理性多元论最初导致一种临时协定的宪法政府，但是，自由主义的原则还需要满足如下要求，即最终固定某些基本权利和自由的内容，并赋予了它们特殊的优先性。这就可以把各种预设排除出政治议程，坚定地确立政治的竞争规则。第二，一种稳定的宪法共识与应用自由主义原则所包含的那种公共理性相联系，它们只诉诸有关政治程序以及各种基本权利和自由的制度事实。第三，稳定的宪法共识需要政治生活中合作的德性，以及为满足他人而做出的让步的意愿。所有这些德性都与那种每个人可以公共接受的条件基础上与他人合作的意愿相联系。（*PL*，161－163）在此，罗尔斯提出了宪法共识将德性作为一个必要条件，这也与20世纪末美国社群主义者批评自由主义学说忽视德性伦理的历史背景相关。①

宪法共识最终发展成为一种重叠共识。重叠共识是面对诸多完备性学说的多元论事实，在立宪原则指导下理性的公民达成的共识。通过这种途径与方式，达到正义的社会制度的长久稳定。在罗尔斯的整个正义理论中，稳定性问题主要通过两种方式加以解决：一是在《正义论》中个体的正义感的培养，它是通过道德心理学来完成的。公民在良序社会的宪政民主社会中获得一种正义感，他们能够服从社会的正义安排。假如公民的德性和利益是在正义基础上的生活中形成的，他们的正义感就能够抵制各种非正义的倾向。二是在《政治自由主义》中的重叠共识。由于现代民主社会存在理性多元论的事实，这就需要有一种政治的正义观念成为重叠共识的核心，使得宪政民主体制能够得到各种完备性学说的支持，从而实现良序社会的长久稳定。因此，对于民主政体而言，稳定具有压倒一切的重大意义。

作为公平的正义通过培育公民的正义感来关注政治稳定性。罗尔斯认为，那些在正义制度下成长起来的人们，能够获得一种保证这些

① 在第三章已经论述，这里主要是指麦金泰尔等人的批评。

制度稳定的正义感与理性忠诚。而各种理性而又冲突的完备性学说的存在是一个现代民主社会的永久事实，如何能使得这种冲突不至于摧毁民主政治的制度框架，并且使得这些相互冲突的完备性学说的持有者能够拥护这样一个民主制度，还需要重叠共识来发挥作用。也就是说，面对理性多元论的事实，稳定性仅仅依靠诉诸道德心理学的法则是远远不够的。

> 公平正义所需要的这种稳定性，是建立在它作为一种自由主义政治观点之基础上的，它以能够为理性而合理的和自由而平等的公民所接受并诉诸于他们的公共理性为目的。……我们已经了解到，在立宪政体中，自由主义的这一特征是如何与政治权力的特征联系在一起的。也就是说，政治权力乃是作为一个集体性实体的平等公民的权力。如果公平正义不能赢得那些认肯合乎理性然而却是相互冲突的完备性学说——这些相互冲突的学说的存在，乃是自由主义观念本身所鼓励的那种公共文化的特征之一——的公民之理性支持的话，它就不可能是自由主义的。（*PL*，143）

事实上，稳定性问题并非让那些反对某个观念的人通过有效的制裁而使他们按照此观念去行动，我们的任务不是将这种真理强加于人，就像卢梭那样强迫人们的自由，或者像霍布斯那样以新的社会专制来维持社会稳定。相反，公平正义的政治正当性只以寻求公共证明的基础为目的，并且诉诸公共理性，诉诸理性而又合理、自由而平等的公民。不难看出，由于理性多元论的问题，罗尔斯不再试图产生道德同意，而是转向可以产生“重叠共识”的原则。①

重叠共识的第一个特征是寻求各种理性的完备性学说的共识。各种理性的完备性学说在某种程度上为公民所认可，这体现了对自由平

---

① George Klosko, “Rawls's Argument from Political Stability”, *Columbia Law Review*, Vol. 94, No. 6 (Oct., 1994), p. 1887.

等的公民的尊重。从某种意义上来说，理性多元论并不是人类生活条件中的不幸，而是一种长久存在的事实，是人类的思想、观念和理性多样化的产物。只是在现代民主社会中，这一特征变得更加显著。罗尔斯把理性多元论与一般多元论区分开来，前者只包括理性学说，后者则包括理性与非理性的学说，甚至反理性学说。重叠共识就是在这种理性多元论基础之上的共识。然而，罗尔斯认为，虽然共识不是建立在非理性的完备性学说之上，这里却有一个如何包容的问题。在这种意义上说，他同样也肯定那些非理性的完备性学说存在的合理性。

第二个特征是政治的正义观念独立于各种完备性的宗教、哲学和道德学说。我们把政治的正义观念理解成为一种独立的观点，它不能提供超出该政治观念的特殊的宗教、形而上学和认识论观点，但它能够得到这些理性的但又互不相容的学说的支持。那么，我们应该怎样理解这种重叠共识？对此，罗尔斯列举了三种重叠共识的模式。其一，政治观念与宗教学说的重叠共识。政治的正义观念包含宗教宽容和信仰自由的原则，各种理性的宗教学说也认同这一政治观念，并赞成宪政体制下的基本自由权。其二，基于诸如康德和密尔这类完备性自由主义道德学说的基础上，认同政治的正义观念。也就是说，坚持康德和密尔自由主义道德学说的人们，从他们所持有学说的前提推演这种政治观念的基础，并从他们的完备性学说角度去认可这种政治的正义观念。其三，除了正义原则所规定的那些政治价值外，还包括其他一些非政治的价值。在仅仅把政治价值作为其中之一的那些价值领域里，不同的完备性观点通过在自己领域里引申出来的理念而达到了一种广泛统一。在这种完备性观点中，政治的正义观念所认同的是那些通过对各种判断的平衡而得到的东西。按照罗尔斯的观点，每一种完备性学说都以一种不同的方式与政治观念相联系。如果说它们都认可这一政治观念的话，那么，“它们首先认可的是给予该政治观念以推演性的支持，并在它们各自内部继续支持这一政治观念；其次，作为一种令人满意的和可能是最好的方式，就是给予该观念以有效的、最接近于正常社会条件的支持；最后一种方式是，依赖于平衡各种相互竞争的价值之成熟判断，来考虑到事情的方方面面。任何人都不会因受到政治妥协的驱使而接受该政治观念”（*PL*，171）。

从以上两方面的分析来看，这种分析正好对应了后期罗尔斯道德与政治的区分。但是，这种共识到底能在多大程度上深入公民的完备性学说？而又能在多么具体的程度上达成对政治观念的一致认可？其实，这主要涉及重叠共识的深度和广度问题。对此，罗尔斯指出：“这种共识的下限是根本性的理念，公平正义正是在这些根本性理念内制定出来的。我们假设，人们所达成的契约一致足够深入，足以达到诸如作为公平之合作系统的社会理念，以及作为理性而合理、自由而平等的公民理念一类的根本性理念。至于其广度，它涵括一种政治观念（在此情形中，是指公平正义的观念）的各种原则和价值；它适用于作为整体的基本结构。”（*PL*，149）重叠共识的深度要求其所达成共识的政治原则和政治理想必须建立在政治正义原则的基础之上，该政治的正义原则适用于公平的正义所阐释的社会理念和个人理念。重叠共识的广度则超出了将民主程序制度化的政治原则，包括那些涵盖了作为整体的基本机构的原则。

按照罗尔斯的观点，“重叠共识”有三个基本要点：第一，它本身就意味着宽容各种合乎理性的学说，不包括非理性和反理性的学说或观点；第二，重叠共识的中心只能是基本的政治正义，而政治正义是一种独立的观点；第三，它不是某种临时约定，而是一种“公共理性的观点”。要使重叠共识最终真正成为民主宪政体制的政治基础，这种共识就必须达到一定的广度和深度。重叠共识之所以能够达到这样的深度和广度，而不是一种临时协定，就在于它并不是一种建立在各自利益平衡基础上的权宜之计，它是处于生而入其中、死而出其外的全体成员对自己合作体系的基本结构之原则的共识，不仅有对自己利益的共识，有对服从某种制度安排合理性的共识，而且“所有认肯该政治观念的人都从他们自己的完备性观点出发，并基于其完备性观点所提供的宗教根据、哲学根据和道德根据来引出自己的结论。人们依这些根据来认肯相同的政治观念，这一事实并不使他们的认肯减少任何宗教的、哲学的或道德的色彩，因为他们所真诚坚持的根据决定着他们认肯的本性”（*PL*，147－148）。也就是说，政治正义观念可以得到多种宗教、哲学和道德的完备性学说的支持。任何一种理性的哲学和道德都需要有某种道德哲学的支持。然而，政治自由主义的政治哲学却并非需要道德哲学的理论支持，而是要求得到多种理性的道德学说的支持。在涉及社会的基本结构方面，它不仅仅是一种政治的观念，而且也是一种道德的观念，只是这种道德观念并非某种完备性学说派生的道德观念，而是一种政治意义上的道德观念。

对于罗尔斯来说，重叠共识虽然只是一个政治共识，但它却是一种承认道德真理的公共正义观念的共识。正如许多批评者指出的那样，重叠共识只能是人们之间的共识或者公民之间的共识，而不是各种理性的学说之间的共识。① 道德真理观念的保留在一个特别的完备性观点中使用，在这些学说中作为合理性的公民认可这个政治的观念，这些私人的认可并不是公共性的、政治的使用。因为，它们依赖于完备性的学说，这些学说也不是所有的公民所共享的。于是，我们就处于比较困惑的位置：一方面，政治观念不需要道德真理的证明；另一方面，它本身的证明需要通过它服务于重叠共识的目标的能力来完成。但是，产生重叠共识的特殊认可不是公共的、政治的正义观念的证明，因为这依赖于所有公民接受的不相容的道德学说。在这种意义上，罗尔斯的政治正义观念就不只是重叠共识的普遍事实的证明。而这些事实的本质尽力诉求一些政治观念与道德真理相关的特殊认可，与这种纯粹的政治正义观念相妥协。

---

① 许多学者都曾经发表文章专门讨论批评罗尔斯的重叠共识观念，他们大都认为重叠共识是不可能实现的。这样的文章很多，作者们围绕这个问题从多角度展开论述，由于对这个问题的深入批判与本文的主旨有一定差距，这里不做详细展开。Cf. Lawrence E. Mitchell, "Trust and the Overlapping Consensus", *Columbia Law Review*, Vol. 94, No. 6 (Oct., 1994), pp. 1918 – 1935.; Brian Barry, "John Rawls and the Search for Stability", *Ethics*, Vol. 105, No. 4 (Jul., 1995), pp. 874 – 915; Hans Keman and Paul Pennings, Managing Political and Societal Conflict in Democracies: Do Consensus and Corporatism Matter?, *British Journal of Political Science*, Vol. 25, No. 2 (Apr., 1995), pp. 271 – 281; Samuel Scheffler, "The Appeal of Political Liberalism", in Chandran Kukat has (edited), *John Rawls*, Volume Ⅳ, London and New York: Routledge, 2003, p. 9; George Klosko, "Rawls's 'Political' Philosophy and American Democracy", *The American Political Science Review*, Vol. 87, No. 2 (Jun., 1993), pp. 348 – 359; Michael G. Barnhart, "An Overlapping Consensus: A Critique of Two Approaches", *The Review of Politics*, Vol. 66, No. 2 (Spring, 2004), pp. 257 – 283。

三 重叠共识与政治正义

就整个政治自由主义来审视重叠共识与政治正义的关系，笔者认为有两个方面的意思：一方面，重叠共识支持政治正义；另一方面，政治正义是重叠共识的核心。从重叠共识对政治正义的作用来看，主要是稳定性问题的内容。按照《正义论》，政治哲学需要注意以下几点：（1）它应该提供一种统一、重述和证明正义的基本原则，这些原则是建立政治和经济制度的基本要求；（2）它应该解释和阐述这些原则的应用，对于熟悉的政治问题，展现出这种理论与我们的道德判断是一致的；（3）它将提供一种考虑，按照正义原则建立的社会是稳定的。这三个问题分别对应罗尔斯《正义论》的三个部分。弗里曼主要讨论了罗尔斯对稳定性问题论证的作用和输入，他的讨论主要集中在两点。首先，罗尔斯对稳定性问题在《正义论》中的论证，以及康德对罗尔斯的影响。康德认为，阐明一个正当的宪法可能是人类最大的问题。为此，罗尔斯需要解决三个问题：第一，正当宪法的准确概念；第二，实践过程中的丰富经验；第三，高于一切的善将接受该宪法。这三个方面正是罗尔斯在《正义论》中阐述的康德问题的结构。康德的第三个问题“善良意志”涉及被给予突出人性倾向的正当宪法的可行性，这个主题对应罗尔斯《正义论》的第三部分“目的”。罗尔斯在《正义论》的第一部分和第二部分已经给出了正义原则和制度设想，正义涉及建立在公共意志的道德确信和民主制度的知识之上。罗尔斯对稳定性的证明，就是为了展示这些公共意志的表达能够促进每个人意志的发展，至少良序社会的成员能够意识到这种状况。其次，关于一致性问题的论证，对这个问题的关注促使罗尔斯走向政治自由主义。①

我们知道，在《正义论》发表之后，原初状态的论证遭受了很多激烈的批评，却没有人直接批评罗尔斯的稳定性和正义感。有学者

① Samuel Freeman, "Congruence and the Good of Justice", in *Cambridge Companion to Rawls*, Cambridge: Cambridge University Press, 2003, pp. 277 – 315.

从罗尔斯的理论出发，做了几点分析：其一，排除任何原初状态的考虑，仅仅关注实际的社会契约的稳定性。预测人们对未来的认识是有限的，充其量只是对未来事件的认识，而对影响其福祉的可能的知识，却远远小于罗尔斯的先决条件。其二，罗尔斯对建立在合理性选择理论之上的正义感的承诺更加注重。其三，我们斥之为正义感的情操，让它更有实质性作用。其四，这些努力会自然地导致稳定性问题更广泛的概念。[①] 对此，我们应注意以下两个问题：首先，在一个多元化社会中，社会被看作是最终目的的共同手段。只有参加者能够发展并有效表达作为人类福祉的社群承诺，稳定、有效的社会契约才是可能的。其次，对于那些已经取得社群意识的人，最有效的表达方式是参照规范的认可，把罗尔斯作为公平正义的原则解释成平均的效率原则，而对于那些试图发展社群意识的人，同样的原则提供了确立他们立场的最有前途的地方。

克劳斯科考察了罗尔斯对稳定性观念的理解，以及它在罗尔斯道德原则证明中的作用。对稳定性问题的考察，代表人的慎思起到重要作用。在《政治自由主义》中，这种关注减弱了罗尔斯对公平正义的辩护。政治自由主义是一种家族学说，这种家族学说能在一个社会中达成重叠共识。对政治稳定性的考察，更能让我们对不同的社会产生不同的道德原则。在一个不稳定的或者充满敌意的社会，代表人必须支持不同的政治自由主义，这种政治自由主义带有权利的概念并不像罗尔斯那样的诉求。在一个稳定和平的社会，他们可能更倾向于罗尔斯的原则，尽管没有理由是道德的稳定性。这里有一个问题，超越一定基础而并非稳定性问题基础上的罗尔斯原则的论证，对于那些相互冲突的完备性观点面临不相容的危险。基于这样的考虑，无论如何，罗尔斯支持的道德稳定性优先的公平正义需要实质性的修正。这确实是“公平正义一系列严重的问题”，这在很大程度上是政治社会

① Edward F. McClennen, "Justice and the Problem of Stability", *Philosophy & Public Affairs*, Vol. 18, No. 1 (Winter, 1989), pp. 3 – 30.

学的原因，而非道德心理学。[1]

由于多元论的问题，罗尔斯的正义原则需要被具有不同理性的人们所认可。在《政治自由主义》中，罗尔斯更加关注稳定性，他把主要精力放在政治自由主义的基本问题上。相对于《正义论》中的道德获得，首要的是规范性问题。他说："在被看作是自由平等的、并在整个生活中世世代代都能充分合作的社会成员之间，具体规定其社会成员之公平项目的最适当的正义观念是什么？"此外，"以一种普遍方式理解的宽容问题结合起来"（*PL*，3）。也就是说，"因宗教学说、哲学学说和道德学说而产生深刻分歧的公民，怎样才能维护一个公正而稳定的民主社会"（*PL*，10）。在民主社会中，稳定性的使用必然要涉及政治稳定性。把以上两个基本问题合在一起，就是"政治自由主义"的问题。罗尔斯希望正义原则用一种规范的术语表达，进而引出对稳定性问题进一步阐释。尽管罗尔斯相信稳定性是最基本的，但它仍然不如规范的正义原则重要。罗尔斯坚称，只有这种源自具有"政治观念"的正义原则作为"理性的完备性观点"的"重叠共识"的基本要素被展现出来，正义的稳定性问题才能保证得到解决。虽然已经确定了什么使得"完备性的观点"是理性的，但笔者认为，罗尔斯把理性和正义之间的关系这两种不同的事实放到一起，一个是关于理性人的，另一个是关于理性的观点。"重叠共识"的观念对稳定性修复在于，"政治观念"的理论依靠一种"多元论事实"，这实际上是一种理性的限制。如果这种"形而上学"的角色在论证中得到加强，这对于理性人来说，不管他们的"完备性观点"怎样，我们都可以回到"重叠共识"作为一种稳定的状况。

那么，正义原则的稳定性如何促进政治的稳定性？罗尔斯不再试图论证道德同意，而是转向"重叠共识"的原则。罗尔斯的核心观点是重叠共识的观念。他认为，西方自由主义出现几个世纪以来，不同组织之间的关系是冲突中的融合。其中，产生于16、17世纪的欧

---

[1] George Klosko, "Rawls's Argument from Political Stability", *Columbia Law Review*, Vol. 94, No. 6 (Oct., 1994), pp. 1882 - 1897.

洲宗教战争是宗教宽容的根源。这种根深蒂固的多元论事实产生了新的社会可能性，“这是一种理性和谐而又稳定多元的社会可能性”（*PL*, xxv）。基于这种考虑，罗尔斯认为，政治哲学的工作是在一系列“深刻政治冲突”的运动中建立的。政治哲学在各种不同的冲突中搭建桥梁，“当我们内部已经四分五裂时，我转向政治哲学”（*PL*, 44）。对此，罗尔斯用美国南北方对奴隶问题的解决来说明这个问题，这个事例说明了各种组织在和平稳定的社会中共处的重要性。

对罗尔斯来说，各派仅仅共存是不够的，他还区别了临时协定和重叠共识。临时协定是一种终止争论的模型。具有不同观点的各种组织，在协商条约时，明智谨慎地弄清他们所提出的契约代表的平衡点。这样一种协议即使是平衡权利的需要在道德上也是肤浅的，占支配地位的组织可能与较弱地位的反对者产生新的冲突。与临时协定相反，罗尔斯的重叠共识是一种道德稳定性。它的追随者对理性的支持，根源于完备性的道德观点（尽管不同组织支持不同的观点）在良序社会中培育的正义感。重叠共识的重要优点就是它的政治稳定性，按照这样的方式平衡各派的权力，可以发挥各派的长处。总的来说，《政治自由主义》的论证思路是这样的：（1）把作为公平的正义看作是一种“政治的观念”而非“完备性的道德学说”；（2）按照政治的设想，在理性的和非理性的完备性学说之间做出一个区分；（3）区分在理性学说的重叠共识基础上的稳定性和在临时协定基础上的稳定性；（4）如果政治的正义原则能够赢得理性多元学说的重叠共识，在一个多元的世界中正义的社会是稳定的；（5）在理性完备性学说的重叠共识基础上的稳定性被公共理性的观念加强，这种观念限制我们的论证，即我们在基本政治制度的公共辩论中，不能诉诸我们特殊的完备性的宗教和哲学学说。

我们知道，在《政治自由主义》中，罗尔斯把重叠共识作为正义原则的基础。1995 年，哈贝马斯和罗尔斯进行了一场著名的辩论。哈贝马斯认为，在《正义论》最后一章，罗尔斯强调依据正义原则建立社会稳定性：这样的社会能否通过对其公民进行必要的政治社会化从自身获得功能上必要的动力（*TJ*, 496ff.）。如果考虑严肃地看待社会和意识形态多元主义的事实，罗尔斯将正义理论最终所依赖的人格这一关键概念必须足够中立化，以便不同世界观的人们都能接受。因而，必须证明作为公平的正义能构成“重叠共识”的基础。然而，罗尔斯认为可接受性的检验，与在论及良序社会自我稳定的潜力时所采用的一致性检验属于同一个类型。按罗尔斯的说法，政治自由主义的论证分为两个阶段，完成第一阶段后，便会进入第二阶段评估得出的政治原则是否稳定。评估的标准是，看不同的理性完备性学说能否从各自的理论内部出发接受政治原则，并形成“重叠共识”（*PL*, 140－141）。但哈贝马斯说道：

> 由于罗尔斯将“稳定性问题”置于最显著的地位，重叠共识便只是起了某种功能性的贡献（functional contribution），使得正义原则能够有助于社会合作的和平制度化；但在这个过程中，一个被证成的理论的内在价值必须已被一早预设。①

哈贝马斯认为，既然稳定性关心的只是一个功能性问题，那么直到第二个阶段才会被处理的重叠共识问题，其成功与否对正义原则本身是否合理可取并无影响，因为这方面的论证已在第一阶段完成。既然如此，政治自由主义中最为强调的重叠共识，便成为一个相当次要的问题。也就是说，重叠共识成了稳定性问题的一个必要条件，而非充分条件。我们知道，罗尔斯视重叠共识为稳定性问题的核心，哈贝马斯的看法当然与罗尔斯相违背。哈贝马斯的反驳是，罗尔斯的政治自由主义缺乏一种彻底的规范性理论的支持，罗尔斯的理论只是倾向于一种共识和稳定性的实用性考虑。通过强调稳定性问题并试图达到重叠共识，罗尔斯已经从规范性转换到纯粹的政治或者实践问题。

持这种观点的人不仅包括哈贝马斯以及同情哈贝马斯的人，同时还包括认同罗尔斯早期著作的人。例如，拉兹等人就认为诉诸重叠共

① Jurgen Habermas, “Reconciliation Through the Public use of Reason: Remarks on John Rawls's Political Liberalism”, *The Journal of Philosophy*, Vol. 92, No. 3 (Mar., 1995), p. 121.

识是一种糟糕的变换；库卡塔斯和佩迪特认为，罗尔斯对社会稳定的重视，带有浓重的霍布斯味道，“因为他的正义观念，不再联系于自律或个性，而是秩序”①。Michael Huemer 分析了罗尔斯正义的观念是如何达到重叠共识的。他通过展示稳定性、理性多元论的事实和重叠共识来构造罗尔斯的论证，并设想了一个原教旨主义者完全相信《圣经》，假定他呈现了“完备性的宗教学说”，首先展示在完备性学说和作为公平的正义之间的冲突，然后考虑罗尔斯可能的协调。原教旨主义者拥护国家支持宗教，因为他们认为这是遵循基督教的信仰，而作为公平的正义却不能达成重叠共识。② 巴里也批评罗尔斯关于“重叠共识”的假设是一种错误的构想。在公共和私人关系之间，可以避免两种极端倾向：一种是被法西斯主义、极端民族主义、雅各宾主义和布尔什维克主义等宣称的取消了私人的倾向；另一种是哲学的无政府主义，政府权威判断私人的倾向。这是一种中间论调，使得自由民主的政治安全需要大量的公共项目，包括经济重建，这被罗尔斯称作第二原则，这种联合怀疑主义的善观念或者带有强烈结论性的“完备性观点”需要正义。罗尔斯第一阶段论证并提供了一种复制这种倾向的理论模型，但并未给出细节，《正义论》的作用还是值得肯定的。③

与之相对，Larry Krasnoff 与柯亨则展开了相反的论证。Krasnoff 为了反驳哈贝马斯和其他学者，认为不是罗尔斯通过强调共识和稳定性的理念来弱化正义论的规范性力量，或者放弃规范性的理论化而倾向于一种实践的目的。这种批评的根源在于误解了罗尔斯正义理论的稳定性和共识理念。批评者倾向于假定，理论再一次被展开来解决单一的或者纯粹的实践问题。为了反驳这种观点，Krasnoff 认为这些理念的

① See, Chandran Kukathas and Philip Pettit, *Rawls: A Theory of Justice and Its Critics*. Stanford: University Press, 1990, pp. 140 – 150; and Joseph Raz, “Facing Diversity: The Case of Epistemic Abstinence”, *Philosophy and Public Affairs*, XIX (1990), pp. 3 – 46.

② Michael Huemer, “Rawls's Problem of Stability”, *Social Theory and Practice*, Vol. 22, No. 3 (Fall 1996), pp. 375 – 395.

③ Brian Barry, “John Rawls and the Search for Stability”, *Ethics*, Vol. 105, No. 4 (Jul., 1995), pp. 874 – 915.

展开，反映了一种规范的态度向实践问题的发展。共识和稳定性的问题有它们自己的道德内涵，也正是按照这种方式提供必要的支持。共识和稳定性问题涉及的不是达成协议的困难，而是决定性的政治证明的工作及其必需条件。这并不是说在罗尔斯的理论中没有预设，而主要是说完备性的观点是理性自身的练习，当这种思考遇到宗教传统而非自我坚持时，就会变得额外困难。正义理论的内容建立在整个理性观念的基础上，仍然受到质疑。诉诸一种重叠共识的观念，也仅仅是一种历史的预设，这种理论缺乏力量。如果论证是正确的，罗尔斯诉诸共识和稳定性的整个论证，就具有他所必需的规范性基础。① 柯亨认为理性多元论的事实是完美的，这在一定程度上影响了罗尔斯在《政治自由主义》中的修正。通过聚焦这个分享政治观念的问题，在欧洲宗教冲突的历史上，罗尔斯似乎放弃了道德证成的目标，倾向于保证政治的和平。这一计划考虑了实践的重要性，并与规范性理论相区别。② 后来，在《答哈贝马斯》一文中，罗尔斯首次使用了“基于正当理由的稳定性”（stability for the right reasons）这个说法，并承认他之前未能好好说清楚稳定性与公共证成及重叠共识之间的关系。“基于正当理由的稳定性”的要旨，点出了罗尔斯要追求的是某种独特的稳定性，即必须透过实现正义感的优先性来达致的稳定性，不是因为这是最有效的方式，而是因为它是最正当的。这些正当理由从一开始便限定了什么样的稳定性是道德上容许或值得追求的。

综合以上分析，从稳定性问题的视角来透视罗尔斯理论中重叠共识与政治正义的关系问题。《正义论》在那个政治哲学不景气的年代，使得道德哲学和政治哲学的不可分性提高到了更深的层次。在《正义论》中有关稳定性的论述主要是，在正义和人们的善之间有一个“一致性”。这个论证似乎诉诸特殊自律的善的观点，这种观点是一种完备性的自由主义的观点。也就是说，这种稳定性论证阐发的一

① Larry Krasnoff, “Consensus, Stability, and Normativity in Rawls's Political Liberalism”, *The Journal of Philosophy*, Vol. 95, No. 6 (Jun., 1998), pp. 269 – 292.

② Joshua Cohen, “Moral Pluralism and Political Consensus” in David Copp, Jean Hampton, and John Roemere, eds., *The Idea of Democracy*, New York: Cambridge, 1993, pp. 270 – 291.

致性在于道德与政治的统一，它使得罗尔斯没有区分道德与政治。然而，在《政治自由主义》时期，面对理性多元论的事实，罗尔斯对稳定性问题的解决面临困境，即如果基本的道德和政治问题是不可避免的，那么《正义论》中良序社会的模型就是不现实的。在一个民主社会中必然要涉及政治稳定性。现代民主社会具有一种完备性宗教、哲学和道德学说的多元化特征，而这些完备性学说是互不相容而又合理的，要让现代社会的公民都认可这些学说是不可能的，因此，为了实现政治社会的稳定性，就要让政治的正义观念成为各种学说的重叠共识的核心。于是，将政治的正义观念从这些学说中区分出来是必要的，这就是道德领域和政治领域区分的内在要求。《政治自由主义》做了这种区分，就是为了更好地解决稳定性问题。

第二节　公共理性的道德意蕴

一　公共理性的本质

对于罗尔斯的政治自由主义而言，重叠共识的基本理念对解答现代民主社会的理性条件下正义原则的应用起到了关键性的作用，对现代民主社会正义原则的运行开创了一种新的解释模式。按照罗尔斯的观点，重叠共识与公共理性是内在关联的，没有公共理性的概念，便无从深入理解重叠共识。只有通过公共理性的基本理念，罗尔斯政治自由主义中政治的正义观念才具有了普遍性的社会基础。在理性完备性学说的重叠共识基础上的稳定性，被公共理性的观念加强，而这种观念限制了我们的论证（其实这就是正当性）。

《正义论》作为公平正义理论的社会契约论，“原初状态”的概念类似传统契约论的“自然状态”。然而，“原初状态”是我们想象的选择正义原则的一种境况，并非真实状况。作为自由而理性的道德人，需要看到“正义论是合理选择理论的一部分，也许是它最有意义的一部分”（*TJ*，16）。尽管各派在原初状态中被“无知之幕”遮蔽了他们的阶级地位、知识资产和能力，但这些道德限制条件对赋予他们的选择来说却是公平的。那么，这种原初契约有什么目的，是否涉及从未实现的真实协议？正如罗尔斯后来所说，原初契约只是一个“代表设置”（*PL*，24），它要求代表正义的各方来参与。事实上，心怀正义原则的每个人都有理由接受合理性的协议，各派只有按照都能接受的原则来分配利益，这才是恰当的。这个观念的核心就是罗尔斯的“公共性”思想，一种契约观念的特性。然而，契约的效力并不只认同该协议，也要针对事实。因此，正义超越了权利和资产的分配，正义原则应该是公共的。对于公共性的原则，我们有理由接受其他人，正如其他人也有理由接受我们一样。一种正义观念获得这种共同支持，一个公共性概念（*TJ*，55f.）也会如此，这种“假然契约”[①] 有助于我们突出正义的公共维度。契约的隐喻连接了两个基本条件：理性的正当性和公共性。这两个条件隐含了“良序社会”的观念，以及具有善的良好成员正义的公共概念。其实，在《正义论》中，“公共性的条件”是从侧面展开论述的。它形成了良序社会的理想，并充当了“稳定性论证”的关键性前提。而关于稳定性的论证，罗尔斯是通过论述什么是善来完成的。[②] 罗尔斯如此关注公共性理想，在于“关于两个原则的公共认可”，“给出了人的自尊，这反过来会更大的增加支持社会合作的有效性”（*TJ*，178）。自尊可能意味着很多东西，但这里只弥补了公共性条件的内涵。公民采取彼此理解且相互承认的公正原则来展示出相互尊重，这是一种共享的观点。相互尊重的公共基础是好的，正义的方案就是稳定的，政治共同体应该依赖于这种相互尊重。后来，这种观念逐渐演变成为罗尔斯政治哲学的核心。相应地，在从《正义论》到《政治自由主义》的转换过程中，“公共性”的理想逐步转变为“公共理性”的学说。[③]

罗尔斯关于公共理性的集中论证主要有两次：第一次在《政治

---

① Cf. Ronald Dworkin, *Taking Rights Seriously*, Cambridge, M. A.: Harvard University Press, 1978, Chapter 6.

② 参见董礼《关于罗尔斯稳定性思想的考察及其批判》，《哲学研究》2012 年第 2 期。

③ 其实，公共理性的主题已经隐含在《正义论》中，这一点从拉莫尔的文章中也能看出来。Cf. Charles Larmore, "Public Reason", in Samuel Freeman, *Rawls*, London & New York: Routledge, 2007, pp. 368 – 393。

自由主义》中，主要是第六章；第二次是1997年的一篇文章《公共理性观念新论》[①]。对罗尔斯来说，公共理性是一个复杂的理念。他在很多地方都有论述：

——公共理性是公民的理性，是那些共享平等公民身份的人的理性。(*PL*, 213)

——公共理性的主题是公共善，它的内容是政治的正义观念。(*PL*, liii)

——公共理性的限制是在“公共政治论坛”的运用，而不是“背景文化”。(*CP*, 575)

——公共理性是“完善的”(complete)：它能够对关于宪法的要素和基本的正义问题提供理性答案。(*CP*, 585)

——公共理性的目标是公共证明，这样的推理是作为理性民主的公民具有的能力。(*CP*, 593)

——公共理性和公共证明满足“相互性的标准”，这些从理性到预设的过程我们有理由认为其他人也可以理性地接受，他们也能理性的接受结论。(*CP*, 578－579)

——在具有司法复审制度的立宪政体中，公共理性乃是最高法庭的理性。……第一，公共理性很适合于作为法庭在履行其作为较高法律的最高司法解释者而非最终解释者之角色时的法庭理性；第二，最高法庭是政府的一个分支机构，它起着公共理性之范例的作用。(*PL*, 231)

在《公共理性观念新论》这篇文章中，罗尔斯把公共理性的形式和内容与民主公民身份联系起来，强调它是一种政治观念的范畴，是在理性多元社会中寻求共识的基础。公共理性不仅关乎基本正义问题的公共善，还要通过理性的政治正义观念进行公共推理。在《政

---

① Cf. John Rawls, The Idea of Public Reason Revisited, *The University of Chicago Law Review*, Vol. 64, No. 3 (Summer, 1997), pp. 765－807。后来，此文被收入《万民法》中作为附录一并出版。

治自由主义》中，宪政阶段基本自由的规范发展，取决于公共理性的观念。请注意，这里是公共理性而不是理性的完备性宗教、哲学和道德学说，应该用来决定宪法自由的性质和限制。如前所述，《政治自由主义》的基本问题是：在理性多元论的背景下，公民在单一的正义观念上取得共识是如何可能的？罗尔斯设想了一种可以在公民间赢得重叠共识的自由主义：重叠共识首先被认可，每个成员把自由主义的观念视为自己完备性学说在政治领域中的表达。由于在诸如制定法律、参加竞选和判决案件等实践中，公民会面对理性多元论所带来的障碍，对此，罗尔斯提出了一种公共政治的辩谈模式（*PL*，218－226）。在通常的政治辩护中进行公共讨论，公民们不会诉诸完备性的宗教和道德学说。可以说，公共理性是罗尔斯后期哲学中重点阐发的概念，是理解罗尔斯政治自由主义的关键。

按照罗尔斯的观点，公共理性在三个方面是公共的：公共自身的理性、公共善以及公共理性本身和内容的公共性（*PL*，p. 213）。这里包含着合法性标准：政治权力只有和宪法的根本内容相一致时才是适当的，罗尔斯把那些容易造成隔阂的争论排除在政治议程之外。因此，民主审议并不适用于一般性的公共政策问题，而是应用于罗尔斯所指的“宪法根本”和“基本正义问题”（*PL*，214）。持有各种完备性学说的公民，如果因此在公共辩谈中坚持诉诸种种非公共理性，他们就不会意识到公民的义务，也不符合民主公民资格的理想。以这种方式拒绝公共理性理念的公民本身就是非理性的，并因此可能遭到强制性的对待。罗尔斯指出：“某一社会也可能包含非理性的、不合情理的，甚至是疯狂的完备性学说，在这种情况下去包容他们，使他们不致削弱社会的统一和正义。”（*PL*，xvi）事实上，在《政治自由主义》发表之后，有两个问题就被提了出来：一是仅仅靠政治的自由主义是不是足够的；二是罗尔斯的理论是否是一种有限度的自由主义，这种自由主义的规范仅仅是政治的，而非形而上学的或不需要道德支持的。[①] 关

① Onora O'Neill，“Political Liberalism and Public Reason：A Critical Notice of John Rawls，Political Liberalism”，*The Philosophical Review*，Vol. 106，No. 3（Jul.，1997），p. 412.

于这两个问题的讨论，在很大程度上都涉及公共理性的问题。

在罗尔斯关于公共理性的理论中，“理性的”（reasonable）与“合理的”（rational）是相对应的一对概念。按照罗尔斯的观点，这种区分可以追溯到康德那里，即绝对命令和假言命令的区分。理性意味着一种道义上的至上性，合理的则意味着功利目的或个人利益（善）的追求的正当性。罗尔斯在限定性的意义上使用理性概念，即提出与尊重公平合作条款意愿联系起来，并将它与认识到的判断负担联系起来。理性是作为公平合作体系的社会理念的一个要素而被所有人接受的理性的公平条款，同时也是相互性理念的一部分。合理的概念适用于人们如何认定适当的利益与目标以及采取适当的工具等手段选择。罗尔斯认为，理性是公共的，而合理性则不是，正是通过理性，“我们才作为平等的人进入他人的公共世界，并准备对他们提出或接受各种公平的合作条款。这些条款已作为原则确立下来，它们具体规定着我们将要共享、并在我们相互间公共认定是奠定我们社会关系基础的理性”（*PL*，53）。

其实，在康德哲学的意义上，人们也是通过体现实践理性的普遍法则才与普遍他者相关联的。正是这种价值理性或者道义理性，才使得我们得以进入他人的公共世界，而公共理性或功利理性则仅仅是规划个人的善的理性，它不具有这种功能，人如果仅有合理性而没有理性就没有人类社会的公共世界，只有人与人之间的冲突与竞争。因此，罗尔斯认为，理性不仅使我们进入公共世界，而且是理性建构了这种公共世界的框架。他说：“只要我们是理性的，我们就会创造出公共世界的框架……没有一个确定的公共世界，理性就会成为空中楼阁，而我们就可能在很大程度上诉求合理性，尽管理性总是在约束着人对人像狼一样相互厮杀的现象。”（*PL*，53－54）同时罗尔斯指出，我们不要以为这是一个对人的道德要求很高的世界，这个理性的世界不是一个圣徒的世界，也不是一个自我中心主义者的世界，而是一个存在相互性因而可能相互合作的世界，这种公平的合作需要这种理性的支撑。事实上，在任何时候、任何情况下，公平的合作条款都需要作为道德能力基础的道德力量和道德理性。

前面提到，对于公共理性的把握，与之相关联的是公共性的概念。政治自由主义所理解的公共性具有三个层次的内容：第一，在社会受到政治正义原则有效调节下达到的，即公民们接受这些原则并了解他人也同样接受这些原则，这种知识反过来又为公众所认识。第二层次涉及普遍信念的问题、公共性的第三层次涉及对公共正义观念的充分证明问题。罗尔斯对公共性的划分和解释，虽然立足于他自己的公平正义理论，但也可以反映出他对公共性的一般理解，即与社会基本结构、基本制度以及调节基本结构与政治的正义原则相关的公共知识、普遍信念以及对政治正义观念的公共范围的充分证明。可以说，罗尔斯所言的"公共"仅指公共领域里最基本的或核心的部分。

实际上，公共理性的观念已经在《正义论》之后阐发出来，后来转向了"政治自由主义"，这样一种尽管人们具有深刻的伦理和宗教差异的公共基础的观念，这个概念本身也逐渐成了他的后期哲学的核心。它贯穿于他的第一本著作中互惠性观念的始终，并在作为公平的正义中扮演重要角色。公平的观念自身，即罗尔斯自身观念的中心，认为公共理性要求的相互性原则和社会契约论的形式详细阐明了他的正义观念。对于罗尔斯来说，公共理性不是一种政治价值。① 它包括了所有产生宪政民主的观念的不同要素，因为它统治"政治的关系"，这使得我们应该站在作为互相的公民的立场上。（*CP*，574）公共理性不仅涉及正当的观念，还认为政治关系的原则应该是一个公共知识的目标。它关注的是我们的集体约束力的决策基础。当我们把我们自己的理性与其他人的理性联系在一起，为了我们的政治生活而争取一种共同观点时，我们就会遵循公共理性。我们在生活中支持的正义观念，不是我们已经发现的理由，也不是简单地共享，而是代替我们认可的理由，因为我们可以肯定大家都认可这些。应当说，这种互惠性的精神是民主社会的基础。

在宪政民主中，公民和官员自然地就有一种感觉，当公民具有相

---

① Samuel Freeman, *Cambridge Companion to Rawls*, Cambridge: Cambridge University Press, 2003, p. 368.

互冲突的宗教和哲学观时，就会在立法和公共论坛不适当地引出。我们经常在公共环境中看到，例如报纸编辑，人们努力呼吁与其他公民共享。当然，这些限制有它策略上的考虑，我们试图说服具有不同的哲学和宗教观点的人。为了说服他们参与，必须持有某些共同的理由。但是，也有道德的/政治的原因限制参与共享公共政治背景的考虑。理性人通常不在法律上被迫采取行动的方式是正当的，为了迫使别人按照个人的宗教信仰行动，实际上却违反了他们自己的良知和更普遍的民主自由。无论如何，它很难给予那些获准政治理由的一般特性。这样说是很不充分的，公民具有不同的信仰以及他们之间的分歧是无法解决的，宗教教义应该置于政治生活之外。对于公民来说，由于具有不能够解决的相互冲突的哲学和伦理信仰，因此不应该“排除规则”以适用于这些诸如宗教的信仰。此外，有时在公共政治生活中对民众宣称宗教（或哲学的和道德的）信仰是合适的，这样可使人们支持或者反对正义解决正义基本问题的措施。马丁·路德·金的宗教宣扬支持了民众权利就是一个很好的例证，宗教关怀的政治诉求促使强化公众的正义感。那么，我们如何使得这种观念成为“公共理性”呢？公共理性的观念很容易误解。如果“公共理性”的所有含义是社会中民众共享的理由，那么，任何社会都会有一个公共理性观念。在这种意义上，公共理性的基本特征有可能是《圣经》、《古兰经》或者其他的宗教文本。对于罗尔斯而言，公共理性的观念是民主社会的一个基本特征。罗尔斯说：“公共理性是一个民主国家的基本特征，它是公民的理性，是那些共享平等公民身份的人的理性。”① 这就意味着，仅仅因为社会中的人们普遍接受和推论关于共同宗教不能使得这些学说成为公共理性的部分。即使在一个伊斯兰国家，如沙特阿拉伯的所有成员，接受穆斯林的宗教并参与审议和讨论法律，但这并不意味着伊斯兰教就是公共理性的一部分。沙特阿拉伯没有罗尔斯意义上的公共理性，只是共享完备性的理性，这就是排除

① 这句话在《政治自由主义》和《论文集》中都曾出现，这里把原文列出来便于大家理解。Cf. *PL*, 213; see also *CP*, 577: “The idea of public reason arises from a conception of democratic citizenship in a constitutional democracy.”

在公共理性之外的可能。事实上，在完备性观点之间的不同提供了罗尔斯公共理性观念的背景。

罗尔斯把公共理性作为最高的理性法庭。公共理性是最高法庭的原因在于，我们可以使用推断，虽然公共理性是民主的，但它不是简单的多数人的意志。然而，最高的法庭充当了对大多数人意志的限制。当然，罗尔斯谈论的是具有司法审查权的最高法庭的官员，罗尔斯并没有特别针对美国的最高法院，这并不总是履行其职责并符合公共理性。当最高法院根据美国宪法裁决案例时，法官希望驳回的不是那些关乎人们的个人利益和道德观点，而是在民主公民之间对宗教的、哲学的和道德的价值那些不容易解决的质疑。他们期望依靠嵌入在美国宪法中的理性、价值和程序，其中大部分是公共理性。

罗尔斯用“非公共的”和“完备的”理性对比公共理性。完备的理性是那些特有的一个或多个完备性的学说。非公共的理性包括完备性的理性，以及其他的一些考虑，即使那些公民共享的，也不可能是在公共的政治慎思中合法的运用。此外，罗尔斯既讲“公共理性”也讲“公共理性（复数）”。从形式上说，公共理性是各种考虑和价值在涉及民主的公共政治生活中的合法运用。公共理性不仅是公共的理性，它也包括规范的推理和证据的标准是否适合参与民主慎思和判断的官员以及公民。这对罗尔斯来说，说明公共理性的范围是相当重要的。罗尔斯指出：“它限制并适用于我们对政治问题的个性慎思和反思；或者说，不适用诸如教会和大学这类联合体的成员对政治问题的推理，所有这些都是背景文化中至关重要的部分。”（*PL*，215）这里虽然界定了公共理性的范围，但并没有将这些所谓的“背景文化”与公共理性截然分开。理性多元论的完备性学说的含义是，如果不是非理性的期待，民主公民不应该诉诸他们的理性完备性学说来决定正义问题，或者表决他们关于正义的确信，这将是不现实的。公共理性的理念在所有思想自由和良心自由、政治以及非政治的问题上，不以任何方式限制。但是，如果有一个关于理性的完备性学说的重叠共识，那么公民们在他们的完备性学说内部关于正义的思考或多或少就会与他们的决定相匹配。如果他们意识到是在纯粹的政治正义观念和公共理性范围之内，这些决定就是能够实现的。当然，这种匹配将不总是那么精确，因为他们可能涉及一些非政治的价值，诸如宗教价值以及最终决定等。然而，公共理性将施加什么样的要求？最容易出现的情况是公职人员，他们通常只在公共理性的范围内进行推论，当他们履行其职责时就是一种适当的情况。公共理性“适用于官方论坛，所以，当立法者们在国会大厅高谈阔论时，它适用于立法者，也适用于执法者的公共行动和公共告示”。更特别的是，公共理性适用于“一种特殊方式的司法机关和最高法庭”（*PL*, 216）。当罗尔斯说“公共理性是最高法庭的理由”时，也意味着一个法庭只在所有问题上摆在它面前的公共理性的条款才是理由。立法者和执法者有时适用于非公共的理性，而“宪法根本和基本正义问题”并不在其中，只是最高法庭根据宪法进行司法审查的权力时才诉诸公共理性。

那么，公民的状况是怎样的呢？当公民在涉及宪法根本和基本正义问题进行投票选举或者处于利害攸关时，公共理性是必需的；然而，如果根据他们自己的完备性观点进行投票，其投票必须至少与公共理性的政治价值相容。如果他们是公平合法的投票，必须要有正义的理由和公共理性的政治价值，这些都支持他们的决定。同时，罗尔斯又说：“当公民们在公共论坛上介入政治拥护时，公共理性就适用于他们”（*PL*, 215）这意味着，当公民的完备性观点不同于其他公民的意见时，他们就会诉诸公共理性的政治价值来讨论或反对政治问题或者候选人等。显然，以候选人的宗教差异而挑起宗教偏见，作为反对他们的理由是不适合的。这在罗尔斯那里并不太明显，比如他认为，在公共政治论坛讨论堕胎就是与公共理性相违背的。因为，在宗教或哲学原因的基础上堕胎被禁止是合法的，同时这还涉及谋杀，假定胎儿是一个人，胎儿是不会按照公共理性索赔的。

公共理性有两种类型：其一，他们是“公共理性的指南”（*PL*, 225），这些“属于公共探究指南，也使这种探究成为自由的和公共的”（*PL*, 224）。证据、推理、充分的理由和判断的标准，与完备性学说是不同的，即使他们就正义上达成相同的概念。因此，在民主社会中需要有探究和推理的标准，这允许持有不同的完备性观点的人有共同的目的来适用公共的正义概念。这些是形式和程序规则的论证和证明，包括证据和推理的共同标准。一个很好的例子就是，公共推理的标准将在临床试验中被使用，它排除了一些证据来增加的不仅仅是可靠性，而且还是公平。在这方面，罗尔斯认为对于政府官员依赖复杂的和有争议的理论的概率，特别是在解决宪法问题和基本正义问题时，是违背公共理性的。因为，这涉及那些理性人并不认同的复杂的认识论假设。但是，在各自领域里用专家普遍接受的证据标准解决的科学理论，却是与公共理性相容的。与之类似，罗尔斯将如下理论设定为在公共理性的范围内能够被接受，诸如基因论、相对论和新古典经济学的价格理论，以及达尔文的进化论。公共理性的指南或价值标准类似是否属于政治的理性之类的问题，不是那些被理性人接受的，而是作为理性而合理的、自由而平等的道德人以及他们利益的民主观念。

公共理性的第二种类型是一系列附属的政治价值，这些价值被罗尔斯称为"公共理性的政治价值"，"这些价值为所有的公民提供公共理性"（*CP*, 601）。他们被看作关于善在法律及其解释的公共慎思和论证，这些考虑在具有不同的价值和善观念的理性而合理的民主公民中得到认可。公共理性假设，在民主社会中的公民尽管有不同认可民主的价值、理念和原则，但他们更应该共享价值、考虑和标准，这对于任何完备性观点都不是特殊的，但是能被所有的理性观点接受，尽管他们也包容民主的理念。这些关于公共理性的政治价值是一系列的复杂的考量，作为自由而平等的民主公民坚持他们善的理性观念。

此外，在公共理性自由的政治价值中，罗尔斯特别提到各种正义的价值，诸如平等的政治自由和公民的自由价值、机会和社会平等和经济互惠的价值、公民之间相互尊重的社会基础（*PL*, 139）。他认为这些也被看作理性的政治价值，还包括各种理性的和随时准备尊重公民（道德）义务等一类的政治美德，这些公民的美德有助于使有关政治问题的理性的公共讨论成为可能（*PL*, 224）。这些价值在美国宪法的序言中曾被提到，并被作为政治价值的例子：一个更完美的联合体、正义、民主安宁的辩护、普通的福祉以及我们的子孙后代的福利，所有这些包括像收入和福利分配等特别的价值在内。效率和有效性也是政治价值，包括经济生产率和维持自由效率的市场经济，也包括经济、环境的和其他的社会的浪费（*CP*, 584）。除此之外，政治的价值还涉及人类的健康、环境等。保护自然的秩序来维护我们自己的利益和后代的利益，通过培育动植物的种类来保护生物和医疗的知识，通过保护各种自然美景和公共娱乐的目的来"理解世界所带来的快乐的目的"（*PL*, 245）等。在政治价值中，对人类生命的尊重、女性权利的平等、自由社会的再生产，以及我们对公共理性的需要在政治讨论中，就像对堕胎的看法一样。（*JF*, 117）政治价值在家庭中表现为，自由平等的妇女、作为未来公民的儿童的平等、宗教自由、确保社会生产和再生产的家庭观念的价值，以及一代一代往下传承的文化（*CP*, 601）。罗尔斯罗列的这些关于公共理性的附属政治价值不应该被荒废，正是因为这些附属价值才彰显了人们在公共理性运用过程中的道德属性。当然，还有其他很多因素甚至不会在我们身上出现。

可能有人会问，罗尔斯关于政治价值最完整的列表是什么？事实上，罗尔斯并没有告诉我们答案。虽然通过调查共享价值，但他始终没有给出清单。如果这样的话，宗教价值可能也在公共理性之列，因为接近90%的美国人都相信上帝的。其实，罗尔斯的意思似乎是这样的，在一个自由民主的社会，某些价值对民众来说是一种政治利益，公共理性是公民在现实生活实践中的一个版本，[①] 其中大多数自由和民主价值都被排除在公共的政治领域之外。如果自由意志、自由的联合和自由人观念都是政治价值，那么，它将伴随我们灵魂的救星、宗教真理，以及圣洁地保持传统婚姻的纽带，当然这只包括男性——女性关系不应该被置于政治价值之中。更为基本的是，公共理性的政治价值是那些自由平等的公民在民主能力中的利益和重要性，公民在发展和实践道德能力上分享更高级的利益，以及保持他们的公

① Charles Larmore, "Public Reason", in Samuel Freeman, *Cambridge Companion to Rawls*, Cambridge: Cambridge University Press, 2003, p. 391.

民平等并坚持他们理性善的自由和他们个体与经济的独立。也就是说，罗尔斯所说的作为自由而平等的道德人的民主公民观念，似乎是在公共理性理念基础之上的，是他的政治理性理念的政治价值。这样，一旦民主的观念和特征被澄清，公共理性的政治价值可能被解释为与社会地位相关并与自由而平等的道德人的更高阶利益相关。我们来看一个与之相关的例子，在政治价值和公民观念之间，罗尔斯认为道德人涉及基本自由。自由思想、要表达的政治价值以及具有平等政治权利的个体的政治自由，对于意识到正义感的能力是必须的条件。然而，自由的意识以及自由的联合对于实践我们的理性能力、修正并坚持善观念而言才是必须的。当然，其他的政治价值也可以用相似的方式解释。例如，公共健康和公共安全等政治价值，对于保证公民自由和健康的状况是必须的；经济效率的经济测量对经济互惠和利益分配时是必须的，这些都涉及公民的更高阶的利益，这些都保持在他们的自由和平等的正义中。其他的似乎也是如此。

罗尔斯公共理性的政治价值中包含了“深入理解世界的愉悦”（*PL*，245）。那么，我们应该如何理解这句话？如果我们把它理解为一种至善主义的价值，那么它似乎对“公共理性的政治价值”没什么限制。然而，阻止了政治价值的“精神性”，会不会开启了支持每个人宗教平等的大门？这似乎是与罗尔斯关于自由主义和公共理性的观念相违背的，公共理性对各种理由和考量的限制对参加公共政治论证和政府决策来说是恰当的。我们已经看到，基本自由如何在各种政治价值中扮演重要的角色，这些价值与区别于公共理性的各种非政治的道德和宗教价值是一种限制。但是，为什么基本自由也被限制在“深入理解世界的愉悦”之中，而不包括那些公共理性的政治价值？在罗尔斯的辩护中，有两个条件被提到。第一，一个论证可能被公共支持来“深入理解世界的愉悦”是有益的，道德人意识到发展和实践我们能力的形式、修正合理性的观念并坚持正义。然而，这不能被说成“精神性”的，笔者相信，尽管这些论证可能不容易进行。如果这是罗尔斯有意的，那么政府可能并不支持至善主义的价值。然而，坚持科学和其他知识对于坚持公共政治理性的公民来说，进一步追求合法的更高阶的利益，以此来发展他们合理性的能力。从诸如公共健康、公共辩护和安全，以及生活的标准等政治价值等因素来看，对科学和研究的公共资助已经获得巨大收益。公共理性的巨大吸引力就在于，这种基础性的观念是一种公共的政治对话向更广大范围的分享公民所有权的话语（discourse）的扩展。① 当然，这些不是至善主义的价值，公共价值坚持“深入理解世界的愉悦”对其无益，但对于其他的政治价值是有益的。第二，对民主社会来说，罗尔斯并没有指出坚持那些至善主义的价值是必须的，也没有说一个社会不应该公开提供那些不正义的东西。如果一个社会不能提供一系列诸如机会均等、公共安全和公共健康等政治价值，那就是不正义的。然而，深入理解一个世界可能被看作是一种公共善，这种善对于民主社会来说是允许的，只要能够得到民主认可并以民主的方式在“宪法根本”或者“基本正义”下运行。我们假定，这种方式与罗尔斯在《正义论》中坚持的至善主义的文化价值相违背。

罗尔斯承认，《正义论》中的“交换分支”（exchange branch）机制，将与不被正义需要的公共善的纳税方案相协调（*TJ*，282 - 284）。但是，如果事实上交换分支仅仅是自愿的贡献，那对于民主社会需要纳税来支持至善主义文化价值来说可能就是不公平的，如果他们不想参与这种方案的话，因为公共善对他们来说并不是善的。这意味着，罗尔斯宣称的被交换分支覆盖的公共善被看作“并非公共的付出，除非同时意味着包括他们的花费，除非是不匿名的，而且适当的”（*TJ*，282）。这在《正义论》中是否正确，向我们提出了疑问。但这似乎并不是最有趣的问题，不仅仅是罗尔斯的理解，即便在民主理论中也很普遍。我们假定，对于完成分配正义和机会均等所需要的与公共支出相遇，如果一个民主社会能够允许对其公民强制征税，为了那些诸如运转公共艺术博物馆以及交响乐团等至善主义的价值，也能向私人体育场征税？普遍的情况是为了获得公共支持，将在

① Henry Richardson & Paul Weithman, *The Philosophy of Rawls: A Collection of Essays*, Vol. 5, New York: Garland Publishing, 1999, p. 267.

公共基金中通过自身商业运作和税收。但这在政治上是正当的吗？是正义的吗？比如说，假设加利福尼亚全民公决来投票批准州长施瓦辛格的计划，用公共基金支持美国健美运动员协会并资助一些影星，这适用于公共基金吗？对于民主社会的纳税人来说，这是正当和正义的吗？纳税人将会认为这是对公共基金的一种误用，进而会反对这些措施。[①] 在一个民主社会中，通过使用公民的纳税钱来维持社会运转毕竟不是一件容易的事情，特别是在给出了一系列“文化建制”（cultural institutions）的社会中。这样，公共理性在《政治自由主义》中的论证变得逐渐清晰起来。罗尔斯并没有否定正当性、自律以及民主社会的正义，在民主社会中强制纳税来支持至善主义的文化价值。体育场的民主基金直到在合法的自由原则下才是正义的，公共理性才能够给予这种政治的证成以支持，并把这种支持付诸实践。在罗尔斯那里，以下两种原因都支持这种解释。

一方面，罗尔斯认为，在公共理性的政治价值中包含了关于深入认识世界福祉的至善主义的价值。这个价值的公共支持似乎已经被证成，发展和实践公民的道德力量，使公民教化他们的能力并继续扩展更广范围的善观念。另一方面，罗尔斯限制了公共理性的领域，他主要使用宪法根本和基本正义。宪法根本主要是指基本自由及其优先性，以及民主政治制度的生成、运用和法律。基本正义包括相关的社会和经济的不公平、相关的机会均等、经济正义和社会博物馆的设置等。罗尔斯正义的第一原则提供了基本正义的基础，他认为因为不包括社会和经济的不平等问题“产生各种具有广泛差异的理性意见”（*PL*，229）。并且，那个社会和经济制度是否适应分配正义的需要很难做出决定，正义原则规导不包括宪法根本和政治结构的经济正义是明智的。经济和社会不平等问题，包括税收政策、权利的具体计划和商业规则，被留作普遍的民主决定，不应该被提升到宪法层面上来。相反，基本自由被否定的问题，“在宪法安排的表面上是或多或少可

---

① 这个例子来自弗里曼。Cf. Samuel Freeman, *Rawls*, London & New York: Routledge, 2007, p. 393。

见的，也可以从这些宪法安排是怎样被看作是发挥实际作用的这一点上多少有所发觉”（*PL*, 229）。因此，可能遭受司法审查的基本自由被宪法否定的争论是适当的。于是，决定社会的最低保障就留给了合法性来决定，对罗尔斯来说，一个拒绝提供社会最低保障到较低优势的民主社会是违反宪法之根本的，这种合法的拒斥可能在制度适当的民主社会中遭受司法审判。

对于罗尔斯在宪法根本和基本正义之间的不同，其基础在于自由而平等的、理性而合理的人达成关于基本自由大纲的共识是容易的，即使并不否定它们的细节及其应用。相反，理性人可能不同意那些规导经济社会的不平等和设置社会最低水平的正确原则，差异原则和机会均等不只用来决定正义的理性准则。然而，这并不意味着罗尔斯放弃了《正义论》中差异原则和机会均等的论证，这个论证是规导社会经济不平等的最理性的原则。这里，并没有表示罗尔斯的后期著作是对早期的论证（差异原则）的质疑。事实上，他在《作为公平的正义：正义新论》中重新阐述了他的正义原则。有批评者认为罗尔斯弱化了经济正义平等主义的要求，并在《政治自由主义》中放弃了差异原则，《政治自由主义》混淆了罗尔斯在《正义论》和《正义新论》中较为严格的经济和社会正义的要求这一政治正当性论证的要求。其实，分配正义的原则是最理性的，并不意味着理性和合理的人不可能不达成共识，不相信决定社会最低限度的其他方式对于正义是合适的。在秩序良好的民主社会中可能存在分配正义的理性分歧和如何按照公共理性的要求来设置社会的最低限度，比如自由主义以及其他否定社会最低限度的古典自由主义的观点都是非理性的。罗尔斯主张，社会最低限度对道德人的充分发展和实践，以及坚持善观念都是必须的。有鉴于此，罗尔斯没有把自由主义看作是一个政治观念，它也不能在政治正当性原则下获得民主合法性。但是，提供道德人社会最低限度充足发展的“混合的观念”，并允许收入和福利按照平均效率原则分配是一个理性观念，至少不是非理性的（not unreasonable）。在这种原则之下，罗尔斯坚信资本主义的福利国家按照他的权利并不是完全正义的，只不过在政治上是正当的。

这里，罗尔斯似乎在暗示正义的第一原则及其优先性对任何正当性的政治观念而言是一种理性的需要。对任何政治观念来说，否定基本自由的优先性是非理性的。在正当性原则之下，如果法律要求这样做也是不合法的。此外，罗尔斯似乎在暗示基本自由的清单对第一原则来说是必须的，这些清单是对实现和发展道德人的权力来说是最基本的清单。所有这些基本自由存在“公共理性的政治价值”之中，是合法的，而且理性的自由的政治结构对此没有否定。这就说明了，在罗尔斯观点中公共理性范围内的一系列理性分歧是相当窄的。虽然在自由而平等的公民之间存在关于正义的理性分歧，但这些理性的分歧不应该延伸到第一原则平等的基本自由、机会均等和分配正义，以及在其他公共理性的政治价值上保持优先性。平等的基本自由及其优先性并不取决于被看作自由而平等的道德人的理性民主公民的理性分歧，任何拒绝基本自由及其优先性的人们，都拒绝作为自由而平等、理性而合理的民主社会的观念，而这些观念是以理性分歧自身为基础的。这就意味着，传统的功利主义作为一种政治观念是非理性的，因为它拒绝平等和基本自由的优先性。其实，自由主义也是如此，因为他拒绝基本自由的不可转让性①，任何社会最低限度需要保证他们的高效行使。

回到公共理性领域的问题，按照民主决策的要求是否至善主义者的价值能被看作是合法的。如果公共理性的限制仅仅适应于宪法根本和基本自由，非公共理性可能被牵涉进来讨论，而正义的法律并不在这个领域，这就意味着民主社会坚持至善主义的价值（例如，为了艺术博物馆、剧场以及纯粹美学的原因保护自然环境向民众征税）可能是正当的，只要这些考量没有削弱宪法根本和基本自由。其实，罗尔斯并没有这么说，如果公共理性的限制在一定范围内，这可能是一个民主社会能合法地坚持非公共价值的大量选择，甚至包括体育场

---

① 不可转让性（inalienability），因为自由主义者把所有的权利看作是可转让的（alienable）。

基金之类，只要符合政治正当性的要求。对此，罗尔斯可能会说，这是愚蠢的、无效率的。对公共基金的浪费可能是不正义的（在差异原则之下），但这在政治上并不是非法的。对合法性仅有的如此限制，作为一类准公共善来说是正当的[①]。然而，至少体育场的公共基金是公共善，但对大多数纳税人来说支持公共基金如何作决策是很难看到的，这些经济善已经通过市场得到充足的供应。

批评者的目的是，罗尔斯应该扩展运用合法证成的公共理性的需要，这能够超越宪法根本和基本正义。公共理性可能需要宽容分裂性道德和宗教修辞，呼吁广大公民不要同情或理解即使那些来自自由价值自身的挑战。但是，它是生活在一个自由的民主社会中的一项需要。[②] 对此，罗尔斯在《政治自由主义》中提供了几种支持来加强。他说："我同意通过求助于公共理性的价值来解决政治问题，通常都是人们乐意的。"（*PL*，215）罗尔斯可能担忧所有政治决定都诉诸公共理性对民主公民实现政治参与的平等权利的限制太多，而阻碍他们通过任何法律，虽然这些法律都遵循公共理性的政治价值。也正是罗尔斯对公共理性解释存在某些含糊性，才造成了我们对公共理性的诸多误解，至少在道德与政治的关系方面如此。

二　政治正当性

正当性（Legitimacy）[③] 应该是政治哲学中最为根本且最容易混

---

① 准，严格地说，每个公民如果没有直接的利益，公共善应该提高善。我们所说的公共善不被大多数公民所接受。

② Elizabeth H. Wolgast, "The Demands of Public Reason", *Columbia Law Review*, Vol. 94, No. 6 (Oct., 1994), p. 1949.

③ Legitimacy 一词在汉语学界常被译作"合法性"或者"正当性"，就其具体情况来看，"合法性"用的比较多。本书主张译作"正当性"，而不主张译作"合法性"。之所以如此，主要因为虽然 Legitimacy 是拉丁语 lex 的衍生词，其义为合法性，但由于中世纪自然法的传统或者上帝的意志，那时的合法性概念保留了超越的道德维度，但现代社会如果仍旧译作"合法性"，就会沦为法律的工具，从而丧失了其原有的超越道德维度。况且，Legitimacy 一词，还有"正统的""正确的"等含义，译作"正当性"能够突出其客观性与规范性的意义。

淆的概念之一，通常认为正当性是对权力的道德基础的追问。在这种意义上说，罗尔斯《正义论》的焦点是正义问题而不是正当性问题，而《政治自由主义》与政治正当性相关，不是与正义相关。我们知道，罗尔斯在前期《正义论》时期论及“稳定性”问题所采用的道德方法论比较复杂，实质上反映了“假然认可”与“实际认可”，即“合理的可接受性”与“实际的可接受性”之间的矛盾。“假然认可”从目的的进路出发，当无知之幕被揭开的时候必然会面对“政治自由主义的问题”，即“理性的可接受性”不得不面对“实际的可接受性”。后期罗尔斯正是通过引进“公共理性”的概念将“假然认可”转换为“实际认可”。只有当我们履行政治权力的实践符合宪法根本时才是充分的，这就是罗尔斯所谓的“自由主义的正当性原则”（*PL*, 145）。基本正义和公共理性政治价值的各种需要是一种政治正当性的要求，而严格的正义不需要政治正当性的法律。罗尔斯说非公共领域法律的制定被看作是政治上合法的，只要他们不涉及宪法根本和基本正义。但他没有说合法的法律是严格的、完整的正义，从法律上升到非正义的层面。资本主义的福利国家是非正义的，但它是正当的，因为它提供了充分的社会最低限度保障。对于罗尔斯来说，完全正义的法律标准总是通过作为公平的正义支持提供的。但是，作为公平的正义不是自由的政治观念的其中一个，在一个良序社会中这些政治观念能满足自由的正当性原则，并提供满足公共理性和政治证明的基础。

至于为什么在民主社会我们需要公共理性的观念，我们应该讨论很多细节。公共理性旨在通过一个公共论证的过程来识别合作的原则。[①] 罗尔斯最初设计公共理性的观念，是为了弥补其在《正义论》中稳定性问题的表述所引起的质疑。按照罗尔斯的一致性论证，理性而合理的公民将把发展和实现道德权力作为他最高的目的，人们应该确定充足的自律作为一种直觉的善。普遍而且确定的自律的后果就

① Cf. Fred D'Agostino, *Free Public Reason*: *Making It Up As We Go*, New York: Oxford University Press, 1996, p. 3.

是，道德和合理的自律的原因与康德的观念相关，在立法以及司法考虑中起重要作用，这在良序社会的公共证明中更为普遍。例如，《正义论》中决定罗尔斯第一原则的基本自由的限制和范围，哪些慎思与之相关？哪些宪政权利是抽象自由所需要的？等等。在《正义论》中，罗尔斯幻想通过合理的道德自律的价值来决定这些问题。我们已经看到，罗尔斯政治自由主义的问题使得政治诉诸自律。自律价值部分是或全部是完备性学说，而完备性学说并不能为广大公民所认可，即便是在良序社会中，道德与合理的自律也不能在良序社会的公共证明中起到作用。罗尔斯公共证成的方法主要来自洛克的自然法，这种自然法从人类自身的努力当中预设了一系列“独立的”价值，[①] 而罗尔斯的公共证成则不需要这样的假设。在解释政治体制中给道德自律的价值以竞争性，与自由而平等的公民的政治自律是不一致的。即使在《正义论》中，康德自律的部分完备性观点是正确的，仍然是政治强加在公民不同的观点之上，公民们拒绝来自政治强加于宗教信念的价值。

事实上，公共理性的观念纠正了一些缺陷，至少有四点原因对于公共理性的观念来说是需要的：（1）为了阐明宪政和法律，它提供了所有理性民主的公民认可并能够接受使用正义原则的考量。在这一方面，公共理性的观念是罗尔斯契约主义（Rawls's contractarianism）的自然发展。需要进一步说明的是，这种契约主义的理想（contractarian ideal）认为，社会合作应该是一种普遍的同意。对于公民来说，通过法律行为的理由是，在他们作为民主公民能力中所有的理性接受并适合互惠性标准的要求。（2）公民们具有不同的相互冲突的完备性观点，公共理性促使作为公平的正义实现它“实践的作用”，来为民主公民的公共政治证成提供基础。这些用来证成政治结构的阐释标准和价值，是所有作为民主公民的能够接受的原因。公共证成的观念是罗尔斯就人们作为平等公民而言系列观念的一部分。哪里有一个法

① Li Shaomeng, *John Rawls' Theory of Institutionalism: the Historical Movement Toward Liberal Democracy*, Lewiston, N. Y.: Edwin Mellen Press, 2009, p. 3.

律的公共证成的观念，就不会有人为了某些价值（诸如道德自律、个体、公共设施或者神的关注等）被迫行为，因为这些价值在根本上是与他或她的完备性观点相冲突的。（3）这意味着良心的自由或者人的自由在政治体制的实施中受到削弱。信仰宗教的公民和其他拒绝道德自律和个体作为基本价值的人，不需要按照法律行为，仅仅是在他们拒绝完备性理由（comprehensive reasons）的基础上。同样的，拒绝宗教和精神性学说的不可知论者和无神论者不能被强迫地遵守按照各种理由设定的法律。按照此种方式，在公共理性的基础上制定法律是整体上既保持公民的基本自由和个体自由来继续他们的善观念，也是为了他们更高阶的利益来形成、修正并坚持合理的善观念。（4）对公共理性的政治依赖使得所有公民完成他们的政治自律，或者"法定的独立、公民的诚实和他们与其他人在实践政治权力中平等地共享"（*CP*，586）。

提到"自律"（autonomy），首先想到"政治自律"。正如前面所提到的，政治自律是一种政治价值，在《政治自由主义》中这种价值作为公民的一种根本善代替了道德自律，即使公民拒绝道德自律并坚持这些价值（*PL*，xliv－xlv）。在平等的政治权力状况下，在公共理性的基础上，当公民们按照法律公平合法地行动时，政治自律是可以获得的。他们能够同意公共理性对法律提供的政治证成，例如，他们相信在这种情况下对政治价值的依赖要重于对其他价值的依赖。但是只要基于公共理性价值和标准的政治证成在善的信念上生成，这种政治证成自身就是非理性的，民主公民至少可以按照这些理由行为，即使他们反对专门法律并且不接受民主慎思和决定的反思平衡的理由。这样看来，公共理性的观念类似卢梭普遍意志的观念。当我们按照普遍意志行为时，卢梭可能会说我们是"道德自由"或者自律；类似地，罗尔斯可能会说，当我们按照通过的法律行为时，这些法律通过在平等政治参与权的公共理性基础之上，由公共善的民主慎思制定，只要公平的政治自由的价值能够被保证。应当说，政治自律的理念部分地通过公共理性的观念阐明。[①] 这带给我们这样一个问题：什么样的民主是与罗尔斯所说的公共理性民主相联系的？罗尔斯在公共理性的理念（idea）与公共理性的理想（ideal）之间做出区分（*PL*，l - lvii）。公共理性的理念是在任何民主社会所必须的，在民主社会中政治权力仅仅在坚持公共理性的政治价值时才能行使，公共理性的政治价值事关宪法根本和基本自由的根本。公共理性的观念是公民普遍接受正义的政治观念的良序社会，它规导公共理性的内容并理解政治价值，并为与之相关的重要性提供内容。[②]

在罗尔斯的后期著作中，罗尔斯幻想公共理性提供制度背景。政治的观念提供了公共理性的内容所具有的自由观念：（1）他们保证作为自由而平等公民的基本的权利、自由和机会；（2）他们分配这些体现社会和政治价值的基本自由、权利和机会的优先性；（3）它们确保标准提供给所有的公民——无论社会地位怎样——都拥有充分适应于各种目的并使他们理智而有效地运用其自由权利和机会的手段。（*PL*，xlviii；*LP*，49）我们发现，通过（3）意味着罗尔斯不仅仅简单地提供社会最低限度，或者收入提供适当的保障，为了自由的政治观念满足第三种状况，作为政治社会常识的第三种状况必须提供五种制度：（i）政治竞选的公共财政以及保证公共政策信息的获得，以此防止歪曲和操纵公共理性（public reasoning）；（ii）“一定公平平等的机会”，特别是教育和培训；（iii）适当的收入和福利的分配；（iv）持续寻找工作的受雇佣者，社会需要提供保险和有意义的工作，于是公民能保障他们的自我利益；（v）“所有公民的基本健康医疗保险”（*PL*，lviii - lix）。政治的观念对于罗尔斯来说是非理性的，除非它能遇到这些条件。没有这些条件，它就是非理性的，一个政治的观

① On the resemblance with Rousseau, see *PL*, pp. 219 - 220, where Rawls says: “Public reason with its duty of civility gives a view about voting on fundamental questions in some ways reminiscent of Rousseau's Social Contract. He saw voting as ideally expressing our opinion as to which of the alternatives best advances the common good.” See David Reidy's “Rawls's View of Public Reason: Not Wide Enough,” *Res Publica*, 6 (2000), pp. 49 - 72, for the suggestion that political autonomy requires public reason.

② 这里的意思其实是在说，我们转向政治观念的作用为公共理性提供了“内容”。

念不可能遇到互惠性的标准。它不被看作是真诚和理性的，其他公民可能理性地接受作为实践基本自由观念的有效性基础。然而，罗尔斯说自由主义是非理性的，因为它不可能满足这些条件，并明确地拒绝了它们。

重要的是，罗尔斯暗示通过公共理性的观念，认为这些相同的制度是需要的。他说这些制度是：

> 我们所讨论的不是这些原则要求什么，而是开列出基本结构的前提条件，这一结构中，当公民们自觉追寻公共理性的理想时，它就可能保护基本自由，防止过度的社会和经济不平等。由于公共理性的理想包含一种公共慎思的形式，这些具体制度（前三项最明显）是使这种慎思可能而有效所必需的。对于一理性的立宪政体来说，一种对公共慎思之重要性的信念乃是根本性的，而要支持和鼓励这种政治慎思，就需要制定各种具体详细的制度安排。公共理性的理念告诉我们如何刻画政治慎思之社会根本性基础的结构和内容的特征。（*PL*，Iix - Ix）

在这里，罗尔斯暗示我们公共理性的观念需要基本的条件，也需要慎思的民主制度。在公共理性和政治自律中间有一个和卢梭的比较（cf. *PL*，219）。罗尔斯没有说何种程度上的民主不能被公共理性统治，除非上面列出的5条都能得到保证。于是，一定程度上可以说，公共理性促进稳定性和社会联合。[①] 实际上，古典政治的正当性倾向于其客观性，而现代政治的正当性则更倾向于其主观性，强调一种意志的表达。罗尔斯的公共理性既保留了其客观性方面，又体现了统治者的主观意志，凸显了道德的维度。政治动机的实际问题与道德问题是缠绕在一起的。一方面，要求我们具备的道德动机必须有实际的和心理学上的可能性，否则我们的政治理论就是一种坏的乌托邦。另一

---

① Bruce W. Brower, "The Limits of Public Reason", *The Journal of Philosophy*, Vol. 91, No. 1 (Jan., 1994), p. 5.

方面，道德论证和洞见能够解释和说明道德讨论不能预先假定的政治动机的可能性。这样，在实际上可以得到什么样的动机，为正当性进而为稳定性奠定基础这个问题上，政治理论就可以发挥什么样的作用。

三　公共理性的道德证成

罗尔斯的公共理性观念以一个自足的、民主社会的观念为前提，该社会的公民分享了一种政治认同，这一事实可解释他为何不需要对公共理性的动机观念与模态观念间的差距给予关注。在一个封闭的民主社会中，合乎理性的公民们的确会而且愿意寻求并遵从有关生活的基本制度安排的共享原则和标准，这是一个民主社会的公民必须具备的。因此，尽管事实上罗尔斯对于个人动机没有设定，但他的证成观念在形式上仍是契约论的。他对公共证成的论述是对公民同伴们意愿趋同倾向的基础性说明，正如在《正义论》中罗尔斯试图重新论述社会契约论一样。应当说，公共理性是罗尔斯后期政治哲学的核心概念，有关公共理性论证的研究颇多。根据研究的倾向，我们把针对罗尔斯公共理性的讨论分为两种范式：一是建设性范式；二是批判性范式。

所谓建设性范式，主要是针对罗尔斯公共理性的辩护性解读。这种范式认为，要么对罗尔斯的公共理性提供辩护，要么根据罗尔斯的公共理性阐发自己的观点，这种范式主要侧重罗尔斯公共理性的限度。在公共理性与宗教的关系问题上，詹姆斯·博切认为，在具有广泛宗教信仰的多元社会中，公共理性是可行的、公平的和可以接受的。公共理性观念确实需要限制对宗教学说的诉求，而限制公共理性的想法并不适用于宗教话语及其争论。公共理性在公民的公共宗教对话之间是一致的，他们致力于寻求满足互惠性准则基础上的自由主义原则的政治正当性证成。[①] 在宗教信仰面前，公共理性的确需要一种

① James Boettcher, "Public Reason and Religion", in Thom Brooks and Fabian Freyenhagen (eds.), *The Legacy of John Rawls*, Continuum, 2005, pp. 124 – 151.

道德基础，政治自由主义正好证明了公共理性和宗教并不冲突，罗尔斯是一种“宽的”视角。对公共理性的限制，在罗尔斯看来是必要的。由于现代社会理性多元论的事实，在索罗姆看来，政治自由主义的公共理性所施加的限制显得尤为必要，罗尔斯式的公共理性限制是内在于理性的，称作“内在于理性的公共理性限制的诠释”，罗尔斯与康德在关于公共理性的看法上存在一致性。[①] 我们认为，公共理性的存在不仅可能，而且必要。

虽然我们肯定了公共理性存在的必要性，但是，对罗尔斯公共理性的批评却从未间断。总结起来，对罗尔斯公共理性的批判性讨论主要围绕以下几个方面。

其一，公共理性是否可能？

沃尔加斯特反对罗尔斯的公共理性，认为这是一种道德的反叛。在自由主义社会中，我们致力于将尊重给予那些持不同意见的人。公共理性宽容各种道德和宗教言论来换取同情或者理解，这挑战了自由主义的公民价值，这是一个民主社会的痛苦。因此，公共理性是不必要且不理性的。[②] 在他看来，宽容的观点在政治理论的证明上难以成立，但在现实中是可能的，罗尔斯对公共理性的诉求没有多少用处。罗尔斯的《政治自由主义》是否成功地表明其规范性主张只是政治的自由主义，而在没有形而上学和道德的完备性学说的情况下也成立？奥尼尔认为该著作最基本的是对公共理性的讨论，最核心的是有关公共理性的恰当性问题。由此对公共理性观念的道义基础及其与康德主义的关系进行深刻的反思。[③] 与此类似，赫鲁贝茨通过批判公共理性的不足来分析了政治自由主义的局限性。[④]

① Lawrence B. Solum, “Constructing an Ideal of Public Reason”, *San Diego Law Review*, Vol. 30, 1993, pp. 729 – 757.

② Elizabeth H. Wolgast, “The Demands of Public Reason”, *Columbia Law Review*, Vol. 94, No. 6 (Oct., 1994), pp. 1936 – 1949.

③ Onora O'Neill, “Political Liberalism and Public Reason: A Critical Notice of John Rawls, Political Liberalism”, *The Philosophical Review*, Vol. 106, No. 3 (Jul., 1997), pp. 411 – 428.

④ Marek Hrubec, “The Limits of Political Liberalism and Public Reason”, *The Journal of Human Affairs*, Vol. 18, No. 1, 6 /2008, pp. 81 – 91.

在多元论的条件下，民主决策使得自我反思和理性的公共运用具有很高要求。民主制度不能建立在共享的假设、实质性的道德协议之上。在詹姆斯·博曼（James Bohman）看来，罗尔斯的《政治自由主义》给了这个观点强有力的辩护，但是他没有给我们提供一种如何处理被深刻文化冲突的公共理性日益深刻挑战的解释。如果慎思民主找不到方法来解决这些冲突，多元文化主义实际上就是对公共理性公共运用的一种限制。① 其实，多元文化的深层次冲突要求我们承认公共理性本身的多元性、正义观念的动态性，从而公民们在政治慎思中可以基于不同的理性达成共识。罗尔斯的公共理性似乎意味着公民们必须持有某些相同的理性，但这在批评者们看来本身是多余而无用的。

其二，公共理性是否达到政治中立并排除对真理的诉求？

这种观点质疑罗尔斯的公共理性试图让公共证成的正义原则摆脱认识论的要求，从而回避真理问题。拉莫尔指出，作为一种政治价值，公共理性与两个正义原则之间的关系是松动的。争论是公共理性的一部分，互惠精神是民主社会的基础。社会公正首要的是“互相承认”（mutual recognition），公共理性让公民使这一想法成为现实，公共理性使得政治哲学在探索政治生活的公平意义方面达到高潮。② 可以看出，查尔斯·拉莫尔认为罗尔斯的学说是一种政治哲学。

针对公共理性的公共证成，塔利斯认为，公共理性要求把自由社会的基本承诺当作固定点，因此它具有认知上的排斥性。尽管公共理性可能会允许每个人都能够发言，但只有少数人的声音会被倾听。然而，在认知上被排除在外的群体会出现“群体极化”表现。所以，重叠共识就会又变成临时协定，从而破坏了罗尔斯孜孜以求的稳定性。③ 那么，果真如此的话，罗尔斯的论证逻辑不仅回到了原点，甚

① James Bohman, “Public Reason and Cultural Pluralism: Political Liberalism and the Problem of Moral Conflict”, *Political Theory*, Vol. 23, No. 2 (May, 1995), pp. 253 – 279.

② Charles Larmore, “Public Reason”, in Samuel Freeman, *Rawls*, London & New York: Routledge, 2007, pp. 368 – 393.

③ Robert Talisse, “Dilemmas of Public Reason: Pluralism, Polarization, and Instability”, in Thom Brooks and Fabian Freyenhagen (eds), *The Legacy of John Rawls*, Continuum, 2005, pp. 107 – 123.

至发生了倒退，那将是得不偿失的。

姚大志指出，公共理性的实质是公共证明。按照公共理性的理念，政治自由主义的证明应该是公共的。关于稳定性问题和合法性问题的证明都要使用公共理性，但这并不意味着两者是一回事。在《政治自由主义》中，罗尔斯实际上解决的不是稳定性问题，而是合法性问题，罗尔斯把稳定性与合法性混在一起了。[①] 当然，姚大志所说的“合法性”其实应该是前面所提到的“正当性”，罗尔斯虽然没有明确对正当性的论证，但是，他确实将稳定性问题的解决诉诸正当性证明。综合以上分析，这种批评认为罗尔斯式的公共理性是正义原则的公共基础本身是无可厚非的，如果为了政治而试图回避真理则是不恰当的。

其三，关于公共理性的限制。

对公共理性批评最多的，要数对公共理性有限性的批评。大都认为公共理性对公共的政治讨论限制太多，从而压制了公共的政治慎议。在这些批评中，罗尔斯与哈贝马斯的对话显得格外引人注目。哈贝马斯认为，公共理性以一套预先设定的自由主义的基本自由权项为前提，从而损害了民主合法性的要求，而且基于同样的理由，在一个良序社会中，根本性的政治慎议与公民的政治自律性都没有获得足够的空间。[②] 无独有偶，塔利斯认为政治自由主义的公共理性把自由社会的承诺当作固定点，具有认知上的排斥性。公共理性的限制只应用于做决定的情形，而非一般的政治讨论，最具纷争的问题必须从公共政治的议程上移除，并未压制公民们在非公共领域的讨论。[③]

在《政治自由主义》之后，罗尔斯引入了“限制条款”（*PL*,

---

① 参见姚大志《公共理性与合法性》，《江苏行政学院学报》2010年第2期。

② Jurgen Habermas, “Reconciliation Through the Public use of Reason: Remarks on John Rawls’s Political Liberalism”, *The Journal of Philosophy*, Vol. 92, No. 3 (Mar., 1995), pp. 109 – 131.

③ Robert Talisse, “Dilemmas of Public Reason: Pluralism, Polarization, and Instability”, in Thorn Brooks and Fabian Freyenhagen (eds), *The Legacy of John Rawls*, Continuum, 2005, pp. 107 – 123.

Li；*PRR*，591）作为公共理性对词汇限制的一个修订。根据这个条款，公民在恰当的公共讨论中可以援引他们完备性学说的理由，只要他们准备“在恰当的时候”提供公共理由去补充非公共理由。对限制条款的恰当性，即便是作为政治自由主义者的拉莫尔也拒绝。① 实际上，和拉莫尔一样，罗尔斯认可由非公共理性的种种方法来引导的、对有争议的议题活跃的讨论，这是一个自由民主社会的“背景文化”中至关重要的活动。（*PL*，220）

为什么说接受一个理性仅仅因为它是公共的？一个主要原因是，公共理性促进稳定性与合作。布劳尔认为，公共性的限制与尊重道德平等的理想冲突。对公共性限制的拒绝，消解了对“正当优先于善”的辩护。布劳尔提出一个建立在理性对话基础上的合作模式，即使这个立场也是有局限性的。此外，公共理性还包含着严重的循环论证，这种循环论证体现在公共理性、理性与正当优先于善三者之间。② 可以说，布劳尔的这些批评比较深刻，抓住了公共理性证明中道德与政治的关系问题。那么，什么样的理性是自由民主社会的公民在解决政治问题时，在道德上是可以接受的？雷迪批判地考察了罗尔斯对这个问题的回答，即宽视角的公共理性（wide - view of public reason）。罗尔斯的公共理性证明内容丰富，公共理性的内容将证明自由主义的公共理性既不是自治的，也不是罗尔斯意义上完整的。③ 这意味着，罗尔斯宽视角的公共理性观念仍是不够宽的。

在此问题上，谭安奎认为，罗尔斯的政治自由主义存在政治缺位的问题，而且它的公共理性理念严重地限制了公共领域中政治慎议的活力。原初状态中所塑造的公共理性应当被解释为一种慎议政治的模式。政治自由主义与公共理性在两方面扩展了公共领域的政治潜力：一是把制度法律结构的建立间接地确定为公共领域理念与慎议政治的

① Charles Larmore, “Public Reason”, in Samuel Freeman, *Rawls*, London & New York: Routledge, 2007, p. 386.

② Bruce W. Brower, “The Limits of Public Reason”, *The Journal of Philosophy*, Vol. 91, No. 1 (Jan., 1994), pp. 5 - 26.

③ David A. Reidy, “Rawls's Wide View of Public Reason: not wide enough”, *Res Publica* 6, 2000, pp. 49 - 72.

产物；二是基于公共领域的理念塑造了私人自律性，并在良序社会中将私人自律性与政治自律性置于平等的价值位阶上，最终实现了两种自律性的同源性。[①] 不难看出，这种分析看到了罗尔斯政治自由主义中的道德因素，表面看来限制了政治审议的活力甚至造成政治的缺位，但这正好是罗尔斯公共理性的特点所在。当然，这些都是我们沿着罗尔斯的思想推导出来的，罗尔斯并没有明确说出来。

尽管以上分析已经比较详细，但我们仍然难以对罗尔斯的公共理性批判做出比较满意的总结。为什么会出现这样一种状况？这其中就有罗尔斯本人对公共理性解释的问题。我们知道，罗尔斯对公共理性是很重视的，把它作为一个重要的政治理念加以阐释。虽然我们不能认为他对公共理性的解释是随意的，但是即便在对其做了修订之后，我们仍然清楚地看到公共理性有很多模糊之处。此外，出现这种状况还有一个更为重要的原因，就是批评者们没有十分准确地把握罗尔斯公共理性的内涵。因此，这就很难为罗尔斯的公共理性概念在政治自由主义的框架内提供一种更加融贯的解释。作为反思性的总结，我们不仅要看罗尔斯到底说了什么，而且要看为什么会出现这些批评，找到给出一种合理评价的基础。根据罗尔斯的论证以及批评者的讨论，我们提出这种合理评价的基础是：罗尔斯的公共理性内涵具有双重意义。

一方面，公共理性是实质性的。如前所述，罗尔斯把政治自由主义作为一种独立的政治观念，从而区分了政治领域和道德领域。罗尔斯虽然界定了公共理性与非公共理性的内涵，但他仍然认为，在公共理性的政治价值中包含了关于深入认识世界福祉的至善主义的价值（perfectionist value）。在这种意义上说，罗尔斯的公共理性是一种比较宽泛的视角。对于自由主义的道德基础，不能作为捍卫一个独立的政治学说的一部分，这并不意味着自由主义应该捍卫作为一个完备性的或者部分完备性的学说来定义人的生命价值。这样，自由主义在一定意义上是政治学说，限定它的价值是建立在公共机构和公民的理想

① 参见谭安奎《公共理性与公共领域理念的扩展》，《哲学分析》2010 年第 1 期。

之上。无论如何，这些政治价值需要一种道德基础作为支撑。[①] 因此，政治自由主义是一种道德学说，必须接受道德证成标准。

另一方面，公共理性是方法论的。罗尔斯从政治的正义原则出发，规定了理性的公共推理，限制了公共理性的领域，他主要使用“宪法根本和基本正义”（*PL*，214，227）。我们知道，公共理性有两种类型：其一，公共理性是“公共理性的指南”。其二，公共理性是一系列附属的政治价值，这些价值被罗尔斯称为“公共理性的政治价值”，“这些价值为所有的公民提供公共理性”。（*CP*，601）无论如何，这些政治价值需要提供一种道德证成，而这种证成是一种被看作独立的自由主义基本道德概念的方法。不难看出，这是隐含在罗尔斯公共理性推理中的一个论证，我们把它看作是方法论意义上的。

综合这两种看法，我们发现为罗尔斯的公共理性概念提供一种更加融贯解释的关键是：公共理性具有实质性的和方法论的双重意义。于是，诸如回答公共理性是政治的还是道德？公共理性究竟是一种道德理想，还是公民理想的内在要求和公共理性的限制等问题就变得不那么困难。然而，公共理性之于道德与政治，我们应该做出怎样的选择？根据我们的分析，罗尔斯并没有选择其中之一，而是另辟蹊径。公共理性首先是一个政治的概念，但它却是指涉道德主题的，问题的答案就在于公共理性的双重意义。

我们知道，自由民主的典型特征是理性多元论。政治自由主义的目的是使政治正义观念成为理性完备性学说的重叠共识的核心，政治的正义观念还要得到重叠共识的支持。公民意识到在这些广泛的教义基础上来解决现实的政治问题是不可能达成重叠共识的，这就需要公共理性的帮助。公共理性被看作是政治共同体使用的一种手段，公共理性与宪政的根本要旨和正义的基本问题相关，公共理性的概念在其最深层次上具体化为最基础的道德、政治价值。这些价值决定了宪政民主政府与其公民间的关系和公民间的相互关系（*LP*，132）。雷迪

① Cf. Jon Mahoney, “Public Reason and The Moral Foundation of Liberalism”, in Thom Brooks and Fabian Freyenhagen (eds), *The Legacy of John Rawls*, Continuum, 2005, pp. 85 - 106.

认为，罗尔斯的公共理性概念被构想得太狭隘了，[①] 我们使用公共理性的概念并扩充它，或者用不同的术语来思考其更为广泛的用途。后者能使我们为罗尔斯有问题的观点来维持其公共理性概念，同时能在更为完整的立场上保留公共话语。

尽管大家对重叠共识的批评铺天盖地，但罗尔斯重叠共识的观念在政治自由主义的道德基础论证方面发挥了巨大作用。重叠共识是在正义原则基础上的理性完备性学说达成的共识，也就是说，如果只有政治的正义原则，罗尔斯的政治自由主义是单薄的，必须要有一个能统领公民的各种不同想法的方式来达成一致。由于罗尔斯对道德领域与政治领域的区分，重叠共识在两种理论的关联中就起了重要作用。这种在理性完备性学说基础上达成的政治共识，可以看作政治在道德的基础上建立起来的。尽管如此，罗尔斯并没有停止论证的脚步，为了完善整个论证，他还诉诸公共理性。可以说，公共理性的观念是罗尔斯政治哲学中对道德基础的补充论证。

按照罗尔斯的观点，公共理性概念是规范性的，它是批判社会政治的有力工具。我们很难找到理由来说明，为什么规范性自身就应该是合格批判的保证。但笔者认为罗尔斯的立场并不是足够规范的，即使规范性尺度自身也不能充当进行重要批判的保证。理论要求与现存实践显著不同的事实并不是要说理论是在正确方向上迈了一步，也不能说明这么批判是不可取的。既然批判就不能仅仅从创造另一个世界的观念来替代现实世界的能力中获取，尽管这一替代观念足够地批判，并已被广泛而模糊地接受，那么聚焦与社会政治中显现出的重要问题就应是富有成果的社会政治批判不可或缺的部分。罗尔斯认为政治自由主义的独立观念是促进自由的正义观念，因为它能够容纳理性多元论的事实，并促进良序社会的稳定性。自由主义是一种政治学说，这些政治学说限定了公共机构和公民身份的理想主义的一些价值。这些政治价值要求一种道德证成，而这种证成不是由视为独立的

---

① Cf. David A. Reidy, "Rawls's Wide View of Public Reason", *Res Publica*, Vol. 6, Number 1, 2000, pp. 49 – 72.

自由主义的基本道德观念的一种方法提供的。事实上，自由主义是一个道德学说，按照传统的道德证成标准，必须被接受或拒绝。①

第三节　正当优先于善

一　从道德的观点看：正义之善

对正当与善的研究，最早是从对善的定义开始的。只是到了摩尔那里，正当才被归结为善。他认为："'正当的'东西，或者成为我们的'义务'的东西，无论如何，必定可以定义为作为取得善的手段的东西"②。罗斯继承了摩尔的善理论，但对正当与善的理解截然相反，他认为正当具有非自然的属性。正当不能够被定义，而且正当与善之间没有什么必然的关系。他把正当与善区分的十分清楚，认为正当不能定义为善。后来，石里克讨论了绝对善与正当的关系，确立了善的概念。黑尔在讨论正当与善的关系时，认为正当更能体现价值语言所具有的规定性，也就是说，正当的功能是规定，而善的功能是赞许。到了西季威克才真正把对二者的研究转向何者优先的问题。当然，他也指出了两者的本质区别，正当是一个不能分析的概念，无法从形式上给出定义。但是，善是能够进行分析的，可以借助我们的欲望来规定。西季威克强调善优先于正当，这是一种目的论的主张。而正当与善的关系发展到罗尔斯这里，他给出了别样的理论图景。我们知道，罗尔斯主张的是正当优先于善③，当然，他对正当优先于善的理解前后也是不同的。既然政治自由主义需要一种基础，而罗尔斯的这种证明方式充其量只能说明他阐发的一系列主要理念（对重叠共识和公共

---

①　Thom Brooks & Fabian Freyenhagen, *The legacy of John Rawls*, London & New York: Continuum, 2005, p. 102.

②　［英］摩尔：《伦理学原理》，长河译，商务印书馆1983年版，第175页。

③　关于正当与善的讨论早已有之，罗尔斯也是在罗斯、西季维克、斯坎伦等人的基础上阐发的，比较著名的是罗斯。Cf. David Ross, *The Right and The Good*, Oxford University Press, 1930; Henry Skigwick in *Methods of Ethics*, or of R. B. Brandt in *The Good and the Right* (Oxford: Clarendon Press. 1979); Thomas Scanlon, "The Moral Basis of Interpersonal Comparisons", in *Interpersonal Comparisons of Well - Being*, edited. by J. Elster and J. Roemer (Cambridge: Cvnbridge Universiry Press, 1991), pp. 22 - 30.

理性等理念的论述）是道德基础的证成的一种必要条件。那么，什么是它的充分条件呢？我们通过进一步深入分析罗尔斯的后期理论，找到论证所需的充分条件。虽然经过前面的分析我们已经逐渐得出结论，但是，我们对正当与善的深入分析将有助于我们完整的理解罗尔斯的政治自由主义，使得政治自由主义的道德证成更加完善。

在罗尔斯看来，《正义论》中的正当在两种意义上优先于善：第一，在某些个人权利压倒善的意义上，正当优先于善；第二，在具体规定我们权利的正义原则证明上，不依赖于任何特殊的观念，正当优先于善。[①] 在《正义论》中，罗尔斯把正当的优先性与康德式的个人观念联系在一起。按照这种理解，我们不是欲望的集合体，也并非某些先天给定的意图的完善存在，而是自由而独立的自我，且不受任何先定的道德观念的约束，我们是能够自我选择的。这个个人的观念在国家的理念中是以一种中立的形式存在的。由于我们是自由而独立的自我表达，且能够选择我们的目的，我们才需要在各种目的之间保持中立的权利框架。将权利建立在善观念的基础上，会把某种他人的价值强加在个人权利之上，从而无法尊重每个人有能力地选择他或她自己的目的的权利。

个人观念与正当优先性的联系，贯穿在《正义论》的全书。在第三编的最后，罗尔斯论证的“正义之善”，表达了以上看法。罗尔斯吸取了康德哲学的精髓，认为各种目的论学说之所以是完全错误的，因为它们用一种错误的方式把正当与善联系在一起。他认为：“我们在企图赋予我们的生活以某种形式时不会首先关心被独立地规定的善。我们愿意接受的，不是那些从根本上展示着我们的本性的目标，而是这样一些原则，这些原则统治着人们借以形成其目标的背景条件，和人们追求这些目标的方式。由于自我优先于目的，目的由自我确认，甚至一种支配性目的也是由自我在大量的可能性中选择的。人们不可能超出慎思的合理性。因此，我们应当把目的论学说提出的正当与善之间的关系扭转过来，把正当看作是优先的。”（*TJ*，560）

---

① Michael J. Sandel, *Harvard Law Review*, Vol. 107, No. 7 (May, 1994), p. 1766.

在《正义论》中，自我对其目的的优先性支持着正当对善的优先性："道德个人乃是一个具有自己选定的目的的主体，他的基本偏爱取决于条件，这些条件使他能去构造一种尽可能充分地（只要环境允许）表现他作为一个自由平等理性存在物的本性的生活方式。"（*TJ*, 561）我们是自由而独立的自我，这一观念不是在道德联系之前就被确认的，它确保各种正义的关怀，将永远压倒其他的考虑，尤其是目的性的考虑。

实际上，这一时期的主要看法是，一种道德意义上的正当优先于善，个人基于正义基础上的基本权利不容侵犯。这方面的理解，内容有三：第一，平等权优先于善。由于这种权利本质上消灭了一切不平等，实际上很难实现。反对把人的观点置于善观念的支配之下，不能牺牲个人的权利来换取善的目标。第二，正当对善的限制。个人权利优先于善毋庸置疑，但个人追求的善必须是在尊重平等的基础上获得才是正当的，而公共善就满足这种证明的条件。第三，个人权利不受僭越，人的基本自由不能为目的而牺牲。前期的这种观念遭受到了各种不同的质疑。他们认为一种优先于其目的和依附的自我概念，无法解释我们道德经验和政治经验在某些方面的意义。我们都承认某些道德义务和政治义务。倘若我们把自己理解为自由而独立的自我，理解为不受我们未曾选择的道德联系约束的自我，那么，这些义务便很难作为纯粹混淆不清的义务而推脱，也难以做出解释。

二　从政治的观点看：正当何以优先于善

在《政治自由主义》中，罗尔斯对正当优先于善的主张做了辩护，认为正当不依赖于任何善观念。桑德尔曾经对此提出质疑，他假定围绕康德式的个人观念产生争论并支持正当优先性的主张，那么将会存在两条回应这场争论的线索：一条是通过捍卫康德式的概念为自由主义辩护；另一条则是通过把自由主义与康德式的个人概念剥离开来为自由主义辩护。① 实际上在《政治自由主义》中，罗尔斯采取了

① Michael J. Sandel, Review, *Harvard Law Review*, Vol. 107, No. 7 (May, 1994), pp. 1765 – 1794.

后者。但罗尔斯没有把康德式的个人概念作为一种道德理想来辩护，他认为所设想的自由主义根本就不依赖于个人的观念。事实上，正当对善的优先性不以任何个人的观念为前提，甚至没有以《正义论》中第三部分所阐发的个人观念为前提。

罗尔斯认为，自由主义的问题是政治的而非哲学的或者形而上学的，正当对善的优先性，不是康德道德哲学在政治学中的具体应用。在现代民主社会中，人们对善的看法有很大分歧，由于人们的道德和宗教信仰不可能一致，正义原则面对人们的各种争论保持中立。罗尔斯将政治自由主义与作为完备性道德学说之一的部分自由主义区分开来。政治自由主义拒绝对因各种完备性学说所引起的道德、宗教以及有关的自我概念的争议，采取了任何片面的立场："即使权衡一切，究竟哪些道德判断为真？也不是一个政治自由主义的问题，为了在各种完备性学说之间保持中立，政治自由主义不会具体谈论使这些学说产生分歧的那些道德论题。"（*PL*，20－28）如果难以确保人们对任何完备性观念达成一致，希望人们基于同样的理由来支持自由制度就是不合理性的。政治自由主义把这种希望作为一种不现实的希望予以摒弃，它与那种把正义建立在各种不同道德观念和宗教观念的信奉者都可以接受的原则之基础上的目的并不相同。政治自由主义不想为正义原则寻求一种哲学基础，它只寻求一种"重叠共识"的支持。这意味着我们可以说服不同的人，并认可自由主义的政治安排。尽管政治自由主义宣布不再借助于康德式的个人观念，但没有这种个人观念却是一事无成的。按照原初状态的理念，这种个人的观念是必须的，只有这种假设的社会契约才可以产生正义原则。

我们知道，在《正义论》中，罗尔斯使用了所谓的"词典式"顺序对道德价值秩序进行限制，而在政治自由主义中，罗尔斯把政治的正义原则称之为独立的观点，也不是从哲学、宗教和道德的完备性学说中推导出来的，他进一步确立和完善政治哲学的立场。如前所述，通过道德和政治的区分，以及一系列基本理念的设置，罗尔斯初步完成了政治自由主义的建构。但是，罗尔斯并没有就此完结，而是进一步做出种种限制，他的方式就是使用正当优先性对善观念的限制。罗尔斯认为，从正当与善的两个价值概念入手，强调不用道德意义上的公平观念来限制正当的观念，而是用政治的正义观念来限制道德的善观念，以此体现正当对善的优先性。我们已经论证了政治的正义观念与道德正义观念不同的内涵和特点，也可以把政治的正义观念视为一种基本的道德观念。而政治正义在政治哲学中是一种宪政民主体制的基本道德观念，该政治正义接受任何理性的完备性学说为前提，是依据民主社会的公共理性而建立起来的。政治的正义观念与道德的善观念是相互补充的，政治观念必须从各种各样的善观念中抽演出来。在罗尔斯看来，政治正义观念与其他道德观念的主要区别是范围问题。一个观念所含内容的广泛性决定了该观念主题应用范围的普遍性，政治观念主要从两个方面来限制善观念：其一，任何一种善观念必须为所有自由而平等的社会公民所分享，而不能只属于某些个人或群体；其二，政治观念的框架内，合理的善观念必须具有其社会普遍性以及在各种完备性学说的中立性。正是这两个方面的限制，实现了正当对于善的优先性。

如前所述，理性多元论的事实是形成正义原则的背景文化，正义原则通过公民运用公共理性达成重叠共识。与“重叠共识”的理念相比，各种善观念中只有能进入政治共识的“重叠”部分，才能够获得一种政治善的意义，才能在民主社会的政治生活中发挥作用，而不能进入的部分则只能发挥非政治性的道德观念而存在于社会政治系统之外。总结起来，（1）在政治哲学层面，政治观念优先于道德层面；（2）政治观念对道德善观念的限制，证明了重叠共识建立在民主社会的普遍政治理念基础上；（3）重叠共识的基础是民主社会中公共政治文化的“公共理性”。事实上，正义原则取决于其所服务的内在善，即使是公共理性和政治辩谈都不可能离开道德等善观念。在罗尔斯那里，善观念既具有政治的因素又具有道德的色彩。政治的因素指尚未进入“重叠共识”的特殊的道德理念，道德的色彩指已经进入“重叠共识”的政治理念。在公平的正义中，罗尔斯辨析出五种不同层次的善观念：作为合理性的善、基本善的理念、可允许的完备性的善观念、作为政治德性的善观念和良序社会的善理念。（*PL*,

176 - 177）而我们所关注的焦点是，罗尔斯如何在正当优先的立场上保证其中立性？罗尔斯认为，中立可以从不同方面或方式进行规定，他主要从社会基本结构和公共政策的层面，以目的或实质的方式来规定中立原则。值得注意的是，在第四种政治德性的善观念中，我们把德性纳入政治层面上来考虑，而不是在完备性学说的层面上来考虑。这种“德性的政治学剥离”（万俊人语）是否意味着罗尔斯想完全排除政治学所需要的道德支持？一方面，罗尔斯承认其政治自由主义的核心理念“政治正义”是一种政治道德的观念，反复重申道德与政治具有某些相容性和互补性；另一方面，他认为政治正义观念不能以任何完备性道德学说为基础，它是建立在各种完备性学说的重叠共识基础之上的。任何政治哲学需要某种道德的支持，但是这种条件是一种必要条件而非充要条件。

总之，正当就是一个社会根本性和普遍性的标准，是最抽象层面的道德，构成了宪政民主的基本价值，而具体的善观念则是指具体层面的道德观念。正当优先于善是指抽象层面的道德价值和标准优先于具体层面的道德观念。而且，抽象层面的道德也不是与具体层面的道德相对立的。抽象层面的价值的普遍性统摄具体层面的特殊道德标准，抽象层面属于重叠共识，而具体层面是多元的。具体道德价值不能违背抽象的道德原则，但它所包含的内容却可以比普遍价值更丰富多样，也往往带有个人和社群的特点。在不违背普遍价值的重叠共识的前提下容忍、尊重具体的善观念，是罗尔斯政治自由主义的基本原则。

三　正当优先于善是一种二元论吗？

对正当优先于善的论证，以及道德领域与政治领域做出的划分，罗尔斯担心有人会说他是一种“二元论”。对此，他曾明确指出，“在政治自由主义中，政治观念的观念与许多完备性学说观点之间的二元论，不是那种起源于哲学的二元论。相反，它起源于具有理性多元论特征的民主政治文化的特性”（*PL*，xxi）。很明显，罗尔斯已经否认他的理论并非哲学意义上的二元论。那么，罗尔斯的政治自由主义究竟是一种什么二元论？对此问题的进一步解释，有助于我们对罗尔斯政治自由主义的理解。

道德与政治的关系问题早已有之。如果把政治和道德问题划分开来，辨析其中的奥妙，我们可以发现有政治的规范体系同道德的规范体系之间的关系。随着历史的发展，道德与政治区别的性质也被充分地揭示出来。关于政治与道德的关系区分尽管不是十分清晰，但是考察二者的关系具有重要的哲学意义。前面提到，诺伯托·巴比奥把道德与政治关系问题的理论分为四种主要的类型，有一元论和二元论之分。在一元论的理论层面，区别严格的一元论与灵活的一元论。在二元论的理论层面，区分为表层的和深层的二元论。严格一元论认为只有唯一的一种规范体系（道德的或政治的），在道德与政治之间没有矛盾。灵活的一元论既认为只有唯一的规范体系，又承认存在有理由的例外。表层的二元论认为道德与政治是两种不同规范体系，但认为它们不完全相互独立，而是一种规范高于另外一种规范。深层的二元论认为道德与政治代表两种相反的、服从不同判断标准的规范体系。① 通过仔细考察这种划分可以看出，他对道德与政治关系的这四种分类实际上是一种哲学的划分。

可以说，现代政治哲学的发展正在向我们证明，道德与政治的分离是一种必然的趋势。我们从对罗尔斯后期政治哲学的论证，尤其是《政治自由主义》的分析可以看出，罗尔斯显然顺应了这一历史趋势。在政治自由主义中，罗尔斯区分了道德领域和政治领域，或者说这种区分带有某些二元的性质。但是，我们很难将罗尔斯的理论划归入前面巴比奥提出的四种分类中的一种。那么，我们应该怎样来看待罗尔斯的这种二元划分？对此，我们可以明确地指出，罗尔斯的政治自由主义不是一种哲学本体论意义上的二元论。究其原因，作为主体的个人观念起了重要作用。一个政治的正义观念，在某种意义上，它包容了各种人的能力和与正义相容的善，它是政治中立的，而不是道德中立的。

---

① Norberto Bobbio, "Ethics and Politics", *Diogenes*, No. 182, 1998.

第六章　政治优先性

政治优先性似乎是与政治有限性相关联的概念，正是由于政治具有有限性才注定了政治要发挥作用就必须是优先的。众所周知，政治正义在理性的完备性学说中具有某些特殊性，政治正义要发挥其功能就必须面对各种完备的道德正义观念。因此，在自由民主社会中，建立在政治正义原则之上的政治自由主义，如何让各种互不相容但却合乎理性的宗教学说、哲学学说和道德学说而产生深刻分化的自由平等社会变得稳定而公正，将是最迫切的问题。人的因素是罗尔斯政治自由主义政治哲学立论的基础，无论是公民在国内社会的行为还是公民在国际社会的行为，无不体现了“政治的”在自由社会中的特殊地位。本章主要讨论罗尔斯政治自由主义何以是政治哲学的以及这种政治哲学的基础，政治自由主义在何种意义上政治优先，以及这种政治优先性的本质。

第一节　以理性公民的合理道德为基础的政治哲学

一　原初状态的个人观念

在罗尔斯的政治哲学中，我们分析了关于道德正义与政治正义的区分以及二者之间的关联。我们知道，后期罗尔斯游走在道德与政治之间，是一种政治哲学。那么，这种关系得以确立的基础是什么呢？通过深入研究我们发现，之所以会出现这种微妙的状况，主要是因为罗尔斯的理论特别注重对人性的关怀，即人的因素，被罗尔斯称为

“个人的观念”（individual conception）。只是这种关怀在《正义论》时期与《政治自由主义》时期不同罢了。我们通过分析这种变化，澄清罗尔斯所描绘的这种理论图景的前提，揭示这种变化在罗尔斯前后期理论中对道德与政治关系的作用。

罗尔斯对正义原则的最好证明，就是人们的一致选择。为了达到这种一致同意的证明，罗尔斯提出了一些理念来支持这种证明，原初状态和无知之幕的假设以及最大、最小化的使用，就被视为因为这种选择表达了人的本性。罗尔斯在《正义论》中论证，思考正义的方法，以及探询什么样的原则，能够得到那些发现他们自己聚集在原初状态中的，并且每个人都暂不知道其种族、阶级、宗教和性别等个人的一致同意。但是，为了使这种正义的思考能够深入下去，原初状态的设计又必须反映出某些有关我们实际的典型性个人，或者可能所处的公正的社会。在《正义论》中，罗尔斯并没有系统地讨论人的原则，而是通过对“个人”的两个原则，即公平的原则与正义的义务的分析来完成说明的。一旦确定的原则被选择，就没有必要进一步选择来确定被允许的行为了。因为，允许的行为是我们可以做也可以不做的行为，当然这些都是自由的，他们并不违反任何的自然法则。在考察这些行为时，一个人想要挑出那些在道德意义上有意义的行为，并揭示它们与义务和职责的关系。这些行为有些在道德上是中性的，做一些诸如仁慈、怜悯、英雄和自我牺牲之类的行为虽然是好的，但并不一定是个人的义务或者责任。

这种原初状态设计的合理性证明，诉诸罗尔斯在《正义论》第三部分发展的康德式的个人观念。如果我们选择我们的能力作为道德个人的本性，要比我们选择那些特殊目的更为根本。如果“我们的目的不是先揭示我们的本性，相反，是首先揭示那些我们可能承认的支配我们依次而形成这些目的之背景条件的原则”，“这种自我优先于自我所认可的那些目的”（*TJ*, 560），在这些被认为是优先于任何关于他们追求的那些目的之知识的个人立场上来思考正义就是有意义的。原初状态的证明源于这种道德人格“根本偏好”的表现。在《正义论》中，这种类似康德主义的解释有很多，最重要的就是这种把个人理解为现代经济社会选择理论的狭隘自私的理性的“道德观点”的制约。[1]

而在《政治自由主义》中，罗尔斯放弃了这种康德式的个人观念。当然，这种证明方式也就不再有效。那么，“坚持认为我们关于正义的反思应该在不诉诸我们意图和目的的情况下优先开始还有什么理由呢？为什么我们必须将我们的道德确信和宗教确信以及我们的善生活观念束之高阁？为什么这些支配社会基本结构的正义原则不应当建立在我们对最高人类目的的最佳理解之上？”[2] 针对诸如此类的问题，政治自由主义做出了回答：我们应该抽象与其目的之外的个人立场来思考正义的理由，不是这种程序表现了我们作为优先于我们目的的、自由而独立的自我本性。这种思考方式是出于政治的目的，尽管不一定是出于全部的道德目的。我们应该把我们自己看作自由而平等的公民，不受各种在先义务或责任之约束，并按照公民的观念来思考。这种个人观念的政治视角的转换，就是罗尔斯所谓的政治的个人观念，即公民的观念。

二　理性而合理、自由而平等的公民

《正义论》之后，罗尔斯的政治自由主义运用的是一个政治人的观念——公民理念。原初状态下具体化的政治的个人观念，与康德式的个人观念密切相关，但却大不相同。它限制我们的公民身份，作为自由的个人，公民们把自己看作是独立于任何带有终极目的的特殊观念，我们的公民身份不受善观念变化的影响。罗尔斯允许我们的人格身份或非公共身份中，可以把我们的目的和依附看作是迥异于政治观念的设想。无论我们在多大程度上受到人格身份的约束，无论我们在多大程度上受到道德确信或宗教信仰的约束，我们在公共领域里都将各种约束搁置起来，把公共自我视为独立于任何特殊观念或善观念之

① William A. Galston, “Moral Personality and Liberal Theory: John Rawls's ‘Dewey Lectures’”, *Political Theory*, Vol. 10, No. 4 (Nov., 1982), p. 493.

② Michael J. Sandel, *Harvard Law Review*, Vol. 107, No. 7 (May, 1994), pp. 1773 – 1774.

外。我们作为公民的种种要求，都是因为我们自己而提出来的。从一种政治的观点看，基于公民的义务和责任、团结或信仰所提出的要求，是人们所要求提出的。它们作为政治要求的有效性与它们所认可的善没有关系，其有效性即人要确认这些要求。

这种政治的自我观念说明，为什么我们应该在一种撇开我们目的的抽象中来反思正义的问题。那么，为什么我们应该首先采取这种政治的个人观念？为什么我们的政治身份不表达我们在个人生活中所认可的那些道德、宗教的信仰？为什么非要坚持我们作为公民的认同与我们作为更广泛设想的道德个人的认同分离开来？罗尔斯的回答是，我们作为公民的身份与我们作为个人的身份之间的分离，是现代民主社会的本性①。在传统社会中，人们寻求完备性的道德和宗教理想。但是，在现代民主社会，以道德和宗教的多元性为特征，我们需要把公共身份与人格身份区分开来。尽管我们可能对自己的道德和宗教理想抱有信心，我们也不能坚持要求这些理想在社会的基本结构中得到反映。作为自由而独立的政治的个人观念，就隐藏在民主社会的公共政治文化中。

在《政治自由主义》中，罗尔斯论证了他的正义原则能够获得重叠共识的支持，他所寻求的不是一种权宜之计。不同的道德和宗教观念的信奉者们，首先要出于他们各自观念中抽象出来的那些理由。随着人们学会在一个受到自由制度支配的多元社会里生活，他们就会逐渐获得那些能够强化他们自由原则的德性。而这些自由德性是一种公共善，它与完备性的道德观念的完善论不同。因为，政治自由主义仅仅是从政治的视角来肯定自由德性。

综合前后两个时期的理论，罗尔斯所说的“人的观念”是“自由而平等、理性而合理的”（*JF*，8）。可以说，这句话是罗尔斯对人的观念的总体概括。首先，人是自由的，人的自由不受自然偶然性和社会任意性的影响，人应该服从自己的法则。人是自由的，意味着人

① Cf. *PL*, introduction，21. 实际上，这旦也隐含了公民与公民身份、个人与个人身份等概念之间的差别。这些差别看似细微甚至模糊，但只有关注这些概念之间的细微差别，才能真正理解罗尔斯证明的特殊用意。

不受客观必然性的支配，不为外在对象的制约，人具有自由选择的能力。我们不仅具有选择的自由，我们选择什么充分表达我们是什么以及能够成为什么的愿望。自由选择是相互联系的，我们选择了正义原则，我们对正义原则的选择也就表达了我们是自由的。

其次，人是平等的，罗尔斯的平等是指人格的平等。人是要从事社会合作的，人应该成为社会合作的平等成员。这样，人就要具备两种道德能力：一是正义感的能力；二是善观念的能力。这种自由平等人的理念，能够促进人在社会生活中充分发挥自己的作用，实现在社会合作中的权利和义务。这两种道德能力的重要性还体现在，它们是实现公民自由和平等的基础。

再次，人是理性的。公民“理性的”与“合理的”区分源自康德绝对命令和假言命令的区分，前者代表纯粹实践理性，后者代表经验实践理性。在罗尔斯的正义理论中，“理性的”与“合理的”是个人德性的两个基本方面。理性是“作为公平合作系统之社会理念的一个要素，而它为所有人接受的理性的公平合作项目，也是其相互性理念的一部分”（*PL*，49－50）。“理性的”主要强调人与人之间的相互性或者互惠性，按照契约论的要求，“理性的”要求意味着人们选择并接受公平合作的条款。在罗尔斯看来，对“理性的”理解为包含着道德感的道德观念。

最后，人是合理的。“理性的”与“合理的”人是政治生活和社会生活中的主体，而“合理性”是与“理性”不同的理念，它适用于个人的主体和联合的行为主体，该主体在追求目的时具有判断能力和慎思能力。“合理性适用于人们如何采取、认定这些目的和利益，也适用于人们是如何给予这些目的和利益以优先性的。”（*PL*，50）在人性层面，人是合理的，人们选择人生计划的合理性。“理性的”和“合理的”被作为两个互不相同的但又各自独立的基本理念看待。

笔者想强调的是，后期罗尔斯不再遵循康德路线，而是认为公民的观念被严格地限制在政治领域里，是一种公民们认可政治建构主义的观念，但也不否认他们理性的完备性学说。共享的政治生活诉诸公共的政治价值，其中自律起了重要作用。道德自决是建立在自律性概念之上的，而道德是一个人的理性表达，因此，道德的本质也是自律的。[①] 自律把这些政治价值描述成秩序化的价值问题。这是一种“学说的自律”。一种观点之所以是自律的，因为它所代表的秩序中“正义与公共理性的政治价值不仅仅表现为强加的某些道德要求，这些政治价值也不是其他我们不接受其完备性学说的公民强加于我们的要求”（*PL*，98）。公民们之所以能够理解这些价值，是建立在他们对作为平等而自由的公民观念与作为公平合作系统的社会观念相联系的实践理性基础上。如果认可整个政治学说，公民本身就是自律的。可以说，这是一种政治视角的转换。只有这样，一种自律的政治观念才能为具有理性多元论特征的宪政体制提供合适的政治价值基础。

三　政治自律

众所周知，罗尔斯在《正义论》中区分了合理性的自律和充分的自律，充分自律与合理自律之间的差别在于：合理自律只按照我们的理性能力行动，只按照我们在任何特定时刻所具有的决定性善观念行动，而充分自律除了包含合理自律的能力外，还包括以各种与尊重公平的社会合作项目的方式来发展我们善观念的能力。在良序社会中的公民，既要求在原初状态中个人是合理自律的，又是充分自律的。当然，对自律的理解比这要复杂得多。我们知道，关于自律的解释应该从以下几个方面来理解：类的自律（Generic autonomy）、个人自律（Personal autonomy）、道德自律（Moral autonomy）、技术自律（Technical autonomy）、政治合法性自律（Legal - political autonomy）和充分自律（Full autonomy）。而在《政治自由主义》中，罗尔斯只强调政治自律。[②] 在努力拓展政治自由主义的理论空间时，罗尔斯借助于康德和约翰·斯图亚特·密尔的自律性与个人主义的理想，[③] 把他们

① Henry Richardson & Paul Weithman, *The Philosophy of Rawls: A Collection of Essays*, Vol. 5, New York: Garland Publishing, 1999, p. 27.

② Paul Graham, *Rawls*, Oxford: Oneworld Publications, 2007, pp. 144 - 145.

③ 在罗尔斯那里，这种自律已经不是严格的康德的自律概念和密尔的个体性理念，与完备性的学说的道德价值相区别，这是一种政治的自律。（Cf. *PL*, 98）

看作是有争议的完备性善观念的典范。对于这些善观念，在理性多元论事实背景下，国家或许没有正当理由来促进。作为一种规范性观念，自律性理想坚持的并非自律性的事实，而是自律性的价值。重视自律性，既没有预设存在原子式的个体——即预成的、自足的行为者，他仅仅把与社会的交往看作手段——也没有直接忽视或否认社会化的有利影响。事实上，对自律性价值的追求也许被看作对“个性的社会构成”这一深刻现实的一种最好反映。

最合理的自律性观念不把对一种生活方式的选择等同于一种严格的理性与批判的自我反省过程。它只要求个体在生活中拥有真实、有意义和有价值的选择机会，要求个人有能力在这些选择中进行选择；它并不是要求人们从事一种主观的过程，即对这些选择机会进行自我批判式的反省。他们不必选择过一种密尔或苏格拉底意义上的“经过考察的生活”，那种生活是一种从实质上讲具有自律性生活的例子。

事实上，重视自律性预设了这样一个观点：只有自律地选择的活动才有价值①。显然，这一主张是错误的。自律性理想关心的是生活的价值而非活动的价值。它不是（也不依赖于）在道德价值的性质和地位问题上的一种一般的元伦理学立场；它是一种关于人类实现的实质性主张。这种道德主张的一个较弱的版本是，如果个体过一种相对而言更加自律的生活，那么他们更有可能繁荣；较强的版本是，这种自律性是人类繁荣的一个必要的条件。两种版本都没有宣称只有自律地选择的活动才有价值。当做出的选择本身就是好的选择而非坏的选择时，一种生活在道德上是更好的生活，如果是这样（这一点似乎是显而易见），那么这是因为自律性并不是人类繁荣的充分条件。②

上述特征所规定的自律性是一个必不可少的价值：它不寻求促进任何特定的生活方式，包括实质上是自律的生活方式，而是力求促进一个在其中个体可以选择采取何种生活方式的社会。正如我们已经看

---

① Cf George Sher, “Liberal Neutrality and the Value of Autonomy”, *Social Philosophy and Policy* (12, 1995), p. 136.

② Cf George Sher, “Liberal Neutrality and the Value of Autonomy”, p. 136.

到的，历史上，这是一种激进的政治理论，尽管它的激进主义已经消耗殆尽，一个促进这一理想的国家并非是不偏不倚的。就此而言，自由主义国家毫无顾忌地做了运动员，而非裁判员。

我们重视自律性，因为它表达了一个富有吸引力的理想，即使我们每个人都是自己生活的部分缔造者。在某些特定情况下，当个人运用自律性成为有价值的生活的部分缔造者时，自律性是有价值的；在其他条件都相同的情况下，过一种无价值的生活不会增加那种生活道德的价值。这是否意味着：国家应该积极地促进和鼓励特定的有价值的生活方式，阻止无价值的或有害的生活方式？这里要牢记的重要一点是：这一探讨关心的仅仅是国家的行动是否合适时，促进了或阻碍了自律性的实现这个实用性的或者工具性的问题，而不关心任何绝对原则的问题。这种考量主要涉及国家权力的总体特征。

显然，通过法律的强制性权力来促进特定的生活方式会导致严重的问题，即出于这种强制而认可某种生活方式的行为已经不再是自律的了。尽管国家对暴力的合法使用的垄断是其独有的特征①，但是它也拥有许多非强制性的手段在促进自己偏爱的生活方式。因此，既然国家已经拥有促进实质性目标的非强制性手段，那么它运用这些手段来鼓励有价值的生活方式，是否与对自律性的普遍追求相矛盾呢？有关政教分离的例子暗示了一个答案。所以，行为的基础并非不是“强制”就是“选择”：权威、传统或习惯是行动的另外一个基础，这些东西可以在不具强制性的情况下取代有意义的选择作为行动的基础。

应当说，政治自由主义认为通过原初状态论证所引出的秩序，是一种理解秩序化政治价值的最适应的方式。在罗尔斯看来，这种陈述是一种有别于道德建构主义之构成性自律的学说性自律。这一自律的政治学说代表并展示了政治的正义原则，即公平的社会合作项目，它们是公民运用那些跟适当的作为自由而平等的公民观念，以及作为长

---

① Cf Max Weber, *Economy and Society: An Outline of Interpretive Sociology*, Guentther Roth & Claus Wittich eds. London: University of California Press, 1968, pp. 56, 65.

久公平合作系统的社会观念相联系的实践理性原则而达成的。如此，自律便是一个这种观点如何把这些政治价值描述为秩序化价值的问题。一种观点之所以是自律的，是因为在它所代表的秩序中，正义与公共理性的政治价值不仅表现为外在的强加的某些主张，这些政治价值也并非我们不接受具有完备性学说的公民强加于我们的要求。而公民们能够理解这些价值，基于这些价值建立在作为自由平等的公民观念和作为公平合作系统的社会观念相联系的实践理性的基础上。从政治的层面说，认可这个政治学说，就认为公民本身就是自律的。于是，一种自律的政治观念便为具有理性多元论特征的宪政民主政体提供了一个合适的政治价值基础和政治价值秩序。① 实际上，这也正好说明了罗尔斯前后期理论的变化中，作为核心的“人的观念”逐步由“个人”变成了“公民”，而人的政治因素也逐渐从道德主张中剥离出来。

第二节　国内正义与国际正义

我们知道，1993 年发表的《万民法》只是跟随《政治自由主义》一书而出版的论文，当时只谈到了政治自由主义从国内扩展到国际社会的一般原则。而 1999 年出版的著作《万民法》已经与罗尔斯的其他著作形成了完整的理论体系，并且有自己的论证思路。《万民法》的论证基础是次级原初状态的论证，《万民法》的应用范围是自由与合宜的人民组成的社会，还明确了《万民法》的诸多原则。这些都体现了罗尔斯从道德领域到政治领域、由国内政治到国际政治的逻辑路线。罗尔斯坦承，公共理性的理念也是《万民法》的一个组成部分，它将社会契约的观念扩展到人民社会，并制订了自由社会与非自由社会（合宜）都能够也将会接受为规制其相互间行为之标准的普遍原则。本节的主要目的就是揭示罗尔斯的自由主义如何实现

① 这个观点得益于顾肃教授 2011 年 4 月 8 日在北京师范大学做的《多元社会的重叠共识、正当与善——论政治哲学的道德基础》学术讲座上的讨论，在此表示感谢！

从国内向国际的理论延伸与扩展。

一　从公民到人民

众所周知，在《正义论》中，罗尔斯为了制定两个正义原则，并通过原初状态的论证，提出了两个著名的原则：第一要捍卫平等的基本自由；第二当且仅当能为处于最不利地位的社会成员带来最大利益时允许社会和经济的不平等（差别原则），以及所有职位在机会公平条件下对所有社会成员开放（公平机会原则）。在《正义论》时期，罗尔斯关注的是应用于封闭社会的正义原则，例如民族国家。而在国际层面，良序社会的人民选择了八项原则构成了他的“万民法”理论。此外，罗尔斯还相信有三种国际组织被建立：一是旨在保护人们之间公平交易的组织；二是向人们提供信贷合作的银行机构，三是发挥类似联合国作用的组织。（*LP*，42）罗尔斯在《万民法》中试图把整个世界看成一个大的社会，即人民社会（a Society of Peoples），并谋求为世界各国建立一个自由正义的并能为各民族国家所认同接受的世界普遍法律原则，也就是《万民法》。

为了理解罗尔斯《万民法》与《正义论》的观点之不同，我们必须注意罗尔斯在这部著作中试图要干什么。事实上，罗尔斯的目的是制定能够得到良序社会的人民所共同赞成的法则。对罗尔斯来说，良序社会的人民包括“理性的自由人民”（reasonable liberal peoples）与“合宜的人民”（decent peoples）。合宜的人民虽然不是自由主义社会的国民，但却拥有“合宜的协商等级制度”。罗尔斯之所以说《万民法》是一个现实的乌托邦，在于考虑了它的很多现实条件，世界具有相当程度的多样性，并非所有国家都会接受自由主义的原则，或通过合理的手段被说服赞成自由主义的原则。《万民法》两个现实性的条件是：（1）接受人民的实际状况，（2）最初的原则和规则必须对现有的政治社会安排具有可行性和适用性。（*LP*，13）根据罗尔斯的《万民法》，自由的人民以及合宜的人民是人民社会的行动者，就像公民是国内社会的行动者一样。政治自由主义建基于政治社会的观念，这些观念通过确立公民和人民属性的政治观念。一方面，国内通过公民的观念，另一方面，通过政府间行动的人民的观念。

对此，罗尔斯给出了“人民”的三个特征：“第一，服务于其根本利益的理性正义的宪政民主政府；第二，由密尔所谓‘共同的同情心’结合起来的公民，而不管其社会和历史渊源；第三，道德的本性。”（*LP*，23－24）罗尔斯对这三大特征做了详细的解释和说明。其中，第一个特征的含义十分明确，其特点是制度性的，罗尔斯在《政治自由主义》中已对此做了专门的论述。第二个特点是文化性的，这里，我们可以看到密尔思想的影子。如果一群人具有一种民族性的情感，那么这群人就形成一个民族。具体来说，正是这种情感使得“他们更愿意在其内部进行相互合作，他们希望同处一个政府的领导和管理，期盼管理他们的政府是他们自己的政府，而且是专属于他们自己的政府，或者说这种政府是他们的一个构成部分”（*LP*，23）。第三个特点则要求牢固地系于权利与正义的政治（道德）观念，正如作为个体的每个人一样，一个“人民”具有其自身的“道德性”（moral nature）。就如何行动而言，她所做出的种种选择受植根于公共政治文化当中的那些理性思考的制约。因此，罗尔斯说，“像民主社会的公民一样，自由人民既是理性的又是合理性，他们表现在投票选举、政府的法律政策中的合理性行为同样为其理性的一面所制约”（*LP*，25）。正如民主社会中的理性公民愿意与其他公民一起依照公平条款进行相互合作一样，（理性）自由的（或合宜的）人民也情愿并提出公平条款与其他人民合作。

罗尔斯是这样推导得出《万民法》的。他仅仅考察自由主义社会的国民以及这些国民认同的原则。他从两个原初状态推导出自由主义社会人民的《万民法》：第一个原初状态导向宪政体制的自由主义政治概念的社会契约，第二个原初状态是自由主义社会之人民的代表。第一个原初状态的内容已为人们所熟知，原初状态下各方必须决定他们之间合作的公平条件以规范社会的基本结构。他们假定是理性，而且“其目标尽量促进他们所代表的公民的基本利益，具体说来就是满足他们作为公民基本需要的基本善”（*LP*，31）。因为各派都在无知之幕后面，他们有动力选择一个给予人们自由和平等的社会基本结构。完成了这一系列的自由主义社会的治理原则，罗尔斯转而考察国际层面的情况。罗尔斯利用第二个原初状态来推导自由主义社会的人民如何选择外交政策。各国人民的代表被安排在无知之幕后面，自由主义社会的人民选择了前面提到的八项原则和三个国家组织之后，合宜社会的人民也将选择同样的原则和国际组织。

二　自由社会与世界社会

究竟什么是合宜的社会？罗尔斯认为至少是满足四个核心条件。第一，这个社会必须以和平且尊重其他社会的方式处理事务。第二，这个社会的法律体系及其正义观念必须保护所有社会成员的基本人权。在此，罗尔斯仅仅给出了很短的权利清单：生命权、自由权、个人财产权和获得形式平等的权利。第三，社会中法官和其他执掌法律体系的人必须相信法律包含正义观：正义相信共同善的存在。第四，合宜社会的人民必须具有正派的协商等级制，选民团体都能参与协商，以此反映所有团体的重要利益。罗尔斯从一个国际层面的原初状态对万民法进行推导。与适用于自由主义社会的国际原初状态相对，这一原初状态只适用于合宜的、非自由主义社会的和非民主社会的人民。罗尔斯论证说，合宜社会的国民将接受前面所推导出的《万民法》。由于合宜社会的人民的定义规定了这些国民予以承诺的事项，合宜社会的人民有义务认可《万民法》。

罗尔斯描述了这样一个符合其理论要求的、假定的合宜社会的人民：卡赞尼斯坦（Kazanistan）。卡赞尼斯坦是一个理想化的伊斯兰社会，只有穆斯林才有资格获得政治权力机关的职位并在重大政治问题上拥有影响力，而其他宗教得到宽容以促成繁荣的文化生活。罗尔斯坚信这个社会可以是良序人民的社会。自由主义社会应当宽容像卡赞尼斯坦一样的国家。那些不愿赞成卡赞尼斯坦是万民社会一员的国家，罗尔斯认为，“类似卡赞尼斯坦的社会已经是我们所能现实地——并且一贯地——希望是最好的社会了”。此外，他还认为自由主义社会的国民应当“鼓励而不是打击正派社会之国民的活力，强制性地主张所有社会都应是自由主义的就会打击合宜社会人民的活力”。通过捍卫这一观点，罗尔斯认为“不同国民之间保持相互尊重”十分重要。

罗尔斯在《万民法》中提出的国际正义观受到一些世界主义①正义观的倡导者的严厉批评，如托马斯·博格和玛莎·纳斯鲍姆。批评者暗示了一些关于世界主义和全球正义的问题。虽然与世界主义者不同，但罗尔斯的确触及了世界主义者的某些主张，世界主义者认为《正义论》提出的正义原则，尤其是“差别原则”应在全球层面适用。罗尔斯列举世界主义者查尔斯·贝茨的例子说明这一观点：既然在各国间已经有合作的全球系统，全球性的差别原则就应该跨国应用。罗尔斯基于好几个理由反对这种主张，但其中最值得注意的，也是刚才我们已经看到的，他相信财富的源泉及其保持取决于社会的政治文化而非资源储量。进一步说，任何我们能够采纳的全球性分配正义原则必须具有明确的目标和终点，这通过政治自治的满足而得到确保。其他普世主义者认为罗尔斯未能充分注意到在不同社会的最低收入群体间的不平等问题，对于这一批评，罗尔斯认为，任何全球再分配原则必须有目标和终点。对于罗尔斯来说，要有能够确保政治自治的正义制度才能够做到这一点。相比之下，罗尔斯相信，既然世界主义者关注“个人”的福祉问题，那么全球性再分配就没有明显的终点，而这是有问题的。

总的说来，罗尔斯的国际正义理论包括三个方面的意思：其一，富裕的社会有责任援助其他社会，帮助他们逃避压迫在他们身上的沉重负担；其二，人类个体享有生存的基本权利，而如果一个政府不能尊重人民的基本权利，对它进行干预可能就是有辩护的；其三，在文

---

① 按照徐向东的解释，“世界主义”不是一个单一的观点，而是由一些重要观点构成的广泛的谱系，而且这些观念之间具有某些联系。所有世界主义观点都有一个核心思想：所有人，不管其政治面貌如何，都属于（或者至少能够属于）一个单一的共同体，这样一个共同体应该加以发展。我们大致可以区分出世界主义的三种形式：道德的、政治的和文化的。文化世界主义不是本文所要关注的。道德上的世界主义在其一般形式上仅仅说：所有人类个体都受制于同一套道德法则，我们必须按照这些法则来对待他人，不管他们是生活在世界的什么地方。政治上的世界主义认为只有当每个人在根本上受制于有力量强化这些法则的同一权威时，上述目标才能实现。道德上的世界主义是否一定要求政治上的世界主义？这个问题迄今为止尚不清楚。参见徐向东《罗尔斯的政治本体论与全球正义》，《道德与文明》2012 年第 1 期。

本中所表述的《万民法》是不完备的，需要用某些调节有组织的国际合作的原则加以补充，以保证“在一切合理的自由的（以及得体的）社会中，人民的基本需要将会得到满足”（*LP*，25）。由此可见，罗尔斯国际正义的根本目的是要建立这样一种国际秩序，以保证每个人类个体的基本需要。罗尔斯和世界主义者的重要区别与我们援助他人的责任有关。罗尔斯认为，一些社会“缺乏建设良好秩序所需的政治和文化传统、相应的人力资本和专门知识，常常缺乏物质和技术资源”。良序社会的人民因此有义务帮助这样的社会成为良序社会中的一分子。援助的目的是帮助积重难返的社会获得合理地以及理性地管理自身事物的能力，并使它们最终成为良序社会的一员。在该目标达成之后，即便当前的良序社会可能仍然相对贫穷，也不应该再提供进一步的援助。因为，援助的目标是实现并保护正义的制度。对于罗尔斯来说，在积重难返的社会中，政治文化是决定该社会繁荣程度的首要因素。罗尔斯坚信，一个社会财富的来源及其采取的形式主要取决于这个社会的政治文化，支撑它政治和社会制度的宗教、哲学和道德传统，以及社会成员勤奋与合作的天赋，这些东西的支柱都是这个社会的政治道德。

由于罗尔斯的政治自由主义概念限制较多，因此他的正义原则很难直接应用到全世界，于是《万民法》显得比较保守。《万民法》体现了罗尔斯对当今针对自由主义理论与实践诸多反对意见的关怀，这也是他介入论争，为自由主义理论与实践进行辩护的结果。在全世界范围内没有可以与自由民主社会中的政治基础相容的政治条件，所以全球正义的概念在他的理论框架中是不允许的。[①] 尽管罗尔斯并不承认自己因为各方面的批评而改弦更张，但是当今理论界与国际政治领域的许多焦点问题却体现在了他的论证当中。这些论证不乏真知灼见，但是也反映了西方学者对非西方式民主制度的误解与成见。这也从侧面反映了，如果要想真正理解罗尔斯，一定不要忘记他的政治文

① 实质上本书已经点出了罗尔斯国际正义与全球正义的差别，相对于全球正义而言，罗尔斯国际正义的含义要弱得多，这一点从刘莘教授的分析中也可看出来。参见刘莘《康德、罗尔斯与全球正义》，《哲学研究》2008 年第 11 期。

化背景，一定要明白他是在西方宪政民主的体制内。因此，有些学者批评罗尔斯的理论带有一种霸权主义的色彩和逻辑，这就不足为奇了。需要特别说明的是，笔者并不反对国际正义下的世界社会的前景。但是，全球范围内诸如种族冲突、宗教冲突、恐怖主义和饥饿贫困之类的问题已经成为一个广泛而深刻的事实。在这种情况下，国际正义的观念具有恰当的动机适应了世界发展的需要，就不难得到理解了。然而，如果国际正义在本质上与世界社会的现实结构相联系，我们也许就不那么乐观了。作为国际社会中的一员，我们有责任重新思考我们应该对这个国际社会负有的责任。

三　现实的乌托邦

作为罗尔斯正义理论的核心理念，“公平的正义”在其三部代表作中被给予了三种不同的表述，并分别表达了这三部作品不尽相同却又连贯递进的理论目标：《正义论》（1971）的表述是“作为伦理的公平正义”，基于这一核心理念所寻求的理论目标，是为现代自由的民主社会建立一套足以有效规范社会制度安排的“最大的最小化”的正义原则；《政治自由主义》（1993）的表述是“作为政治的公平正义”，其目标是建立一种可以成为民主社会之政治结构或民主政体的建构和维护之理论基础的“政治自由主义”原理；至《万民法》（1999），这一核心理念被表述为“作为万民社会的公平正义”或者体现在“国际法中的公平正义”，其理论目标是为一个正义而有序的万民社会建立一套普遍有效的公平正义的国际政治行为规范。

如果说《政治自由主义》将罗尔斯的正义理论从社会道义伦理提高到了国家政治原则的高度，从而实现了“道德政治化”的理论扩张，那么，《万民法》则是罗尔斯将国家政治正义扩展到国际政治正义的又一次大胆尝试。[①] 只是我们必须注意两个重要的细节变化：

① 罗尔斯的目标是现实的乌托邦，但是，批评者认为既不现实又不是乌托邦。Cf. Andrew Kuper, “Rawlsian Global Justice: Beyond *the Law of Peoples* to Cosmopolitan Law of Persons”, *Political Theory*, Vol. 28 (2000), pp. 640 - 674. 当然，我们的立场是从罗尔斯的意义上来讨论。

（1）这一次的理论扩展在罗尔斯的思想历程中所经历的时间比较短，与《政治自由主义》所标志的理论转换相比来说，以至于人们或多或少有理由对罗尔斯严谨的哲学风格产生某些猜忌和疑惑。（2）《万民法》所表述的“作为万民社会的公平正义”完全变换了价值行为主体，也就是说，它所针对的不再是作为公民社会或政治国家的公民个人，而是作为主权实体的民族国家。这种行为主体身份（status）的变换意味着什么？它会给罗尔斯正义理论的扩展带来些什么？这是我们需要首先关注的。

按照罗尔斯的定义，所谓“万民法”就是“一个特殊的权利与正义之政治概念，该概念适用于国际法和国际实践的原则与规范”。而所谓“万民社会”，则是指“所有那些在其相互关系中遵循万民法之理想和原则的民族。这些民族有他们自己的政府。其政府可能是立宪自由民主的政府，也可能是非自由的但却是体面的政府”（*LP*，1）。事实上，罗尔斯的“万民社会”并不完全等同于“国际社会”，后者可以囊括世界上所有主权国家，而前者却只限于某些具备特定政治资格的民族国家，比如“宪政自由民主的政府”或者“非自由的但是体面的政府”。在罗尔斯的国际政治概念里，世界上所有的“国内社会”或“民族国家”至少可以分为五类，即“理性的自由民族”“体面的民族”或“体面的等级协商制民族”“法外国家”“承受种种不利条件之负担的社会”或“重负社会”以及“仁慈的专制主义社会”。在这五种类型的民族国家或国内政治社会中，只有前两类堪称罗尔斯“万民社会”的基本成员，因此罗尔斯本人也常常把他的“万民社会”与康德在《永久和平论》中设想的自由国家的“和平联盟”（foedus pacificum）相提并论。康德曾经在谈到“永久和平”之“正式条款”时，把“国际权利”的范围限定为“应该以自由国家的联盟制度为基础”。[①] 同样，罗尔斯也把“万民社会”的契约范围限定在“自由民族”和具有“体面政府”的“非自由国家”。这样一来，“法外国家”“重负民族”和“仁慈的专制主义社会”就被明确

① ［德］康德：《永久和平论》，何兆武译，上海世纪出版集团2005年版，第19页。

无误地排除在了“万民社会”之外。但罗尔斯认为，即使这种有明确范围限定的“万民社会”或“世界社会”也还只是一种“现实主义的乌托邦”，代表着人类未来社会的希望。该“世界社会”只能允许合乎理性的正义宪政民主作为合乎理性的正义民族社会的一员而存在。

需要说明的是，罗尔斯之所以使用“正义的自由民族”而不用时下较为流行的“民族—国家”概念，本意是想淡化“国家主权”或“主权国家”的概念，以尽可能避免在缔结“万民社会”的“万民法”时因为过于强烈的主权诉求而产生“国家斗争”。罗尔斯坚信，“万民法”就是“万民社会”或“世界社会”的根本性正义原则，是统辖民族间关系之基本结构的法则。与在国内的情形相比，在全世界的范围内，理性的多元主义是一个更加深刻的普遍事实，因此我们不能总想指望它在任何可预测的未来情形中被废除。事实上，文化多元论本身就是一个重要的人类价值。即便文化多元性因素偶然可能会成为冲突的一个原因，但这种冲突从根本上来说也不能通过消灭文化的差异性来解决，这是我们应该从人类历史发展和世界历史进程中吸取的一个教训。可以说，罗尔斯认为那些关于正义的理解在一个特定的政治文化中基本上是正确的，并且他的国际正义观也值得我们向往。但是，正如其他世界主义批评者[①]所指出的那样，如果更加认真地考虑理性多元论的事实，这种向往可能就会变成一种现实的乌托邦。

第三节　政治何以优先

在《政治自由主义》出版之前，人们主要认为“自由主义”政

① 罗尔斯的国际正义理论受到了托马斯·博格、玛莎·纳斯鲍姆等世界主义者的批评，他们的批评其实暗示了世界主义与国际正义之间的一些本质不同。Cf. Thomas Pogge, “The Incoherence Between Rawls's Theories of Justice”, *Fordham Law Review*, 2004, pp. 1739－1759; Martha C. Nussbaum, *Frontiers of Justice: Disability, Nationality, Species Membership*, Cambridge, MA: Harvard University Press, 2007。

治传统的基础是形而上学的和道德的，而罗尔斯“政治的自由主义”则强调“自由主义”的前提是“政治的”。由于形而上学或者道德的基础本身存在很大分歧，各种完备性的宗教、道德和哲学学说千差万别，罗尔斯的《政治自由主义》主要集中在一种“政治的”自由主义是如何可能的这个问题上。具体而言，一种独立于各种互不相容的完备性宗教、道德、哲学学说的正义观念是否有可能被建构出来？我们发现，这个问题直接切中了政治自由主义理论的关键。如前所述，在政治自由主义理论的话语内，它的理论建构充分肯定了政治领域的正当性，而这种正当优先性与中立性问题紧密相关。本节主要集中讨论罗尔斯这种政治的优先性如何以及何以可能的问题。①

一 政治优先性的本质

政治优先性问题之所以会成为一个问题，在于我们把它放到古今之争当中进行讨论。亚里士多德认为人在本性上是政治的动物，这种看法在西方政治哲学史上具有划时代的意义，古典政治哲学家们强调人们对政治生活的重视。事实上，到了中世纪，用价值对抗政治具有很深的基础，那就是世俗与神圣之间的冲突。毋庸置疑，政治无论如何都应当是世俗的事业，这与基督教的神圣理念实在是大相径庭。现代西方的世俗化进程从表面看似乎社会重新接受了政治的价值，但事实却是，对政治的怀疑态度恰恰构成了现代政治哲学的主流。这种对政治的审慎态度实质上就是用前政治的自然状态作为理论前提，以前政治的价值来塑造政治形态。这样，政治社会就成了保护前政治价值的工具，其本身并非自成目的的前提，而是一种附属的性质。具体说来，这些前政治的价值可以是霍布斯的生命安全，还可以是洛克的生命、自由与财产权利。当然，这里的“自然”实际上是前政治的和非政治的，与亚里士多德的思路截然相反，亚里士多德的人性自然其实就是政治的。我们可以把现代以来追求自由的渴望更多理解为伯林

① 谭安奎也认为在罗尔斯的政治自由主义中有一种政治优先性的理论预设，这不仅表现政治的范围内，还体现在直接在政治的范围内如何运作。参见谭安奎《政治的优先性及其限度——对〈政治自由主义〉一个理论预设的反思》，《现代哲学》2010 年第 3 期。

的“消极自由”，或者用阿伦特的说法就是“摆脱政治的自由”[1]。这种自由观和近代契约论一样，把政治摆在了被怀疑的地位上。

回到罗尔斯的理论，我们发现，罗尔斯试图通过政治建构主义的方法让正义原则独立于各种完备性学说，把宽容应用于哲学，这种思路对于理性多元论的社会具有很大的吸引力，考虑到它对政治本身的价值定位，具有一定的优越性。罗尔斯并没有像诺齐克那样，明确提出政治哲学的首要问题是国家问题。但这个问题在罗尔斯那里似乎无须解答，他的著作直接探讨政治领域的制度与行为规范，尤其是在《政治自由主义》中，这样的理论前提尤为突出。作为公平的正义原则直接建立在政治社会的公民的理念之上，而不是建立在哲学意义的人的理念之上，它并不关心政治社会之前或者自然状态之中的人究竟是什么样子。罗尔斯虽然并不否认自由民主国家存在多元文化的事实，但他却未经论证直接认定人们的公民身份，也不考虑人们的文化身份及其差异给这种公民身份带来何种冲击。事实上，这些都意味着政治的正义原则仅仅直接在政治范围内运作。因此，我们可以说，罗尔斯的政治自由主义实际上预设了政治的优先性。

我们通过对比对政治的疏离与对政治的优先这两种观点倾向来说明问题。这可以导致两个方面的对立：一个是价值规范的对立，另一个是政治哲学理论形态的对立。价值规范的对立通常以自然权利为出发点，但这些权利是前政治的。权利在政治社会之前早就确定好了，没有新的权利在群体的层次上浮现，联合的个人不能创造不是前定权利总和的新权利。这就是诺齐克“最弱意义上的国家”。于是，我们无法正当地提出社会经济平等等方面的要求，无法像罗尔斯那样去讨论由社会合作所产生的利益在制度上应该如何进行分配。即便出于公平的理由，也很难证明如何对社会合作产生的利益进行分配，因为社会合作是非自愿进入其中的。政治社会是一个人们生而入其中、死而出其外的空间，我们的自律性与自由选择没有现实性。如果我们首先

---

① Hannah Arendt, "What is Freedom", in her *Between Past and Future*, NewYork: The Viking Press, 1968, p. 149.

肯定政治的地位，直接强调社会公平合作，这就是罗尔斯式的路线。罗尔斯强调个人权利，他的自由是一些自由权项。在《正义论》中，他认为自由的问题可以逐条罗列出基本自由权项，这些基本自由权项并不是前政治的，而是与政治制度紧密相连的。这一点在《政治自由主义》中说得更明白："基本自由权项是由制度性的权利和责任所确定的，这些权利和责任授权公民去做各种他们愿意去做的事情，并禁止他人干涉。基本自由权项是一种受到法律保护的行为方式与机会的框架。"（*PL*，325）

事实上，政治哲学理论形态的对立通常把政治哲学视作道德哲学的延伸，宣扬把适用于个人关系的道德规范直接应用于制度之上。在这方面，诺齐克说得最清楚："道德哲学为政治哲学设定了背景和边界。人们可以和不可以相互做的事情限定了他们可以通过国家机构或为建立这一机构所能做的事情。可以强行实施的道德禁令是国家根本性强制权力所拥有的任何合法性的源头。"①这里所说的"人们"其实都是自然状态中的人们，他们之间的这种道德关系都是前政治的关系。正是这种道德关系决定了国家和政治社会的行为准则，政治社会本身并没有赋予任何新的道德内涵，人们之间的关系仍然是纯粹的私人关系，而没有公共性和政治性可言。而罗尔斯的政治自由主义直接由政治切入，他不主张将适用于个人关系的道德哲学直接运用到社会基本结构之上："一种政治的正义观念被呈现为一种独立的观点。虽然我们期望一种政治观念能通过参照一种或更多完备性学说而得到辩护，但它既不是被呈现为这样一种适用于社会基本结构的学说，也不是从这种学说中推导出来的，仿佛这一结构仅仅是那一学说适用的另一主题似的。"（*PL*，12）政治自由主义从政治角度进入而把正义原则建构起来，它不是前政治的私人关系模式。我们并不认为存在一种道德哲学，当它扩展到社会的基本结构就成了政治哲学。相反，政治哲学从一开始就是政治的，它所确认的人们之间的道德关系是一些不

---

① Robert Nozick, *Anarchy*, *State*, *and Utopia*, New York: Basic Books, Inc., 1974, p. 6.

同于前政治或非政治的道德内容，主要表现在公平合作的内涵并增添了互惠性的义务，而不只是纯粹的私人关系。

此外，菲利浦·佩蒂特所说的“罗尔斯的政治本体论”认为，每个政治理论都预设了政治本体论，旨在说明“在一个政体中个体得以构成一个人民、一个民族、一个国家的那种关系和结构”①，这种本体论本身就具有某种优先特性。佩蒂特认为罗尔斯拒斥对“人民”的两种极端解释：政治连带主义（political solidarism）和政治单一主义（political singularism）。前一种观点将人民描述为一个统一的行动者，后一种观点则把人民视为一种单纯的聚集体，并不存在有组织的结构联系。而对罗尔斯来说，社会成员之间既存在利益的一致性又存在利益的冲突，于是，上述两种观点都是错误的。政治连带主义无视个人的分离性和利益的冲突，政治单一主义不尊重关于社会合作的基本事实。政治社会本质上是由某些共同的设定和评价组织起来的，这些设定和评价是社会成员通过行使公共理性并认同他们共享的政治文化。如果一个政治社会为了相互利益而形成一种合作，那么当人们在追求那个共同利益时也会保留自己的利益。

在这里，我们有一种社会与个人之间道德分工的实例，这种分工与我们每个人的立场相对应。通过强制实施对我们同类的帮助和约束这种普遍任务交给社会和政治制度，我们把非个人的立场要求具体化了。在对那些制度的维护做出贡献的情况下，我们应当自由地过我们个人的生活。对于我们可以要求什么的自由主义限制并不普遍适用于行动的证成。它允许人们在决定如何对他人有利或者帮助他人避免伤害与不幸方面自由地参照他们的善观念，只要这在道德或法律之外。当然，这一点也扩展到政治活动领域中。在宪政民主体制中，政治活动是个人追求目标和利益的场所，我们并不赋予胜方的观点以非个人立场的权威。毋宁说，就这个问题的范围而言，我们把所有的个人偏好或意见彼此之间的平衡当作从非个人的立场来接受。自由主义确实

---

① Philip Pettit, “Rawls's Political Ontology”, *Politics*, *Philosophy & AMP Economics*, JUNE, 2005, pp. 157 – 174.

并不要求我们按照极端非个人的原则来安排生活，甚至是我们作为政治存在物的生活。但它确实要求被强加的框架是可以公正地证成的，而我们正是在这种框架中追求利益，并让我们可能接受他人的约束，这意味着它必须经受住实质性的道德和动机的考验。

其实，真正的问题并不只是相对强度，还有相对优先性。自由主义的正义并不是作为其他善观念中更为具体的价值竞争。如果那样，它将不得不在它自身与其他备选观念之间提倡正义，而这就将在寻求自由主义与其他宗派性观点之间的共同根据时产生更高阶立场的无意义的倒退。自由主义并不要求它的拥护者走出自由主义本身，与反对自由主义的立场达成妥协。它要提供一种最大限度公正的正当标准，在确定我们的同胞可以向我们强加什么，以及我们可以向他们强加什么的问题上，这种标准优先于更为特殊的善观念。这并不仅仅是正当优先于善这种常见的说法，因为自由主义所轻视的某些特殊观点也是正当观念，这种观点的真正问题来自它的解释。它必须把两种类型的信念根据区分开来，这两种根据都没有表明那些拒斥这种信念的人一定是不通情达理的，但其中一种根据证成了政治权力的行使，而另一种则没有。它必须说明为什么这种区分有这样的后果，以及如何运用这种区分。当然，自由主义的公正声称自己有一种事实上并未普遍接受的权威，它在某些情况下抵制强加更为特殊的价值所提供的证成，就会无法保证实际的普遍同意。事实上，正因为它是一种实质性的道德立场，人们才无须对此感到惊奇。

二　政治何以优先道德

与现代以来的主流政治理论不同，政治自由主义认为政治社会自成目的，它是社会成员的共同目的所在。我们知道，传统契约论认为政治社会主要是一种工具并为自然状态中的人们选择，它本身并不是契约签订人共同拥有的目的。人们从前政治的私人目的出发，达成进入现实政治社会的共识。这种以同意的方式解释政治正当性的路径已经遭受到广泛的批评，最为深刻的批评来自黑格尔。在黑格尔看来，从私人利益出发建立契约并推导出政治社会与国家，这就是把国家等同于市民社会了，把政治关系理解成个人之间“任性的”产物，从而误解了公民间政治关系的普遍性和客观性。正如黑格尔指出：“由此产生的结果是，成为国家成员是任意的事。但是国家对个人的关系，完全不是这样。”[①] 显然，罗尔斯在《政治自由主义》中继承了这一思路，他虽然并没有完全放弃契约论，但他批评洛克式的自由至上主义契约论，认为它们根本不是“社会”契约论，原因就在于它们完全不能揭示政治关系的道德本质。这种契约论把政治社会与国家当作一个自愿结合的社会联合体来简化处理，于是：

> 虽然自由至上主义观点也重用协议观念，但它根本不是一种社会契约理论。因为社会契约理论把原初合同设想为建立一个共同的公共法律体系，它界定和规范政治权威并适用于每一个作为公民的个人。政治权威和公民资格都通过社会契约观念自身得到理解。通过视国家为一种私人联合体，自由至上主义学说拒斥了契约理论的根本理念，因此很自然地，它没有为面向基本结构的特定正义理论留下空间。（*PL*，265）

由于没有共同的先在目的，各成员根据个人兴趣与偏好自愿地建立一种私人联合体。政治自由主义与自由至上主义契约论的本质区别在于，根本的方面是强调政治社会自身的价值，它宣称一个政治社会本身就是一种内在善。当然，由于它不能在完备性善观念的意义上直接肯定一种特定善的内在优越性，出于政治自由主义的自我限制，这种内在善只能是一种政治性的善，是一种自由而平等的公民之间的政治之善。需要说明的是，这种善是公民之间的共同目的，它不仅是公民们事实上共享的，而且也是他们应当共享的。应当说，把政治社会确立为内在的政治之善和共同目的，这是确立政治优先性的一个基本条件。

---

① ［德］黑格尔：《法哲学原理》，范扬、张企泰译，商务印书馆1961年版，第254页。

政治自由主义只能肯定这种内在的政治善，否则有违“政治的”根本限定。但由于理性多元论的背景，内在善肯定不止一种，只把政治社会的善放在优先考虑的位置上就会导致不合理的结果。可以说，把政治社会确立为内在的政治善对政治优先性来讲虽然必要，但并不充分。那么，政治自由主义怎样证明政治优先性？罗尔斯的思路可以概括为两个方面：一方面，社会基本结构是我们生而入其中、死而出其外的，它决定我们的生活前景，比其他领域的价值更具有优先性；另一方面，通过契约确立社会合作的公平原则，这是为了建立稳定和公平的背景制度，从而可以使公民们的道德与政治关系不因其他外界条件的变化而改变，这样，不同的善观念和内在价值都可以被公民们追求。显然，第一点显示了政治优先性的重要性，第二点表明了政治优先性的合理性，只有政治善的优先性才能为其他内在善留下空间。

事实上，罗尔斯政治自由主义的政治优先性首先是一种政治制度的优先性，以此确保公民间合理的政治关系，而不是用前政治或非政治的观念来主导政治哲学。但是，仅仅如此，就能真正保障和体现政治优先性的全部吗？看来，政治自由主义优先考虑政治制度与政治关系，政治优先性并没有考虑实质的正义原则能够保障政治参与的优先地位。如果把现实的政治参与或公共政治放在实质的优先地位，这就违背了理性多元论的状况。既然从现实的角度讨论这个问题遇到困境，我们可以把视角转到理论方面。在罗尔斯看来，其一，理论层面上的政治优先性主要体现在建构的方法上，这种方法直接切入政治社会。其二，从公民的角度来看，政治优先性体现了对正义问题的思维方式。当然，这两点都与原初状态的理论设置直接相关，所体现的政治优先性在本质上是一样的。在《政治自由主义》中，原初状态中的各派被明确地解释为自由而平等的公民，这一转变使得原初状态和无知之幕带有独特的政治特质。事实上，虽然公民们不可能处于这样一种状态之中，原初状态只是一种思想试验，是公民们思考正义问题时的一种限制。但是，只有接受了这种限制，自由而平等的公民才算从“政治”的角度思考问题。这就意味着公民的身份优先于其他身份，意味着公民的观念优先于其他善观念。

虽然政治自由主义认为公民在思考正义问题的方式上强调政治优先，但罗尔斯并没有明确划分政治领域与非政治领域。事实上，政治动机的实际问题与道德问题经常缠绕在一起。一方面，要求具有的道德动机必须有实际的或者心理学上的可能性。另一方面，道德论证能够解释道德讨论但不能预先假定政治动机的可能性。于是，在实际获得动机对正当性以及稳定性等问题上，政治理论就能够发挥作用了。我们知道，政治正当性辩护主要分为两类：一类是试图从不同人的动机立场为某些制度找到理性支持的可能聚合（convergence）；另一类试图找出每个人都可能具备的共同立场，这种立场保证对可接受东西的一致同意。[①] 前者被称作聚合方法，后者被称作共同立场方法。现代政治理论的创立者托马斯·霍布斯是一位卓越的聚合理论家。罗尔斯发展了一种新型的政治自由主义理论，实际上是一种混合的理论，既包含聚合方法又包含共同立场的方法。它把制度的合法性奠基在符合不同的人能够通情达理地同意的原则之上，个人通情达理的标准不只是一种前道德的合理性，还是一种包含道德动机的推理形式。与霍布斯的聚合理论不同，通情达理的同意被个人当作目的而不仅是维护社会稳定，同时还有助于聚合的动机本身之外确保个人色彩的动机。于是，所聚合的原则之所以正确，是因为它们可以接受，而不只是因为道德上是正确的、可普遍接受的。按照罗尔斯的观点，原初状态的推理虽然排除了道德动机，但它发挥了一种辅助作用的论证，我们应当根据原初状态中被选择的原则来调节我们对制度的要求。

之所以说罗尔斯的理论是一种混合理论，还因为他提出了一种公正的共同立场，但罗尔斯的论证援引了承诺的负担（strains of commitments）：即使是在不知道自己善观念的原初状态中，每个人都相信他能够在实际的生活中认可正义原则，这就引入了聚合的成分。公正的正义原则既受到正义的激发，又受到个人利益、承诺和善观念的促动以及肯定。这种原则没有逻辑上的保证，但如果有这种原则的

① Cf. Thomas Nagel, "Moral Conflict and Political Legitimacy", *Philosophy and Public Affairs*, Vol. 16, No. 3 (Summer, 1987), pp. 215 – 240.

话，它们也要符合这种聚合的要求。离开这种可能性，它们的正确性将无法得到证明。其实，罗尔斯把这种理论称作建构主义的一种形式，就是这个意思。对于罗尔斯来说，离开了这种聚合的可能性，就没有政治正当性的标准可言。这种理论的特征是，它们不但为运用政治权力促进社会和经济利益设定了道德限制，而且为运用这种权力促进道德信念设定了道德限制。这种混合理论不但以仁爱和自我关心的混合为基础，而且以对仁爱内容的限制为基础，它们把一个人在指导自己生活的善的价值与他在证成政治权力时诉诸的价值区分开来。

三　灵活的政治中立性

在罗尔斯那里，政治的优先性似乎已经毋庸置疑。但在现代民主社会，人们对善的看法存在着很大的分歧，由于人们的道德和宗教信仰并不一致，要实现政治的自由主义，正义原则在面对人们的各种争论时就必须保持中立。那么，我们应该如何来看待这种政治的中立性？事实上，这种政治的中立性体现了正当对于善的优先性论证。我们关注的焦点是，正义原则如何在政治优先的立场上保证其中立性？

首先，按照罗尔斯的观点，善观念同时具有政治的因素和道德的色彩。政治因素是指尚未进入“重叠共识”的特殊道德理念，道德色彩是指已经进入“重叠共识”的政治理念。对此，罗尔斯给出五个层次的善观念：（1）作为合理性的善，（2）基本善的理念，（3）可允许的完备性的善观念，（4）作为政治德性的善观念，（5）良序社会的善理念。（*PL*, 176－177）上述“政治德性的善观念”把德性纳入政治层面来考虑，而不是在完备性学说的层面。这是否意味着罗尔斯想完全排除政治哲学所需要的道德支持？一方面，罗尔斯承认其政治自由主义的核心理念“政治正义”是一种政治道德的观念，反复重申道德与政治具有相容性和互补性；另一方面，他认为政治正义观念不能以任何完备性道德学说为基础，它建立在各种完备性学说的重叠共识的基础之上。可以说，政治哲学需要某种道德支持，但这是一个必要条件而非充分条件。

其次，政治自由主义不想为正义原则寻求一种哲学基础，它只寻求一种重叠共识的支持。与重叠共识理念相比，各种善观念只有进入政治共识的“重叠”部分，才能获得一种政治善的意义，才能在民主社会的政治生活中发挥作用，而不能进入的部分则只能发挥非政治性的道德观念并存在于社会政治系统之外：（1）在政治哲学层面，政治观念优先于道德层面；（2）政治观念对道德善观念的限制，证明了重叠共识建立在民主社会的普遍政治理念基础上；（3）重叠共识的基础是民主社会中公共政治文化的“公共理性”。

再次，正当是一个社会的根本性和普遍性标准，是最抽象层面的道德，构成了宪政民主的基本价值，而具体的善观念则是指具体层面的道德观念。正当优先于善是指抽象层面的道德价值和标准优先于具体层面的道德观念，抽象层面的道德不与具体层面的道德相对立。抽象层面价值的普遍性统摄具体层面的特殊道德标准，抽象层面属于重叠共识，而具体层面是多元的。具体道德价值不能违背抽象的道德原则，但它所包含的内容却可以比普遍价值更丰富多样。在不违背普遍价值的重叠共识的前提下容忍并尊重具体的善观念，是罗尔斯政治自由主义的基本原则。

最后，需要说明的是，政治优先性论证，在政治自由主义中实际上是一种政治中立性论证。然而，罗尔斯并没有明确提出“政治中立性”，而是给出了“正当优先于善”的论证。之所以强调“政治中立性”而非“正当优先于善”，是因为在肯定中立性对于至善论的优先性，以及肯定义务论对于目的论的优先性上，“正当优先于善”于事无补。应当说，罗尔斯的政治哲学是规范性政治哲学的典范，这种政治中立性与以往的政治中立性不同。以往的政治中立性是指一个社会所确定的政治原则必须对社会成员所持的各种宗教和形而上学保持中立；而罗尔斯的政治中立性则认为，即使政治正义是一种独立的观点，它也需要一种道德学说作支撑。① 当然，一提到“中立性”的话

① 关于这一点，笔者在前一小节讨论政治正当性辩护时曾经提到，罗尔斯的理论是一种混合的理论，兼具聚合的方法和共同立场的方法。实际上，类似的立场倾向在罗尔斯的后期理论中几乎随处可见，似乎这与罗尔斯的某些理论品质有关。想要说明的是，面对这样的情况，虽然罗尔斯没有明确自己的立场，但是我们可以从他的论证中找出他的立场。

题，往往会带来某些政治偏见，笔者实在找不到合适的语词来描述罗尔斯的这种理论，姑且以“灵活的”（flexible）政治中立性命名。虽然罗尔斯的政治哲学符合了当代政治哲学语境中道德与政治分离的趋势，但我们从前面的论述发现，罗尔斯的道德与政治并不是无涉的，而是表现出某些融合性的特征。笔者想说的是，借用这个说法只是为了表达笔者的一些看法，与传统的中立性家族观念区别开来。

事实上，当我们从个人伦理转到政治理论时，正义与个人的观点之间的冲突加剧。因为在政治中，我们都赞成制度背后的国家强制权力展开竞争，就会导致有关我们个人利益与承诺的冲突，甚至我们不同的道德观念。在道德正义成分的形式和内容上，政治竞争将会产生分歧。这些分歧包括：什么是人类生活中好的和坏的方面，我们亏欠什么样的平等或尊重等。政治分歧不但反映了利益的冲突，而且反映了公共机构应该公正地为每个人提供服务的价值上的冲突。那么，有没有一种更高阶的正义可以帮助我们解决这种分歧？或者说，当我们已经承认自己道德立场中的正义成分时，我们是否已经在接受他人的观点上走得更远？应当说，政治自由主义的中立性承认一种更高阶的政治正义，而这就提出了如何更加公正地看待不同层次的正义的问题。在一定意义上说，这个问题与道德理论中如何处理正义与个人动机的问题类似；但这里的问题更为复杂，更高阶的正义的动机更为暧昧不明。这种暧昧不明使得人们经常怀疑，政治自由主义所声称的正义只是一种善良的诚意。而问题在于，在要求用国家权力促进各种特殊的、相互冲突的道德或宗教观念时，自由主义者认为每个人都应该接受某种限制，但这种限制常常表现为恰恰支持了政治自由主义所持有的各种有争议的道德观念。

自由主义者倾向于高度评价个人自由，而基于价值取向，限制国家干涉就容易促进自由主义者的个人自由。这就导致了一种怀疑：更高层次的正义是一种欺诈，对宽容和限制的辩护实际上掩盖了让国家为世俗的自由思想道德后盾的游说，是对反对宗教的支持。事实上，自由主义仍然赞成宗教宽容。政治自由主义不仅是一种宽容的学说，自由主义者还有更具体的利益和价值，其中有些是他们希望寻求国家力量的支持，这就决定了对政治的需要。但这里有一个什么样的正义是适当的问题，无论是禁止不当的事情还是在促进有利的事情，用来证成国家行动及其制度框架的观点都是复杂的，甚至在某些方面是模糊的。回到道德与政治关系的层面，无论如何，罗尔斯游走在道德与政治之间，这种“灵活的”政治中立性使得道德与政治之间保持一种适当的张力，这种张力促使道德与政治之间的良性互动而达到了一种和谐的状态。在一定程度上可以说，政治自由主义提供了一种现代政治道德困境问题的解决方案。

结　　语

随着我们对罗尔斯政治自由主义分析的结束，本书的结论已经逐渐清晰：罗尔斯的政治自由主义是一种政治哲学，并且这种政治哲学需要一种道德基础。但是，对这种道德基础的理解，似乎是本书的关键，我们需要做进一步的澄清。回到本书的主题——政治与道德的关系问题，我们可以在下述意义上来理解道德正义与政治正义的关系。

首先，政治正义是一种独立的观点，这是一种相对于道德正义的独立性。罗尔斯的政治自由主义是这样一种学说，其核心目标是为了达成一个政治正义概念的协议，一个政治的正义概念被理解为一个独立的完备性宗教、道德和哲学学说。政治正义的基础是，脱离了完备性的宗教、道德和哲学学说和民主社会政治文化中的“直观的想法”(intuitive ideas)。我们知道，罗尔斯广义的“代表的设置”的构想，是在原初状态的无知之幕后面，各方代表必须限制许多不必要的信息，尤其是个人完备性学说的介入。罗尔斯在推导宪政原则如正义两原则时，政治自律排除了道德人的充分自律。在他看来，政治与道德是两条不同的规则，这也是自由主义面临的两难。在罗尔斯自由主义正义论的程序设计中，道德的观点则必须被排除在外。

其次，道德正义涵摄政治正义。在《政治自由主义》一书中，罗尔斯将政治正义从道德学说中剥离出来，但并没有忽略道德的因素和意义。其一，他明确了自由主义的政治界限，也就是说，他所讨论的自由主义不是一般意义上的自由主义，而是政治的自由主义。其二，他严格区分了社会正义的道德意义和政治意义，并从概念上对道德哲学和政治哲学做出了明确的区分和定位。其三，他对个人道德能力乃至个人美德，在形成“政治正义”理念和架构社会公平合作系统的过程中，所具有的特殊作用给予了充分的重视，即个人成为社会公民所需要的必须的两种道德能力——正义感与善观念形成的能力。这些都反映了罗尔斯道德正义与政治正义的双向涵摄。

再次，道德正义与政治正义的互动过程中最终指向政治的，体现了一种政治的优先性。《正义论》和《政治自由主义》所提出正义观（正义原则）只是应用于政治与社会制度之基本结构的政治观，它不是解释个人或某一社群价值观或道德学说的依据，这种学说只运用在政治上。“公平即正义”的模型要先摆脱个人的价值信念而能在政治上顺利运作的机制，此机制是中性的，罗尔斯认为只有政治上是价值中立的（value－free），才能使同在国家之内的个人得以发挥完备性的个人学说与价值观；而并不是先从众人之中找到共同的价值观（或称共识），才建立政治制度的运作。在稳定性问题上，我们不可能寻求价值多元的共同交集之处作为共识，但是可以为了政治运作的顺利取得共识，这种共识称为“重叠共识”。公共理性的理念则是罗尔斯政治正义的原则基础，是重叠共识的保障。这些证明都为政治的这种优先性提供保障。

最后，道德正义是政治正义的基础，只是这种基础不是形而上学的。现代社会的民主政治建设，已经突破了自柏拉图以来传统的道德政治化或政治道德化的思维模式。这种思维模式已经难以适应日趋公共理性化的现代民主政治建构，道德与政治的分界势在必然。应该说，罗尔斯的政治哲学也符合这种理论趋势。我们知道，罗尔斯在《正义论》时期是以康德的道德形而上学为基础的，而在《政治自由主义》时期则是以道德学说为基础的。我们的问题是：道德形而上学与道德基础这二者是一回事吗？显然，后期罗尔斯考虑了理性多元论的事实，但他仍坚持自己的道德信仰，只是坚称自己并非形而上学。也就是说，罗尔斯后期的政治哲学无须与任何形而上学挂钩。罗尔斯的前期理论以康德的道德形而上学为基础，而在其后期理论中，已经不需要这样的基础了。其实，罗尔斯的后期正义理论是一种政治哲学（或者说罗尔斯选择了政治），而且这种政治哲学仍然需要一种道德基础的支持作用（例如重叠共识与公共理性的证明），只是这种道德支持已经不是形而上学罢了。

关于道德与政治的关系，西方古典政治哲学的看法基本一致：道德作为一种比政治更高阶的追求，道德规范规导政治秩序。及至现代，这种关系的相对确定性才受到挑战。如何更好地处理道德与政治的关系，最终将古典政治与现代政治区分开来，并由此引发了现代政治的道德困境问题。事实上，中国儒家主张把道德与政治联系起来，道德与政治相互同化。道德政治化，政治道德化，反映了中国儒家思想的逻辑特点。《论语》表达了孔子内圣外王的致思理路，通过对仁与礼的解释阐释了道德与政治之间的内在关系。《中庸》说“仁者，人也”，点明了仁的道德规范性特点。孔子讲“为仁由己”（《论语·颜渊》），“我欲仁，斯仁至矣”（《论语·述而》），“求仁而得仁”（《论语·述而》）。可以说，仁是对一个人的品德的道德规定性。关于礼，孔子认为“约我以礼”（《论语·子罕》），“为国以礼”（《论语·先进》）。从本质上来讲，礼带有社会规范的政治意义。应当说，孔子注重道德作为政治的基础，但并未消弭二者的独立性。这一点，从对“克己复礼为仁”（《论语·颜渊》）的相关性互释上可以看出来。儒家这种道德与政治的双向同构，或许能为我们今天的思考提供某种契机。应当说，通过研究罗尔斯的政治哲学，我们认为，罗尔斯的政治自由主义正好给出了现代政治的道德困境问题的答案。我们不能说罗尔斯的思路是解决现代政治道德困境问题的最佳方案，我们至少可以说他提供了一种思考路径。今天，我们仍然面临这个问题，政治哲学对此问题的持续关注将使我们的研究不断走向深入。

参考文献

Abbreviations

CP Collected Papers, edited by Samuel Freeman, Cambridge, M. A. : Harvard University Press, 1999.

JF Justice as Fairness: *A Restatement*, edited by Erin Kelley, Cambridge, M. A. : Harvard University Press, 2001.

LHMP Lectures on the History of Moral Philosophy, edited by Barbara Herman, Cambridge, M. A. : Harvard University Press, 2000.

LHPP Lectures on the History of Political Philosophy, edited by Samuel Freeman, Cambridge, M. A. : Harvard University Press, 2007.

LP The Law of Peoples, Cambridge, M. A. : Harvard University Press, 1999.

PL Political Liberalism, New York: Columbia University Press, 1993.

TJ A Theory of Justice, Cambridge, M. A. : Harvard University Press, 1971.

英文著作

Alasdair Macintyre, *After Virtue*, *a Study in Moral Theory*, Notre Dame: University of Notre Dame Press, 2007.

Alasdair Macintyre, *Whose Justice*? *Which Rationality*? Notre Dame: University of Notre Dame Press, 1988.

Andrews Reath, Barbara Herma & Christine M. Korsgaard, *Reclaiming the History of Ethics*: *Essays for John Rawls*, Cambridge & New York: Cambridge University Press, 1997.

Annabel Brett, *Rethinking the Foundations of Modern Political Thought*, Cambridge University Press , 2006.

B. N. Ray, *John Rawls and the Agenda of Social Justice*, New Delhi: Anamika Publishers & Distributors, 2000.

Catherine Audard, *John Rawls*, Stocksfield: Acumen, 2007.

Charles Beitz, *Political Theory and International Relations*, Princeton N. J. : Princeton University Press, 1979.

Chandran Kukathas, *John Rawls: Critical Assessment of Leading Political Philosophers*, New York: Routledge, 2003.

Chandran Kukathas & Philip Pettit, *RAWLS: a Theory of Justice and its Critics*, Stanford: Stanford University Press, 1990.

Charles Taylor, *Sources of the Self: The Making of the Modern Identity*, Cambridge: Cambridge University Press, 1989.

Colin Bird, *An Introduction to Political Philosophy*, Cambridge U. K. : Cambridge University Press, 2006.

Daniel A. Dombrowski, *Rawls and Religion: The Case for Political Liberalism*, Albany NY: State University of New York Press, 2001.

David Boucher, *The Social Contract from Hobbes to Rawls*, Oxford & New York: Oxford University Press, 2005.

David Daiches Raphael, *Concepts of Justice*, Oxford: Clarendon Press; New York: Oxford University Press, 2001.

David Lewis Schaefer, *Illiberal justice: John Rawls vs. the American Political Tradition*, Columbia: University of Missouri Press, 2007.

David Ross, *The Right and The Good*, edited by Philip Stratton – Lake, Oxford University Press, 2002.

H. Gene Blocker, *John Rawls' Theory of Social Justice: An Introduction*, Athens: Ohio University Press, 1980.

Henry Richardson & Paul Weithman, *The Philosophy of Rawls: A Collection of Essays*, Vol. 5, New York: Garland Publishing, 1999.

J. H. Wellbank, D. Snook, and D. T. Mason, *John Rawls and His Critics: An Annotated Bibliography*, New York: Garland Publishing, Inc. 1982.

Jon Mandle, *Rawls's A Theory of Justice: An Introduction*, Cambridge & New York: Cambridge University Press, 2009.

Joseph Raz, *The Morality of Freedom*, Oxford, U. K.: Clarendon Press, 1986.

John Rawls, *A Brief Inquiry into Meaning of Sin and Faith: with "On My Religion"*, Cambridge M. A..: Harvard University Press, 2009.

John Rawls, *A Theory of Justice*, Cambridge M. A.: Harvard University Press, 1971.

John Rawls, *Collected Papers*, Cambridge M. A.: Harvard University Press, 1999.

John Rawls, *Justice as Fairness: A Restatement*, Cambridge M. A.: Harvard University Press, 2001.

John Rawls, *Lectures on the History of Moral Philosophy*, Cambridge M. A.: Harvard University Press, 2000.

John Rawls, *Lectures on the History of Political Philosophy*, Cambridge MA.: Harvard University Press, 2007.

John Rawls, *Political Liberalism*, New York: Columbia University Press, 1993, 1996.

John Rawls, *The Law of Peoples*, Cambridge M. A.: Harvard University Press, 1999.

Kenneth Baynes, *The Normative Grounds of Social Criticism: Kant, Rawls, and Habermas*, Albany: SUNY Press, 1992.

Li Shaomeng, *John Rawls' Theory of Institutionalism: The Historical Movement toward Liberal Democracy*, Lewiston, N. Y.: Edwin Mellen Press, 2009.

Mark E. Button, *Contract, Culture, and Citizenship: Transformative Liberalism from Hobbes to Rawls*, University Park, Pa.: Pennsylvania State

University Press, 2008.

Martha Craven Nussbaum, *Frontiers of Justice: Disability, Nationality, Species Membership*, Cambridge M. A.: Harvard University Press, 2005.

Michael Sandel, *Liberalism and Its Critics*, Cambridge: Cambridge University Press, 1984.

Michael Sandel, *Liberalism and the Limits of Justice*, Cambridge & New York: Cambridge University Press, 1998.

Michael Walzer, *Spheres of Justice: A Defense of Pluralism and Equality*, New York: Basic Books, 1983.

Norberto Bobbio, *In Praise of Meekness: Essays on Ethics and Politics*, translated by Teresa Chataway, Polity Press, 2000.

Norman Daniels, *Just Health Care*, Cambridge: Cambridge University Press, 1985.

Norman Daniels, *Justice and Justification*, Cambridge UK: Cambridge University Press, 1996.

Norman Daniels, *Reading Rawls: Critical Studies on John Rawls' A Theory of Justice*, New York: Basic Books, 1989.

Patrick Hayden, *John Rawls: Towards a just World Order*, Cardiff: University of Wales Press, 2002.

Paul Graham, *Rawls*, Oxford: Oneworld Publications, 2007.

Paul Smith, *Moral and Political Philosophy: Key Issues, Concepts and Theories*, New York: Palgrave Macmillan, 2008.

Percy B. Lehning, *John Rawls: An Introduction*, Cambridge & New York: Cambridge University Press, 2009.

Rex Martin, *Rawls and Rights*, Lawrence KS: University Press of Kansas, 1985.

Rex Martin & David A. Reidy, *Rawls's Law of Peoples: A Realistic Utopia?* Oxford: Blackwell, 2006.

Ronald Dworkin, *Taking Rights Seriously*, Cambridge M. A.: Harvard University Press, 1978.

Robert Nozick, *Anarchy, State and Utopia*, Oxford & Cambridge: Blackwell, 1999.

Robert Paul Wolff, *Understanding Rawls: A Reconstruction and Critique of A Theory of Justice*, Priceton N. J.: Priceton University Press, 1977.

Roberto Alejandro, *The Limits of Rawls Justice*, Baltimore: Johns Hopkins Press, 1998.

Samuel Freeman, *Cambridge Companion to Rawls*, Cambridge: Cambridge University Press, 2003.

Samuel Freeman, *Justice and the Social Contract*, Essays on Rawlsian Political Philosophy, Oxford: Oxford University Press, 2007.

Samuel Freeman, *Rawls*, London & New York: Routledge, 2007.

Stephen Mulhall & Adam Swift, *Liberals and Communitarians*, Oxford: Blackwell, 1996.

Susan Okin, *Justice, Gender, and the Family*, NY: Basic books, 1989.

Terence Irwin, *The Development of Ethics, Volume Ⅲ: From Kant to Rawls*, Oxford: Oxford University Press, 2009.

Thom Brooks & Fabian Freyenhagen, *The Legacy of John Rawls*, London & New York: Continuum, 2005.

Thomas Nagel, *Concealment and Exposure: And other Essays*, Oxford & New York: Oxford University Press, 2002.

Thomas Pogge, *John Rawls: His life and Theory of Justice*, Oxford & New York: Oxford University Press, 2007.

Thomas Pogge, *Realizing Rawls*, Ithaca: Cornell University Press, 1989.

Victoria Davion & Clark Wolf, *The Idea of a Political Liberalism: Essays on Rawls*, Lanham Md.: Rowman & Littlefield Publishers, 2000.

Virginia Davion and Clark Wolf, eds., *The Idea of a Political Liberalism: Essays on Rawls*, Lanham, MD: Rowman and Littlefield, 1999.

Will Kymlicka, *Contemporary Political Philosophy*, Oxford & New York: Oxford University Press, 2002.

Will Kymlicka, *Liberalism, Community, and Culture*, Oxford & New

York: Oxford University Press, 1991.

英文期刊

Amy Gutmann and Dennis Thompson, "Moral Conflict and Political Consensus", *Ethics*, Vol. 101, No. 1 (Oct. 1990), pp 64 – 88.

Brian Barry, "John Rawls and the Search for Stability", *Ethics*, Vol. 105, No. 4 (Jul., 1995), pp. 874 – 915.

Bruce W. Brower, "The Limits of Public Reason", *The Journal of Philosophy*, Vol. 91, No. 1 (Jan., 1994), pp. 5 – 26.

Burleigh T. Wilkins, "A Third Principle of Justice", *The Journal of Ethics*, Vol. 1, No. 4 (1997), pp. 355 – 374.

Charles Larmore, "Political Liberalism", *Political Theory*, Vol. 18, No. 3 (Aug., 1990), pp. 339 – 360.

David A. Reidy, "Rawls's Wide View of Public Reason", *Res Publica*, Vol. 6, Number 1, 2000, pp. 49 – 72.

Edward F. McClennen, "Justice and the Problem of Stability", *Philosophy & Public Affairs*, Vol. 18, No. 1 (Winter, 1989), pp. 3 – 30.

Elizabeth H. Wolgast, "The Demands of Public Reason", *Columbia Law Review*, Vol. 94, No. 6 (Oct., 1994), pp. 1936 – 1949.

George Klosko, "Political Constructivism in Rawls's Political Liberalism", *The American Political Science Review*, Vol. 91, No. 3 (Sep., 1997), pp. 635 – 646.

George Klosko, "Rawls's Argument from Political Stability", *Columbia Law Review*, Vol. 94, No. 6 (Oct., 1994), pp. 1882 – 1897.

George Sher, "Liberal Neutrality and the Value of Autonomy", *Social Philosophy and Policy* (12, 1995), pp. 136 – 159.

H. L. A. Hart, "Rawls on Liberty and Its Priority", *The University of Chicago Law Review*, Vol. 40, No. 3 (Spring, 1973), pp. 534 – 555.

Jean Hampton, "Should Political Philosophy be Done Without Metaphysics?", *Ethics*, Vol. 99, No. 4 (Jul., 1989), pp. 791 – 814.

Jurgen Habermas, "Reconciliation Through the Public use of Reason: Remarks on John Rawls's Political Liberalism," *The Journal of Philosophy*, Vol. 92, No. 3 (Mar., 1995), pp. 109 - 131.

Lawrence E. Mitchell, "Trust and the Overlapping Consensus", *Columbia Law Review*, Vol. 94, No. 6 (Oct., 1994), pp. 1918 - 1935.

Larry Krasnoff, "Consensus, Stability, and Normativity in Rawls's Political Liberalism", *The Journal of Philosophy*, Vol. 95, No. 6 (Jun., 1998), pp. 269 - 292.

Michael G. Barnhart, "An Overlapping Consensus: A Critique of Two Approaches", *The Review of Politics*, Vol. 66, No. 2 (Spring, 2004), pp. 257 - 283.

Michael Huemer, "Rawls's problem of stability", *Social Theory and Practice*, Vol. 22, No. 3 (Fall 1996), pp. 375 - 395.

Onora O'Neill, "Political Liberalism and Public Reason: A Critical Notice of John Rawls, Political Liberalism", *The Philosophical Review*, Vol. 106, No. 3 (Jul., 1997), pp. 411 - 428.

Prakash Sarangi, "From Metaphysical to Political: John Rawls'Revised Version of Liberalism", *Economic and Political Weekly*, Vol. 29, No. 23 (Jun. 4, 1994), pp. 1396 - 1398.

Roberto Alejandro, "What Is Political about Rawls's Political Liberalism?", *The Journal of Politics*, Vol. 58, No. 1 (Feb., 1996), pp. 1 - 24.

Russell Hittinger, "John Rawls, 'Political Liberalism'", *The Review of Metaphysics*, Vol. 47, No. 3 (Mar., 1994), pp. 585 - 602.

Samuel Scheffler, "The Appeal of Political Liberalism", *Ethics*, Vol. 105, No. 1 (Oct., 1994), pp. 4 - 22.

Thomas Nagel, "Moral Conflict and Political Legitimacy", *Philosophy and Public Affairs*, Vol. 16, No. 3 (Summer, 1987), pp. 215 - 240.

William A. Galston, "Moral Personality and Liberal Theory: John Rawls's 'Dewey Lectures'", *Political Theory*, Vol. 10, No. 4 (Nov., 1982), pp. 492 - 519.

中文著作

[美] 约翰·罗尔斯：《正义论》，何怀宏等译，中国社会科学出版社1988、2009年版。

[美] 约翰·罗尔斯：《政治自由主义》，万俊人译，译林出版社2000年版。

[美] 约翰·罗尔斯：《作为公平的正义：正义新论》，姚大志译，上海三联书店2003年版。

[美] 约翰·罗尔斯：《万民法》，张晓辉等译，吉林人民出版社2001年版。

[美] 约翰·罗尔斯：《道德哲学史讲义》，张国清译，上海三联书店2003年版。

[美] 约翰·罗尔斯：《政治自由主义：批评与辩护》，万俊人等译，广东人民出版社2003年版。

[古希腊] 柏拉图：《理想国》，郭斌和、张明竹译，商务印书馆1986年版。

[古希腊] 亚里士多德：《政治学》，吴寿彭译，商务印书馆1965年版。

[英] 洛克：《政府论》（上篇），瞿菊农、叶启芳译，商务印书馆1997年版。

[英] 洛克：《政府论》（下篇），叶启芳、瞿菊农译，商务印书馆1981年版。

[法] 卢梭：《社会契约论》，何兆武译，商务印书馆2003年版。

[英] 休谟：《人性论》，关文运译，商务印书馆1980年版。

[英] 休谟：《道德原则研究》，曾小平译，商务印书馆2001年版。

[德] 康德：《实践理性批判》，韩水法译，商务印书馆1999年版。

[德] 康德：《道德形而上学原理》，苗力田译，人民出版社2005年版。

[德] 康德：《永久和平论》，何兆武译，上海世纪出版集团2005年版。

［英］约翰·密尔：《论自由》，程崇华译，商务印书馆 1959 年版。
［英］约翰·穆勒：《功用主义》，唐越译，商务印书馆 1962 年版。
［英］以赛亚·伯林：《论自由》，胡传胜译，译林出版社 2003 年版。
［英］戴维·罗斯：《正当与善》，菲利普·斯特拉顿－莱科编，林南译，上海译文出版社 2008 年版。
［加］威尔·金里卡：《当代政治哲学》，刘莘译，生活·读书·新知三联书店 2004 年版。
［英］乔纳森·沃尔夫：《政治哲学导论》，王涛等译，吉林出版集团 2009 年版。
［英］亚当·斯威夫特：《政治哲学导论》，佘江涛译，江苏人民出版社 2008 年版。
［美］阿拉斯代尔·麦金太尔：《德性之后》，龚群等译，中国社会科学出版社 1995 年版。
［美］阿拉斯代尔·麦金太尔：《追寻美德》，宋继杰译，译林出版社 2003 年版。
［美］阿拉斯戴尔·麦金太尔：《谁之正义？何种合理性?》，万俊人等译，当代中国出版社 1996 年版。
［美］迈克尔·沃尔泽：《正义诸领域》，褚松燕译，译林出版社 2002 年版。
［加］查尔斯·泰勒：《自我的根源》，韩震等译，译林出版社 2001、2008 年版。
［美］罗纳德·德沃金：《认真对待权利》，信春鹰译，中国大百科全书出版社 1995 年版。
［美］罗纳德·德沃金：《至上的美德——平等的理论和实践》，冯克利译，江苏人民出版社 2003 年版。
［德］奥特弗里德·赫费：《政治的正义性》，庞学铨等译，译文出版社 2005 年版。
［英］戴维·米勒：《社会正义原则》，应奇译，江苏人民出版社 2004 年版。
［德］尤尔根·哈贝马斯：《在事实与规范之间》，童世骏译，三联书

店2003年版。

[德] 尤尔根·哈贝马斯:《包容他者》,曹卫东译,人民出版社2002年版。

[美] 理查德·罗蒂:《后哲学文化》,黄勇编译,译文出版社2004年版。

[德] 威尔弗莱德·亨氏:《被证明的不平等——社会正义的原则》,倪道钧译,中国社会科学出版社2008年版。

[美] 涛慕思·博格:《康德、罗尔斯与全球正义》,刘莘等译,译文出版社2010年版。

[美] 涛慕思·博格:《罗尔斯:生平与正义理论》,顾肃、刘雪梅译,中国人民大学出版社2010年版。

[美] 科尔斯戈德:《规范性的来源》,杨顺利译,译文出版社2010年版。

[澳] 库卡塔斯等:《罗尔斯》,姚建宗等译,黑龙江人民出版社1999年版。

[美] 罗伯特·诺齐克:《无政府、国家和乌托邦》,姚大志译,中国社会科学出版社2008年版。

[美] 迈克尔·桑德尔:《自由主义与正义的局限》,万俊人等译,译林出版社2001年版。

[英] 史蒂芬·缪哈尔、亚当·斯威夫特:《自由主义者与社群主义者》,孙晓春译,吉林人民出版社2007年版。

[加] 威尔·金里卡:《自由主义、社群与文化》,应奇等译,上海译文出版社2005年版。

[美] 伊安·夏皮罗:《政治的道德基础》,姚建华、宋国友译,王世茹校,上海三联书店2006年版。

[英] 布莱恩·巴利:《作为公道的正义》,曹海军、允春喜译,江苏人民出版社2008年版。

[加拿大] 威尔·金里卡:《自由主义、社群与文化》,应奇、葛水林译,世纪出版集团2005年版。

[英] 约瑟夫·拉兹:《自由的道德》,孙晓春、曹海军、郑维东、王

欧译，吉林人民出版社 2006、2011 年版。

［英］迈克尔·莱斯诺夫：《社会契约论》，刘训练等译，江苏人民出版社 2010 年版。

［加］L. W. 萨姆纳：《权利的道德基础》，李茂森译，中国人民大学出版社 2011 年版。

［美］A. 约翰·西蒙斯：《道德原则与政治义务》，郭为桂、李艳丽译，江苏人民出版社 2009 年版。

赵敦华：《劳斯的〈正义论〉解说》，生活·读书·新知三联书店，远流出版公司 1988 年版。

魏英敏：《新伦理学教程》，北京大学出版社 2003 年版。

廖申白：《伦理学概论》，北京师范大学出版社 2009 年版。

陈嘉映：《教化：道德观念研究》，华东师范大学出版社 2009 年版。

何怀宏：《契约伦理与社会正义——罗尔斯正义论中的历史与理性》，中国人民大学出版社 1993 年版。

何怀宏：《公平的正义——解读罗尔斯〈正义论〉》，山东人民出版社 2002 年版。

万俊人：《罗尔斯读本》，中央编译出版社 2006 年版。

万俊人：《正义为何如此脆弱》，河北大学出版社 2005 年版。

石元康：《罗尔斯》，广西师范大学出版社 2004 年版。

石元康：《当代西方自由主义理论》，生活·读书·新知三联书店 2000 年版。

慈继伟：《正义的两面》，生活·读书·新知三联书店 2001 年版。

顾肃：《罗尔斯：正义与自由的探索》，辽海出版社 1999 年版。

顾肃：《自由主义基本原理》，中央编译出版社 2005 年版。

姚大志：《现代之后》，东方出版社 2000 年版。

姚大志：《罗尔斯》，长春出版社 2011 年版。

姚大志：《何为正义：当代西方政治哲学研究》，人民出版社 2007 年版。

任剑涛：《伦理政治研究——从早期儒学视角的理论透视》，吉林出版集团有限责任公司 2007 年版。

龚群:《罗尔斯政治哲学》，商务印书馆 2006 年版。

应奇:《罗尔斯》，生智文化事业公司 1999 年版。

应奇:《从自由主义到后自由主义》，生活·读书·新知三联书店 2003 年版。

应奇编:《自由主义中立性及其批评者》，江苏人民出版社 2007 年版。

李小科、李蜀人:《正义女神的新传人》，河北大学出版社 2005 年版。

包利民:《当代社会契约论》，江苏人民出版社 2007 年版。

毛兴贵:《政治义务：证成与反驳》，江苏人民出版社 2007 年版。

徐向东:《自由意志与道德责任》，江苏人民出版社 2006 年版。

徐向东:《自由主义、社会契约与政治辩护》，北京大学出版社 2005 年版。

曹海军:《权力与功利之间》，江苏人民出版社 2007 年版。

吴增定:《利维坦的道德困境》，生活·读书·新知三联书店 2012 年版。

曹瑞涛:《多元时代的“正义方舟”——罗尔斯后期政治哲学思想研究》，浙江大学出版社 2008 年版。

李志江:《良序社会的政治哲学——罗尔斯正义理论研究》，人民出版社 2009 年版。

尹松波:《理性与正义 : 罗尔斯〈正义论〉研究》，华龄出版社 2006 年版。

徐清飞:《求索正义：罗尔斯正义理论发展探究》，法律出版社 2010 年版。

张健:《罗尔斯法哲学的源起》，吉林大学出版社 2009 年版。

刘永红:《政治自由主义发展的逻辑》，湖北人民出版社 2007 年版。

汪晖:《文化与公共性》，生活·读书·新知三联书店 2005 年版。

倪海波:《正义的追寻》，东北师范大学出版社 1997 年版。

邓毅:《宪政民主的道德基础——罗尔斯政治哲学研究》，博士学位论文，中国政法大学，2007 年。

后　记

本书是在我的博士论文《在道德与政治之间——罗尔斯后期政治哲学研究》的基础上修改补充而完成的。我的博士论文自从2010年开题，至今已经6年时间，虽然在博士毕业后的2年间，我专注于其他方面问题的研究，但我始终没有放弃对罗尔斯的思考。就写作目的而言，本书撰写并不是简单地分析罗尔斯的后期政治哲学，而是以道德与政治的关系为线索，试图探寻罗尔斯政治自由主义的建构及其发展，为现代政治哲学向当代的转型与发展提供一种可能的思考路径。

在这里，我要感谢我的导师王成兵教授。十多年来，无论是在做人还是在做学问上，王老师耳提面命，给予热心的帮助和指导，这将使我永生难忘。感谢北京师范大学外国哲学与文化研究所的老师们，我的成长离不开他们的关怀，特别感谢江怡教授。在博士论文选题过程中，感谢廖申白教授、李绍猛教授等慷慨给予帮助；在博士论文写作过程中，感谢学院老师和同学们的热忱关怀；在博士论文答辩过程中，感谢韩震教授、尚杰教授、韩东晖教授等给予认真负责的指导。感谢学界前辈和同人的鼓励和支持，尤其是远在美国的高山博士为我邮寄了关于罗尔斯的英文资料。

本书的出版，得到了国家社科基金的资助，以及潍坊学院博士科研基金的资助。在此，向潍坊学院以及我所在的马克思主义学院的各级领导和同事表示感谢。在本书出版过程中，感谢中国社会科学出版社孙萍博士为此付出的艰辛努力。

最后要感谢我的家人。他们默默地付出，我将铭记在心。没有他们的理解与支持，我将不能前行。尤其是在我博士毕业工作以后，董蕃先生的到来，让我在照顾他的劳累与修改论文的枯燥之余感到久违的快乐。

记下这些文字在于保留对过去的记忆，当我疏忽或懈怠时这何尝不是一种督促。尽管数年来我做了很多努力，但本书仍然存在很多不足。由于本人学识和能力有限，书中难免存在错误和纰漏之处，敬请读者不吝赐教。新的征程已经开启，我想用屈原的诗句来结束我的文字："路漫漫其修远兮，吾将上下而求索。"

董礼

2015 年 12 月